高等学校智能会计系列教材

会计学

主　编　李闻一

副主编　徐晓音　李　绮　董莉军　范文林

KUAIJIXUE

ACCOUNTING

高等教育出版社·北京

内容提要

本书是高等学校会计学与财务管理专业系列教材之一。本书以我国现行会计准则为依据，结合上市公司实例，解释了会计学的基本概念、方法和原则。全书共十章，主要内容包括：会计的过去、现在与未来，财务报表及会计相关概念与原则，财务报表数据的基本解释，企业经济活动与会计要素，资产数据的会计处理，负债与所有者权益数据的会计处理，收入与费用数据的会计处理，利润形成与分配数据的会计处理，资产负债表与利润表信息列报与数据利用，现金流量表、财务报表附注与其他披露。本书适合作为高等学校会计学与财务管理专业相关课程教材，也可作为社会人士学习会计学的参考用书。

图书在版编目(CIP)数据

会计学 / 李闻一主编. —北京：高等教育出版社，2021.2(2022.1 重印)

ISBN 978-7-04-055645-2

Ⅰ. ①会… Ⅱ. ①李… Ⅲ. ①会计学—高等学校—教材 Ⅳ. ①F230

中国版本图书馆 CIP 数据核字(2021)第 020517 号

策划编辑 刘自挥 郭昕宇 **责任编辑** 郭昕宇 金越 **封面设计** 张文豪 **责任印制** 高忠富

出版发行	高等教育出版社	网　　址	http://www.hep.edu.cn
社　　址	北京市西城区德外大街 4 号		http://www.hep.com.cn
邮政编码	100120		http://www.hep.com.cn/shanghai
印　　刷	江苏德埔印务有限公司	网上订购	http://www.hepmall.com.cn
开　　本	787mm×1092mm 1/16		http://www.hepmall.com
印　　张	19.5		http://www.hepmall.cn
字　　数	404 千字	版　　次	2021 年 2 月第 1 版
购书热线	010-58581118	印　　次	2022 年 1 月第 3 次印刷
咨询电话	400-810-0598	定　　价	41.00 元

本书如有缺页、倒页、脱页等质量问题，请到所购图书销售部门联系调换

物 料 号 55645-00

教师教学资源服务指南

教师可扫描下方二维码，关注微信公众号“高教财经教学研究”，免费申请课件和样书、下载试卷、观看师资培训课程和直播录像等。

课件申请

点击导航栏中的“教学服务”，点击子菜单中的“课件申请”，填写相关信息即可免费申请课件。

样书申请

点击导航栏中的“教学服务”，点击子菜单中的“免费样书”，填写相关信息即可免费申请样书。

试卷下载

点击导航栏中的“教学服务”，点击子菜单中的“免费试卷”，填写相关信息即可免费下载试卷，试卷涵盖基础会计学、中级财务会计、审计学、税法等多门课程。

教师培训

点击导航栏中的“教师培训”，点击子菜单中的“培训课程”，即可选择相应课程进行学习：

①点击“培训专栏”可以观看教师培训课程，由名师分享财会类课程的教学重点、难点及经验。

②点击“直播回放”可以回看“名师谈教学与科研直播讲堂”的直播录像。

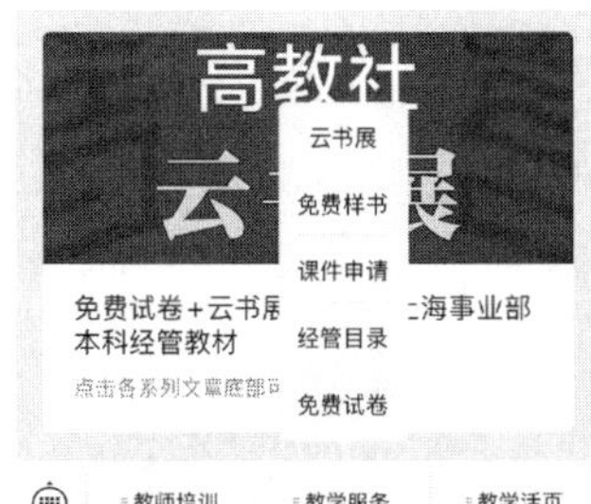

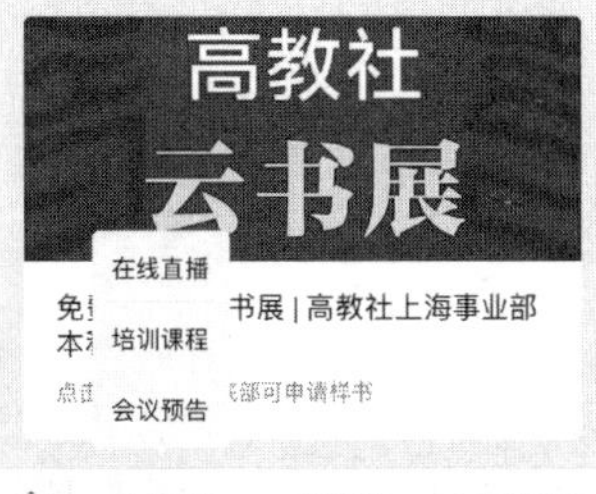

前　言

会计作为一门通用商业语言受到高度重视，通过财务报告展示利益相关者所需信息。财务报告是投资者、公众和政府等利益相关者了解企业财务状况的主要途径，是企业内部管理者管理和决策的主要依据。现有教材大多按照会计确认、计量、记录和报告的逻辑顺序组织章节，重点阐述财务报表的数据来源和生成过程，却弱化了财务报表的编制目的、使用对象和使用价值。

大数据、物联网、人工智能等技术逐步应用于会计行业，于是有人预测会计人员将会被机器人取代。虽然单据获取、凭证生成，甚至是报表编制，已经逐步自动化和智能化，但是技术也创造了更多、更有效的业务数据和社会数据，让会计的预测、决策、评价和分析更为精准和及时。

商业环境和商业模式不断变化，2017 年至今，财政部先后修订了会计相关法律、法规、准则，以及准则应用指南，新的内容需要通过新的教材传授给学生。

本教材始终围绕着财务报表这一数据中心，重点解释了财务报表数据相关的重要概念、数据生成过程、数据的会计处理、数据列示方法和数据的利用，实现了会计学和财务报表分析的基本理论和基本方法相结合、理论解释与实务案例讨论相结合。希望通过本教材，既让学生掌握财务报表间的关系、财务报表数据生成过程、会计业务处理和财务报表数据的分析利用，又让学生洞悉财务报表数据的信息含量和价值，建立起业务数据与财务报表数据因果关系的整体认识。

本教材共分 10 章，其主要内容如下：一是回顾了会计的发展史，解释了会计的定义、基本内容和概念框架，阐述了各种新技术、新模式给会计带来的变革和影响；二是解释了从交易或事项到财务报表的会计核算、会计要素的构成和相互关系，交易或事项对财务报表的影响，以及财务报表编制等会计基本知识和基础理论；三是列举大量案例，详细说明了财务报表各要素数据的会计处理，帮助学生理解财务报表各项目数据的来源；四是详细解释了财务报表数据的优势、局限性、解读方法和信息含量等财务报表分析的相关理论。

本教材具有四大特色：一是采取“倒叙”的编写方式，基于决策有用观，以财务报表为核心，精心组织安排教材结构和内容。首先，简要解释会计核算的最终成果——

财务报表及其相关概念、会计要素及其信息含量，然后以各会计要素的核算为轴线一一展开，将会计核算的基本理论和处理方法融入具体的核算过程中。二是真实案例贯穿始终，旨在培养学生的处理、解读和适应能力。本教材以真实上市公司为例，解读会计理论和应用会计方法，着眼于财务报表数据的形成、解读、分析，帮助学生理解财务报表数据的形成基本原理、过程、列示方法和信息含量，并通过计算分析题和案例讨论题，引入现实热点问题，引导学生独立思考，培养学生处理复杂业务和适应环境变化的能力。三是突出实效，融入最新制度和教学实践成果。本教材努力适应制度环境和教育环境的变化，全面体现了会计法、会计准则等多项法规制度的最新动态。本教材参编人员均为具有多年教学经验的教师，他们将长期积淀下来的对教学思想、教学内容和教学方法的思考与实践，融入教材的编写之中。四是定位创新，着力增强教材的弹性与适用性。本教材在内容安排上既有理论阐述，如会计学和财务报表分析的基本理论和基本方法；又有实务案例，如会计要素的具体解释和案例讨论，业务翔实且贴近实际。在每章体例设计上，既在章前安排了学习目标，又在章后安排了本章小结、关键术语、计算分析题、会计分录题和案例讨论题，便于学生预习、复习和讨论。教师可以根据课时及教学目标灵活安排教学内容；学生可以根据课程要求和自身的学习目标，选择性学习。

本教材由华中师范大学经济与工商管理学院李闻一教授担任主编，负责大纲拟定、内容安排和统稿。编写分工为：李闻一教授编写第一、二章，华中师范大学徐晓音副教授编写第三、四、九章，武汉科技大学李绮副教授编写第六章，华中师范大学董莉军博士编写第五、七章，华中师范大学范文林博士编写第八、十章。

本教材编写得到了华中师范大学本科生院的大力支持，并获得华中师范大学2019年立项建设教材资助。同时，也要衷心感谢高等教育出版社编辑提出的宝贵意见！另外，对编著者家属无私奉献表示敬意！

本教材既可作为高等学校会计学、财务管理等专业相关课程教材，也可作为经济管理类其他专业相关课程教材，还可作为企业管理培训用书。由于水平有限，书中难免存在错误和疏漏之处，敬请读者指正。

编　者

2020年12月

目　录

第一章　会计的过去、现在与未来　1

学习目标　1

第一节　会计是什么　1

第二节　会计的过去与现在　8

第三节　会计与企业　20

第四节　会计的未来　24

本章小结　33

关键术语　34

思考题　34

第二章　财务报表及会计相关概念与原则　36

学习目标　36

第一节　财务报表　36

第二节　会计相关概念与原则　52

第三节　企业年报　61

本章小结　64

关键术语　64

思考题　65

会计分录题　65

案例讨论题　66

第三章　财务报表数据的基本解释　67

学习目标　67

第一节　财务报表数据的优势与需求者　67

第二节　财务报表数据的分析方法　71

第三节　财务报表数据的基本信息与局限性　82

本章小结 85
关键术语 86
思考题 86
计算分析题 86
案例讨论题 87

第四章　企业经济活动与会计要素 88
学习目标 88
第一节　企业经济活动与资金运动 88
第二节　会计要素 92
第三节　交易或事项的含义、分类与记录 104
第四节　交易或事项对财务报表的影响 110
本章小结 118
关键术语 118
思考题 119
计算分析题 119
案例讨论题 120

第五章　资产数据的会计处理 121
学习目标 121
第一节　流动资产及其会计处理 121
第二节　非流动资产及其会计处理 149
本章小结 157
关键术语 157
思考题 157
会计分录题 158
案例讨论题 159

第六章　负债与所有者权益数据的会计处理 160
学习目标 160
第一节　负债和所有者权益的含义与差异 160
第二节　流动负债及其会计处理 164
第三节　非流动负债及其会计处理 178
第四节　所有者权益及其会计处理 184
本章小结 193

关键术语 193
思考题 194
会计分录题 194
案例讨论题 195

第七章 收入与费用数据的会计处理 197
学习目标 197
第一节 收入及其会计处理 197
第二节 费用及其会计处理 209
本章小结 217
关键术语 218
思考题 218
会计分录题 218
案例讨论题 219

第八章 利润形成与分配数据的会计处理 220
学习目标 220
第一节 利润的含义与构成 220
第二节 利润的计算与结转 223
第三节 利润分配事项 234
第四节 所有者权益项目变动 238
本章小结 238
关键术语 239
思考题 240
计算分析题 240
案例讨论题 241

第九章 资产负债表与利润表信息列报与数据利用 243
学习目标 243
第一节 资产负债表信息列报 244
第二节 利润表信息列报 258
第三节 财务报表数据的初步利用 266
第四节 财务报表数据的综合利用 270
本章小结 272
关键术语 273

思考题 273
计算分析题 273
案例讨论题 273

第十章　现金流量表、财务报表附注与其他披露 276
学习目标 276
第一节　现金流量表 276
第二节　财务报表附注 292
第三节　其他披露 297
本章小结 299
关键术语 300
思考题 300
计算分析题 300

主要参考文献 301

第一章　会计的过去、现在与未来

学习目标

1. 掌握会计的定义
2. 了解会计的发展史和从业方向
3. 了解中国会计准则、美国会计准则和国际会计准则的发展
4. 掌握会计概念框架
5. 理解企业组织形式和会计目标
6. 理解会计数字化和会计智能化的相关概念
7. 了解商业模式和技术给会计带来的变革

第一节　会计是什么

一、会计的定义

国内外学者对会计的定义仍然没有形成共识，产生了不同的定义。

(一) 国外学者对会计的定义

马卡洛夫、别洛乌索夫对会计的定义

1953年，美国注册会计师协会(AICPA)认为，会计是一门艺术，旨在将具有或至少部分具有财务特征的交易事项，以有意义的方式且以货币表示，来记录、分类及汇总并解释由此产生的结果。该定义强调会计人员运用其知识，以解决特定问题的那种创造性的技巧与能力。

1970年，西德尼·戴维森(Sidney Davidson)在《现代会计手册》的序言中认为，会计是一个信息系统。它旨在向利益相关者传输一家企业或其他个体的富有意义的经济信息。这个传输过程势必要涉及两个方面，就是信息的发送者和信息的接收者。

1982 年,英国成本与管理会计师协会(CIMA)对会计的定义:会计对各种行动的备选方案所引起的未来活动,以货币的形式进行预测;对实际业务事项,用货币形式进行分类和记录,并对这些业务事项的结果加以表达和说明,从而对一段时期的业绩或某一确定日期的财务状况作出评价。会计包括财务会计、管理会计和审计。

(二) 国内学者对会计的定义

1. 会计是一种管理活动

杨纪琬、阎达五教授认为:会计的本质是一种“管理活动”,会计工作本身就是一种管理工作。会计是以货币为主要计量单位(计量特点),通过核算和分析(核算手段),对经济业务(核算对象)进行反映和监督(核算职能)的一种管理活动(会计的本质)。

2. 会计是一个经济信息系统

葛家澍教授认为:会计的本质是一个“以提供财务信息为主的经济信息系统”。

企业管理是一个信息与控制系统。由于会计信息是企业管理信息的主要来源,因此会计信息系统是企业管理信息系统的一个主要子系统。

会计信息系统的具体描述

会计信息处理的基本过程如图 1-1 所示。企业经济业务是输入会计信息系统的“原材料”,进入会计信息系统后,按照会计核算程序——确认、计量、记录和报告进行加工,从而向外部使用者提供最终会计产品——财务报告。

图 1-1 会计信息处理的基本过程

3. 会计是一种控制活动

郭道扬教授认为:会计的本质是一种“控制活动”,现代会计是对经济活动的全面控制或全方位控制。

会计从某种角度而言,就是为管理服务的。会计使管理决策数量化、精细化和科学化,使管理过程更加制度化、程序化和标准化,使管理结果更具有预见性、计划性和可控性。会计为管理活动的预算控制、成本控制和绩效控制等提供支持。例如,每年管理层都要确定当年的经营目标,会计要根据这一目标编制系统的经营预算,经营预算既是对企业年度总目标的分解和计划方案,也是各个部门执行和考评的依据和标准,体现了对企业全方位的控制。会计信息处理的控制过程如图 1-2 所示。

二、会计的基本内容

会计的定义包含了会计的基本内容。下面我们结合案例来讨论。

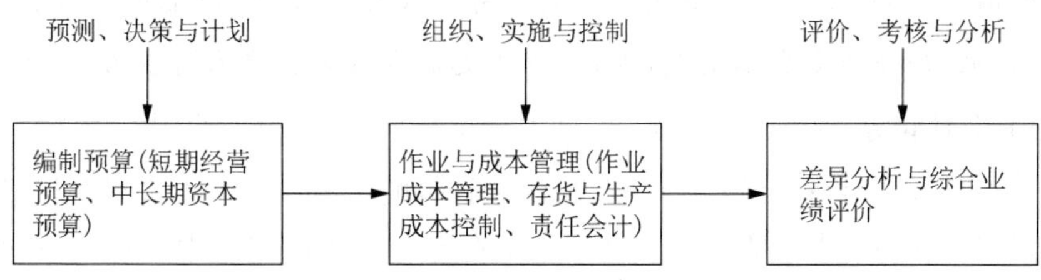

图 1-2　会计信息处理的控制过程

【案例 1-1】 桂先生自筹资金 100 000 元,开了一家玲珑小卖店,主要经营酒水、饮料;桂先生于 2020 年 1 月 1 日租了一个门面,门面租金每月 5 000 元,花了 20 000 元购买两台冰柜储存酒水、饮料,购进存货共计 50 000 元;1 月 31 日,桂先生支付本月水电费共计 1 200 元,销售商品收入共计 30 000 元,已销售商品成本为 20 000 元。桂先生每天都会详细记录自己的收支情况。

本例中,桂先生每天以人民币来记录卖出去的商品(主要记录数量和金额)和收到的钱(即主营业务收入);桂先生每月缴纳租金、水电费等(费用);桂先生记录购买的设备和存货(资产),并以购买价格(实际成本)入账;桂先生每天把小卖部的收入和支出编制为记账凭证;到月末,桂先生汇总所有的收入和支出,记录到账簿,从而编制资产负债表、利润表等来反映月底的财务状况和本月的盈利情况。

由此可以看出,会计实际上是一个经济信息系统,包括会计确认、会计计量、会计记录和财务报告四项基本内容。

(一) 会计确认

会计确认,是指会计数据进入会计信息系统时确定如何进行记录的过程,即将某一会计事项作为资产、负债、所有者权益、收入、费用或利润等会计要素正式加以记录和列入报表的过程。会计确认是要明确某一经济业务涉及哪个会计要素的问题。某一会计事项一旦被确认,就要同时以文字和数据加以记录,其金额包括在报表总计中。

在案例 1-1 中,桂先生花 20 000 元购买两台冰柜,该冰柜由桂先生购买并长期拥有,使其在未来为桂先生带来收入,因此,确认其为“资产”;缴纳的水电费 1 200 元,是桂先生在日常经营中发生的支出,会导致桂先生自筹资金的减少,与桂先生分配利润无关,因此,确认其为“费用”。

(二) 会计计量

在会计对有关的经济业务进行确认之后,就需要进一步确定经济业务对有关要素的数量、金额的影响,这一过程称为会计计量。会计计量是将符合确认条件的会计要素登记入账,列报于财务报表并确定其金额的过程。企业应当按照规定的计量属性进行计量。我国《企业会计准则——基本准则》规定了五种会计计量属性:历史成本、重置成本、可变现净值、现值和公允价值。

在案例 1-1 中，桂先生把购买的两台冰柜计入固定资产，该冰柜在购买时共花费 20 000 元，符合历史成本定义，因此，以历史成本确定其账面价值为 20 000 元。

（三）会计记录

会计记录，是指将对经济活动进行确认和计量的结果在账户中进行登记或记载，从而达到记录交易或事项的目的。会计记录在专门设置的账户中进行，账户则是用来分类记录交易或事项的一种“工具”；账户按其经济内容可以分为资产类账户、负债类账户、所有者权益类账户、成本类账户和损益类账户五类。从功能上讲，每一个账户都能提供企业某一特定内容（原材料、应收账款、财务费用、主营业务收入等）在特定会计期间的增减变动及结果等信息。例如，原材料账户提供某一会计期间（月度、季度、半年度、年度等）购入的原材料数量、耗用的原材料数量和期末结存的原材料数量等信息。

对企业的交易或事项进行记录，必须采用复式记账法①。复式记账法，是指对发生的每一项经济业务，都以相等的金额，在相互关联的两个或两个以上的账户中进行记录的记账方法。其优点是可以全面、清晰地反映出经济业务的来龙去脉，并且能通过会计要素的增减变动，全面系统地反映经济活动的过程和结果。

案例 1-1 中，桂先生支付的门面租金 5 000 元，应记入“管理费用”科目，同时，支付租金会导致“库存现金”科目减少 5 000 元，这笔业务的会计处理如下：

借：管理费用　　5 000

　　贷：库存现金　　5 000

（四）财务报告

财务报告将企业的经济活动信息提供给信息使用者，反映企业某一特定日期财务状况和某一会计期间经营成果、现金流量。企业会计信息的使用者主要包括企业外部的投资者、债权人、政府及其经济监管机构，以及顾客、社会公众和企业内部经营管理者（企业管理层）。作为向使用者提供决策有用信息的主要方式，企业财务报告在内容、格式等方面必须充分考虑信息使用者的需求。财务报告包括财务报表和其他财务报告。财务报表是企业财务报告的主体内容，其主要由反映企业财务状况的资产负债表、反映企业经营业绩的利润表和反映企业财务状况变动的现金流量表构成。

企业以财务报告的形式披露的会计信息，必须符合会计信息质量特征要求。

依据案例 1-1 资料，编制玲珑小卖店 2020 年 1 月的利润表（简表），如表 1-1 所示。

---

① 复式记账法具体内容见第二章。

表 1-1　利润表(简表)

编制单位:玲珑小卖店　　　　2020 年 1 月　　　　单位:元

项目	本月数	本年累计数
一、营业收入	30 000	30 000
减:营业成本	20 000	20 000
管理费用	6 200	6 200
二、营业利润	3 800	3 800

会计确认、会计计量、会计记录和财务报告是会计的基本内容,其相互关联、相互影响。

三、会计规范

(一) 会计规范的含义和特征

会计规范就是一套用于规定、约束会计信息系统的数据加工、处理与信息生成等行为的规范。会计规范一般具有如下特征:

(1) 公认性。会计规范应该得到人们的认可,不管这种认可是自发的还是强制的,是成文还是惯例。

(2) 目标性。会计规范所要调整的是会计工作和各方面的经济利益关系与社会利益关系,维护现行的社会秩序,为建立标准科学规范、内容客观真实、反映迅速及时的会计信息管理体系服务。

(3) 普遍性。会计规范的适用对象不是针对特定的人,也不是特定的企业,而是针对所有的经济业务。

(4) 稳定性与发展性相结合。会计规范一旦实施,要在一定时期内保持相对稳定,不能朝令夕改,随意废弃。当然,随着经济社会的发展,一些规范如果不能适应新的经济环境,那么必须做出改变,使之与新的经济环境相适应。

(二) 会计规范的作用

在市场经济条件下,会计的一般目标是向财务会计报告使用者提供与企业财务状况、经营成果和现金流量等有关的会计信息,反映企业管理层受托责任履行情况,有助于利益相关者作出经济决策。

会计信息的使用者不仅包括企业内部管理者,而且包括投资者、债权人、国家管理部门、企业员工及社会公众等。不同的信息使用者对信息的数量、质量、形式等需求是不同的,而外部信息使用者与企业存在着信息不对称,其结果可能使虚假不实的信息充斥市场,不仅会损害各方的利益,还会扰乱正常的市场经济秩序。

没有规矩不成方圆,为了规范会计行为,保证会计信息的真实完整,公平调整信息使用者的利益分配,维护市场经济秩序,会计人员必须严格执行相关的会计规范。

（三）会计规范体系

会计法律规范、会计理论规范和会计职业道德规范

会计规范是长久以来人们在实践活动中，以经济活动为对象形成的一系列约定俗成或明文规定的标准、法式。它是评价会计工作质量、会计信息质量的标准和依据，随着社会经济环境和会计的发展变化不断形成、完善，并逐步形成一个具有不同层次结构、相互联系、共同发挥作用的会计规范体系。一般而言，会计规范体系包括会计法律规范、会计理论规范和会计职业道德规范三个方面。

20 世纪初一直到新中国成立前，我国主流的会计体系与西方发达国家的会计体系基本上一致。新中国成立后，我国借鉴苏联模式，建立了适应高度计划经济体制的会计制度。我国现行企业会计规范体系源于改革开放。1985 年，财政部发布实施了《中外合资经营企业会计制度》。

1992 年，财政部颁布《企业会计准则》和《企业财务通则》(简称“两则”)，以及 13 个行业会计制度和 10 个行业财务制度(简称“两制”)。“两则两制”所提出的会计目标、前提、原则、会计要素的定义及确认和计量、会计基本公式、报表体系等，让我国企业会计开始具备系统、明确的理论，我国企业会计从此有了统一而正式的技术标准。

2000—2004 年，财政部陆续颁布了《企业会计制度》《金融企业会计制度》《小企业会计制度》，使各行业企业实现了会计规则体系的统一。

2006 年，财政部重新修订并发布了《企业会计准则——基本准则》和《企业会计准则第 1 号——存货》等 38 个具体会计准则；2014 年至今，财政部陆续修订了一系列具体会计准则，颁布并实施了《政府会计准则》的基本准则和一系列具体准则使我国会计规范更加符合市场经济的需要，实现了与国际财务报告准则的实质趋同，是我国会计进一步走向世界的标志。随着中国经济的快速发展、不确定性增加以及新时代具有的特点，为适应实体经济的发展需求，我国的会计准则也在不断地修订和完善。

四、会计数据与会计信息

（一）会计数据

1. 会计数据的概念

会计数据，是指具有财务属性的数据集合，并且被用于提供给各类使用者决策使用的财务报告中。会计数据是在会计事项处理中，以“单、证、账、表”等形式表现的各种数字、字母与特殊符号的集合。在会计数据处理中，会计数据主要包括伴随生产经营活动或计划（预算）执行过程中产生而引起资金增减变动的原始数据，也包括并不引起资金增减变动但需要在会计核算中记录和反映的客观事实。会计数据来源广泛，数据繁多，具有系统性、周期性、连续性和多重利用性等特点。

2. 会计数据的分类

(1) 会计数据按处理状态可分为记账数据和非记账数据。记账数据，是指记录在记账凭证、汇总表和报表上的数据；非记账数据，是指记录在各种原始凭证上的没有经过汇总的原始数据。会计数据绝大部分处于非记账状态，传统会计核算重点是记账数据。财务报表是会计数据汇总的最终结果。

(2) 会计数据按重要性可分为严格核算数据和一般核算数据。严格核算数据，是指对企业效益产生重大影响的少数几种数据；除此之外的数据都是一般核算数据。例如，在销售型数据中，将应收账款数据作为严格核算数据，而将销售明细、客户和商品分类等数据作为一般核算数据。会计数据处理的重点是严格核算数据，例如，存货、成本、收入。

（二）会计信息

1. 会计信息的概念

会计信息，是指在会计管理和会计决策分析工作中所需要的各项会计数据，包括资产和负债信息、生产费用和成本信息以及有关利润实现和分配的信息等。

会计信息反映了企业财务状况、经营成果以及现金流量的财务信息，是记录会计核算过程和结果的重要载体，是反映企业财务状况、评价经营业绩的重要依据；会计信息主要以财务报表、财务报表附注等形式向投资者、债权人或其他信息使用者揭示单位财务状况、经营成果和现金流量等信息。

2. 会计信息的特征

(1) 数量大，种类多，来源广。会计工作需要对生产经营过程连续、系统、综合地反映和监督，而会计信息正是在上述反映和监督工作中所采集、加工、使用的有价值的信息，几乎涉及组织的所有业务和管理活动。

(2) 综合性。会计信息采用货币的形式，综合反映了生产经营活动，反映内容涉及供、产、销各环节，以及组织各部门和每个职工。

(3) 结构和处理逻辑的复杂性。由于会计信息具体反映了资产、负债、所有者权益、成本和损益等方面的信息，这些信息间有十分密切的关系，它们的增减呈网状结构互相影响，且需要始终保持平衡关系，这使会计信息的结构和处理逻辑变得较为复杂。

(4) 客观性、真实性和公允性。会计信息应客观、真实地反映经济活动中的价值信息，绝对不允许弄虚作假来蒙骗利益相关者。

(5) 全面性、完整性和一致性。会计信息应全面、完整、准确地反映经济活动中的价值信息，不允许出现差错和误报，否则将无法发挥它的重要作用。

(6) 安全性和可靠性。会计信息全面地反映了企业财务状况、经营成果和现金流量等重要信息，因此，会计信息不能被破坏、泄露和丢失，具有很强的安全性、可靠性控制要求。

(7) 处理的及时性。为了实现对经济活动的有效控制和监督，会计信息应及时反映经济活动的状况和存在的问题。

第二节 会计的过去与现在

一、会计发展史

原始社会时期，就出现过对有关经济事项的计量和记录行为，主要是绘图记事、结绳记事、刻契记事。其中，结绳记事是以结绳的形式反映客观经济活动及其数量关系的记录方式，记录了粮食、物品的出入往来等。这种有关经济活动的简单记录，可以看作"会计"的萌牙状态。

奴隶社会时期，奴隶主为了对收入和支出进行管理，会计不仅被广泛应用，而且在计数、计算的方法和形式上都有所发展。中国商朝时期，奴隶主控制着商朝的经济命脉，思想远远落后于其应该达到的水平，因而官厅会计体系开始形成；西周时期，设置了专门负责会计工作的"司会"官职，它与专门负责财物保管工作的官职"小宰"有明确的分工。古印度的记账员，负责登记农业账目，登记和记录与此有关的一切事项；古巴比伦的记录官，负责记录商业经营业务和监督签订合同时是否遵守有关规定；古希腊的出纳官和僧侣，对神殿财产进行年度盘存。

封建社会时期，形成森严的等级制度。英国的庄园会计要求庄园的受托管理人代表庄园编制义务和履行报告书，而皇室财务方面倾向于记录和验证征税的纳贡制度。[①] 中国的官厅会计从中央到地方已初步构成一个经济管理系统，采用了以"收""付"为记账符号，以上收下付为基本特征的单式收付记账法，并对一部分收支以钱币为计量单位进行核算。隋唐至宋代经济发展兴盛，出现了"四柱结算法"，为中国会计从单式记账法向复式记账法的演变奠定了初步基础；明清时期，建立了龙门账、四脚账，前者提出了年终结算的方法，后者提出了试算平衡和账目勾稽。

13—15 世纪，威尼斯等地中海沿岸城市的商业和手工业兴旺发达，经济繁荣，从而产生了复式借贷记账法。1494 年，意大利数学家卢卡・帕乔利(Luca Pacioli)出版了《算术、几何、比及比例概要》，其中的《簿记论》是目前所知的第一部介绍复式记账系统的文献，系统地介绍了"威尼斯簿记法"，是会计发展史上一个重要的里程碑。

18—19 世纪初的工业革命在一些资本主义国家形成了空前的生产力，由此产生了大量资金的需求，导致了公司组织的形成。按照英国的公司法，为了适应股份制公司所有权与经营权分离的管理要求，公司必须向外部股东提供会计报告，并且需要经过独立的外部专业人员审计。为了使外界利益相关者能够看懂财务报表，会计界逐渐形成了一套有关财务报表的规范和准则，称为"公认会计原则"。1854 年，英国爱

① 查特菲尔德.会计思想史[M].文硕，董晓柏，王骥，等译.上海：立信会计出版社，2017.

丁堡首创“执业会计师制度”，使会计工作从只服务于某一会计主体，扩展到可以为所有的会计主体和所有的报表阅读者服务。“公认会计原则”和“执业会计师制度”是现代会计的基本特征，奠定了现代会计理论的基础。

鸦片战争后，中国会计出现了中式会计的改良和借贷簿记的引进并存的局面。1905 年，蔡锡勇的著作《连环账谱》一书，较好地将中西各自的方法统一起来，充分体现了“中西合璧”的特征，是中国引进借贷复式簿记的开端；1907 年，谢霖与孟森合著的《银行簿记学》一书，使中国人初次认识了西式簿记，为引进借贷复式簿记创造了条件。1908 年，大清银行创办之时，即采用现金收付复式记账法，是中国改良中式簿记的先声。

第二次世界大战以后，科技革命导致新兴工业部门崛起，新产品不断涌现，市场经济日益繁荣。一些经济发达的国家出现了大规模的企业兼并运动，产生了许多联合企业，经济业务日益多样化、复杂化，对会计理论和方法提出了更高的要求，出现了成本会计、管理会计、外部审计、人力资源会计和社会责任会计等，成立了注册会计师协会等职业组织，形成了各种不同的会计教育所构成的会计教育体系。

二、会计职业

会计是一种专业性很强的工作，任何企业、单位或者部门都需要会计人员对其所从事的经济活动进行记录和报告，因此，对会计人员的需求覆盖经济社会的各个方面、各个领域。随着经济规模的扩大和资本市场的发展，会计信息在宏观和微观经济运行中起到的作用越来越重要，会计人员在经济组织中的作用和地位也日益显著。那么具备教育背景和经验的专业人士的从业方向主要有四种：企业会计、注册会计师、非营利组织会计和会计教育。

（一）企业会计

企业会计是向企业内部和外部提供决策支持的信息控制系统。现代会计主要是针对营利企业的经济活动展开研究，因此，会计学专业设置的专业课程，大部分也都是与企业会计有关。一个大型公司的会计信息系统，主要分为财务会计和管理会计两大类。

财务会计和管理会计

（二）注册会计师

在现代企业所有权与经营权分离的大背景下，企业内外存在着严重的信息不对称。企业的管理层负责会计信息的编制和披露，以投资者和债权人为代表的企业外部利益相关者在投资决策时面临信息弱势的困境。根据代理理论，企业管理层在拥有信息优势的前提下，可能从自身利益出发，产生道德风险，损害股东和债权人的利益。为了增加财务报告的可信度，为企业所披露的会计信息质量提供保障，产生了注册会计师行业。

注册会计师是独立于企业和其他利益相关者的第三方，具有会计专业技术能力

注册会计师的基本要求

和执业资质。按照规定,上市公司所披露的定期报告必须经过注册会计师审计,并将审计报告一并披露。现在,接受注册会计师审计的财务报告已经覆盖全部企业和部分行政事业单位。

(三) 非营利组织会计

与企业不同,不以赚取利润为目标的组织统称为非营利组织,因此,其设置的会计也称为非营利组织会计。非营利组织以非营利为目的开展相关工作和业务,主要是为上层建筑服务,为生产建设服务,为人民生活服务。

非营利组织因其资源筹措和使用的法律限制不同,主要分为使用公共资源的政府和使用社会资源或民间资源的民间非营利组织。对应政府主体的会计称作政府会计,对应民间非营利组织主体的会计称作民间非营利组织会计。

按照会计主体的预算收支管理范围,政府会计进一步可分为政府财政会计和政府单位会计。政府财政会计是反映和监督政府财政预算资金的执行情况和政府财政资金运行及财务状况的会计;政府单位会计是反映和监督政府单位(包括行政单位和事业单位)预算资金执行情况、单位资金运行及财务状况的会计。非营利组织会计的分类如图 1-3 所示。

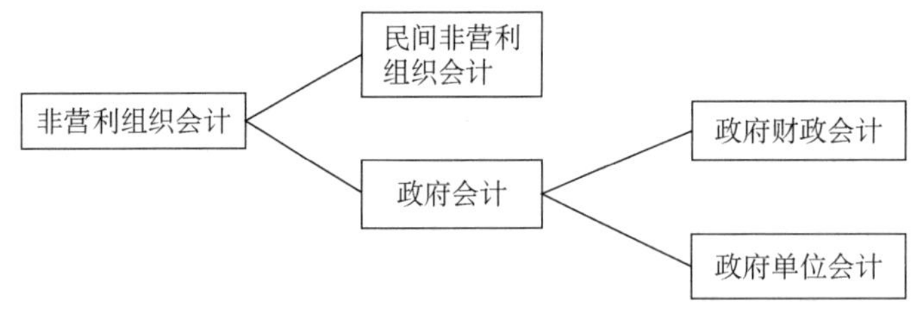

图 1-3　非营利组织会计的分类

(四) 会计教育

随着经济的快速发展,社会对高层次会计人才的需求急剧增加,目前有众多高校开设了会计专业,显然会计类专业成为最受欢迎的专业之一,当然对会计专业教师的需求也随之上升。

会计专业教师的工作主要涉及教学、科研、服务社会和文化传承。另外,中国证监会于 2001 年发布了《关于在上市公司建立独立董事制度的指导意见》,要求境内上市公司应当按照该指导意见的要求,修改公司章程,聘任适当人员担任独立董事,其中至少包括一名会计专业人士。其中,会计专业人士是指具有高级会计专业技术职称或注册会计师资格的人士。因此,具有高级会计专业技术职称的会计教育从业人士还可以兼任上市公司的独立董事。

三、中国会计准则

会计准则是会计人员从事会计工作必须遵循的基本原则,是会计核算工作的规范。会计准则就经济业务的具体会计处理做出规定，以指导和规范企业的会计核算，保证会计信息的质量。会计准则具有严密和完整的体系。我国已颁布的会计准则有《企业会计准则》《小企业会计准则》《事业单位会计准则》《政府会计准则》。

（一）企业会计准则

本书研究对象是企业，因此，主要介绍企业会计准则。

我国企业会计准则发展历程

目前，我国的企业会计准则体系包括基本准则、具体准则和应用指南。

1. 基本准则

基本准则是企业会计准则体系的概念基础，规定了整个准则体系的目的、假设和前提条件、基本原则、会计要素及其确认与计量、会计报表的总体要求等内容，是制定具体准则和应用指南等的依据。

2. 具体准则

具体准则是按照基本准则的要求，针对各项经济业务做出的具体规定。按照规范的对象不同，大体上可以分为三类：第一类是各行业共同经济业务的具体准则，如存货、长期股权投资、固定资产、无形资产、收入；第二类是有关特殊行业、特殊经济业务的具体准则，如企业年金资金、原保险合同、再保险合同、生物资产、石油天然气；第三类是有关财务报告和信息披露的具体准则，如现金流量表、中期财务报告、合并财务报告、关联方披露。

3. 应用指南

应用指南是对各项具体准则的进一步阐释和说明，是对会计科目设置和主要经济业务的会计处理进行具体规范。应用指南以会计准则为基础，对各项准则的重点、难点、关键点进行具体解释说明，着眼于增加准则的可操作性，有助于会计人员完整、准确地理解和掌握会计准则的要求。例如，《〈企业会计准则第 7 号——非货币性资产交换〉应用指南》，分别对“非货币性资产交换的认定”“商业实质的判断”“换入资产或换出资产公允价值的可靠计量”“非货币性资产交换的会计处理”等问题，进行了详细说明。我国企业会计准则体系如图 1-4 所示。

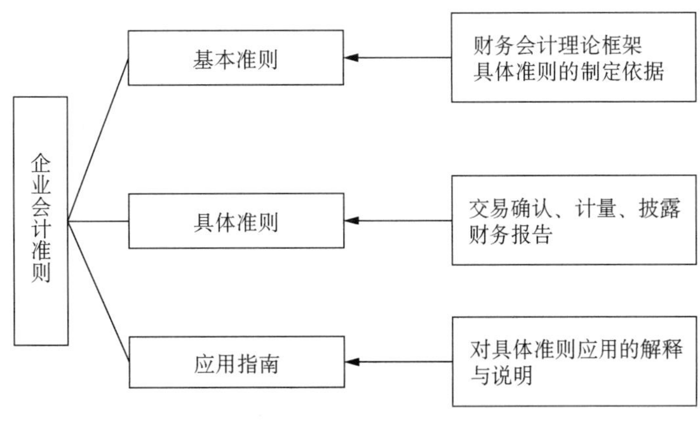

图 1-4　我国企业会计准则体系

（二）小企业会计准则

2011 年 10 月 18 日，财政部发布了《小企业会计准则》，要求符合适用条件[①]的小企业自 2013 年 1 月 1 日起执行，并鼓励提前执行。《小企业会计准则》共十章，第一章总则对《小企业会计准则》的制定目的、适用企业、适用原则及转换执行的会计处理进行规定，其余各章分别对资产、负债、所有者权益、收入、费用、利润及利润分配、外币业务、财务报表进行了具体规定。

《小企业会计准则》规定，小企业的财务报表至少应包括资产负债表、利润表、现金流量表和报表附注四个部分，与《企业会计准则》相比，《小企业会计准则》要求小企业财务报表单独列示的项目较少。《小企业会计准则》的制定旨在规范小企业会计确认、计量和报告行为，提升小企业的内部管理水平，促进小企业的可持续发展。

（三）事业单位会计准则

2012 年 12 月 6 日，财政部修订发布了《事业单位会计准则》，自 2013 年 1 月 1 日起在各级各类事业单位施行。《事业单位会计准则》为事业单位会计制度体系建立统一的核算原则和框架、制定事业单位会计制度提供了依据。《事业单位会计准则》共九章 49 条，它规范了事业单位会计目标、会计基本假设、会计核算基础、会计信息质量要求、会计要素定义、项目构成及分类、一般确认计量原则、财务报告等基本事项。

事业单位会计核算的目标应当反映事业单位受托责任的履行情况，同时应有助于会计信息使用者进行社会管理，作出经济决策。事业单位会计核算一般采用收付实现制，财政部在会计制度中具体规定的经济业务或事项采用权责发生制核算。

（四）政府会计准则

2015 年 10 月 23 日，财政部颁布了《政府会计准则——基本准则》，自 2017 年 1 月 1 日起施行。《政府会计准则——基本准则》共六章 62 条，主要内容包括：

（1）立法目的和制定依据、适用范围、政府会计体系与核算基础、基本准则定位、报告目标和使用者、会计基本假设和记账方法等。

（2）政府会计信息质量要求，即可靠性、全面性、相关性、及时性、可比性、可理解性和实质重于形式。

（3）政府预算会计要素，包括预算收入、预算支出和预算结余的定义、确认和计量标准，以及列示要求。

（4）政府财务会计要素，包括资产、负债、净资产、收入和费用的定义、确认标准、计量属性和列示要求。

（5）政府决算报告、财务报告和财务报表的定义、主要内容和构成。

---

① 适用《小企业会计准则》的小企业必须同时满足以下条件：①在中国境内依法设立；②符合《中小企业划型标准规定》所规定的小企业标准；③股票或债券不在市场上公开交易；④非金融机构或非其他具有金融性质的小企业；⑤非企业集团内的母公司或子公司。

(6) 相关基本概念,以及施行日期。

《政府会计准则》强化了政府财务会计核算,即政府会计由预算会计和财务会计构成,前者一般实行收付实现制,后者实行权责发生制。通过预算会计核算形成决算报告,通过财务会计核算形成财务报告,全面、清晰地反映预算执行信息和财务信息。

四、其他主要会计准则

(一) 美国会计准则

美国会计准则起源于20世纪20年代,由于美国经济的快速发展,会计方法纷繁复杂导致了会计实务处理混乱。加之1929—1933年爆发的经济大危机,美国会计界的工作受到社会的质疑和证券交易所有关管理部门的指责。例如,折旧处理过于多样化;合并报表缺乏严肃性而随意处理过度;收益信息没有分类,股利发放违反规定。无序、无任何界定关系的会计实务,以及缺乏会计政策的信息披露等,直接影响着美国资本市场的发展,最终导致资本市场的崩溃。

1933年,美国证券交易所股票委员会与美国会计师协会理事会达成共识,即制定社会普遍接受的"会计原则",美国证券交易所合作特别委员会提出第一个会计准则建议方案,并向美国会计师协会和美国证券交易所提出了若干项议事内容。1934年,纽约证券交易所通过其中5项内容:①无未实现利润;②对盈余不进行借记处理;③子公司的盈余不能作为兼并后母公司的盈余;④库存股的股利并非是收益;⑤应收账款、应收票据分开反映。此后,美国会计师协会加以补充第6项:捐赠资本不增加盈余的条款。以上6项内容称为"可接受的会计原则",后来改称"公认会计原则"。

1959年,规范的"公认会计原则"制度及其效应影响到其他国家,得到了其他国家的效仿,并得以在世界上推广。由于美国经济的高速发展,美国会计在世界上的影响早已超过英国会计的影响力,也加速了美国推广"公认会计原则"的进程,美国的会计准则也逐渐成为各国研究效仿的对象。截至目前,美国财务会计准则委员会已经发布了168项财务会计准则公告和8辑财务会计概念公告。

(二) 国际会计准则

单个国家的会计准则是根据每个国家独特的使用者的需要和文化属性演变而来的。因此,尽管全球市场经济不断发展,但是一个国家的会计准则可能与另外一个国家的会计准则存在显著差异。

1973年,国际会计准则委员会由澳大利亚、加拿大、法国、德国、日本、墨西哥、荷兰、英国和美国九个国家的16个会计职业团体创建,以推动会计和财务报告准则在全球范围内的认可和遵循。2001年,国际会计准则委员会改组为国际会计准则理事会(International Accounting Standard Board,IASB),承担国际会计准则委员会所有的职责。国际会计准则理事会是一个总部设在伦敦的民间会计组织机构,尽管现在得到了 150 多个国家和地区的支持，但制定统一的标准是一个相当困难的目标。

国际会计准则理事会面临的一项重大挑战就是一个国家会保护其当地市场的利益，在这些市场上，参与者的利益往往与参与全球财务网络实体的利益大不相同。例如，世界各国在其资本市场的复杂性、披露财务信息的必要性以及政府监督在标准制定中的作用等方面存在差异。不幸的是，这些民族主义问题并不是国际会计准则理事会面临的唯一障碍，一个简单的事实就是，国际会计准则理事会是一个民间会计组织机构，因此，它的声明无法得到有效执行。相反，人们所希望的是每个国家的会计专业机构作出并保持“尽最大努力”的承诺，朝着接受国际标准的方向迈进。截至 2019 年年底，国际会计准则理事会及其前身机构已经发布了 41 项国际会计准则和 17 项国际财务报告准则，其中大部分是近年来取得的进展。

目前，国际会计准则理事会正在努力寻求方法，为其成员根据不同的会计准则编制的财务报表提供可比性。这项工作常常被称为“调和工程”，它既包括消除当今世界很多地区仍然存在的不良会计方法，又包括国际会计准则理事会对自己的准则范围内可接受的会计方法进行限制。

中国企业会计准则于 2006 年与国际会计准则实现了“实质性趋同”，不仅整体架构保持一致，而且大多数项目做到了相互对应。仅有两处存在显著差异：一是是否将同受国家控制的国有企业认定为关联方关系，二是是否禁止转回计提的资产减值准备。近年来，结合国际财务报告准则的最新进展，财政部修订金融工具、收入、租赁等多项具体准则，进一步保持了中国企业会计准则与国际财务报告准则的持续趋同。

五、会计概念框架

会计概念框架所涉及的是会计一些最基本的概念与理论问题，核心内容包括会计假设、会计目标、会计基础、会计信息质量要求、会计要素和财务报告六项内容。

（一）会计假设

会计假设即会计基本假设，是指会计人员对会计核算所处的变化不定的环境和某些不确定的因素，根据客观的、正常的情况或趋势所做的合乎情理的判断。会计假设是组织会计核算工作应当明确的前提条件，是建立会计原则的基础，也是进行会计实务的必要条件，所以又称会计核算的基本前提，一般包括会计主体、持续经营、会计分期和货币计量四个基本前提。

1. 会计主体

会计主体又称经济主体，是会计工作服务的特定组织或单位，它规定了会计确认、计量、记录和报告的空间范围。每个企业或独立核算的单位都是独立于业主和其他单位的会计主体，会计所计量和报告的一切要素都是针对一个主体而言的，而不是业主或者其他单位。还需注意会计主体与法律主体的区别，法律主体指的是独立承担法律责任的个体。将会计主体作为会计的基本前提，其意义在于进一步明确了现代会计是建立在会计主体之中反映该主体经济活动的微观经济信息系统。

2. 持续经营

由于不同经营状态下的会计确认、计量、记录和报告的标准等可能存在重大差异,因此,我们需要对会计主体的经营状态进行界定。持续经营假设,是指企业的经营活动将会按照当前的规模和状态继续经营下去,在可以预见的将来不会停业,不会面临破产清算,也不会大规模削减业务。财务报表的编制都是建立在持续经营的前提下,如果不能满足持续经营的条件,就要用清算制的原则去编制财务报表。

3. 会计分期

会计分期是指将企业的生产经营活动划分为若干相等的区间,在连续反映的基础上,分期进行会计核算、编制财务报表。持续经营假设将会计主体当作一个长期存在的经营单位,然而信息使用者需要的是及时的信息,以便作出适当的投资、信贷决策,因此,需要人为地将企业的生产经营活动过程划分为一定的期间,通常是以日历年度作为划分标准。每个会计主体都要定期将企业的经营成果、财务状况以及现金流量等信息提供给外部信息使用者。

4. 货币计量

货币计量,是指会计主体在会计确认、计量和报告时以货币计量,反映会计主体的生产经营活动。货币计量假设认为,会计是一个可以运用货币对企业经济活动进行计量并将计量结果加以传递的过程。在多种货币存在的情况下,会计主体应当以某一国家的货币(通常为主体所在国的法定货币)作为记账本位币。我国的企业会计准则要求企业应当选择人民币作为记账本位币。业务收支以人民币以外的货币为主的企业,可以选定其中一种货币作为记账本位币,但是在编制财务报表时应当折算成人民币。

(二)会计目标

会计目标主要是指会计信息的价值和作用。企业会计的终极目标是优化企业资源配置,实现企业价值最大化,其直接目标是为信息使用者提供对其经济决策有用的信息。会计目标应兼顾受托责任观和决策有用观。

受托责任观认为管理人员受资金提供者(股东和债权人)的委托,对企业经济资源进行管理,因此,会计需要向资金提供者提供借以评价管理人员履行受托责任情况的信息。

决策有用观,即向企业利益相关者提供有助于其作出投资、信贷等决策的信息,企业财务状况、经营成果和现金流量的信息对信息使用者都是有用的。需要指出的是,决策有用观并不意味着信息使用者只要依靠财务报告的信息就能够作出正确的决策,财务报告能够做到的只是提供真实公允、对使用者具有一定相关性的信息,以减少信息使用者决策中的不确定性。

受托责任观和决策有用观虽然在会计目标的认识上存在差异，但两者并非矛盾或者相互排斥的。这两种观点是建立在两种不同的基础之上，就像一枚硬币的两面被有机地联系起来了。

（三）会计基础

会计基础，是指会计事项的记账基础，是会计确认的某种标准方式，是单位收入、支出和费用的确认标准。对会计基础的不同选择，决定企业取得收入和发生支出在会计期间的配比，并直接影响到企业的经营业绩和财务成果。会计基础主要有两种，即权责发生制和收付实现制。

权责发生制又称应计制，是指在产品销售时确认收入，并在费用发生当期确认相关的费用——即使现金的收取和支付在另一时点或另一会计期间进行。凡在本期发生应从本期收入中获得补偿的费用，在本期已实际支付或未付的货币资金，均应作为本期的费用处理；凡在本期发生应归属于本期的收入，在本期已实际收到或未收到的货币资金，均应作为本期的收入处理。实行权责发生制，有利于正确反映各期的费用水平和盈亏状况。

收付实现制又称现金制，是指对各项收入和费用的认定是以款项（包括现金和银行存款）的实际收付作为标准。凡属本期实际收到款项的收入和支付款项的费用，不管其是否应归属于本期，都应作为本期的收入和费用入账；反之，凡本期未实际收到的款项收入和未付出款项的支出，即使应归属于本期，也不应作为本期的收入和费用入账。采用收付实现制，本期的收入和费用缺乏合理的配比，所计算的财务成果也不够准确，因此，企业单位不宜采用收付实现制作为记账基础。

【案例 1-2】 桂先生在 2020 年 7 月 1 日支付了未来 12 个月的保险费 12 000 元；收到 6 月份的水电费账单共 2 000 元，并于本月支付；7 月 10 日，收到 6 月份销售的货款 10 000 元；7 月 20 日，销售一批商品 8 000 元，但并未收到货款。根据权责发生制和收付实现制两种不同的会计基础，2020 年 6 月和 7 月分别应该确认的收入和费用，如表 1-2 所示。

表 1-2　权责发生制和收付实现制下确认的收入和费用

单位：元

会计基础		会计期间	
		2020 年 6 月	2020 年 7 月
收付实现制	收入	0	10 000
	费用	0	14 000
权责发生制	收入	10 000	8 000
	费用	2 000	1 000

（四）会计信息质量要求

企业所提供的会计信息的质量标准，表现为会计信息对于信息使用者决策有用的那些性质或特性。其主要功能体现在实现会计目标的基础；确认、计量、记录和报告行为的指南；评价会计信息质量的依据或标准。根据我国《企业会计准则——基本准则》的规定，会计信息质量要求包括：可靠性、相关性、可理解性、可比性、实质重于形式、重要性、谨慎性和及时性。

1. 可靠性

企业应当以实际发生的交易或事项为依据进行会计确认、计量和报告，如实反映符合确认和计量要求的各项会计要素及其他相关信息，保证会计信息真实可靠，内容完整。可靠性是最重要的会计信息质量要求之一。可靠性应包括这三层含义：信息对企业所发生的交易或事项真实反映，没有重大错误；企业应以中立的立场提供会计信息，不能有所偏向；在符合重要性和成本效益原则的前提下，企业应保证会计信息的完整性，不能随意遗漏或者减少应予以披露的信息，与使用者决策相关的有用信息都应当充分披露。

2. 相关性

企业提供的会计信息应当与财务报告使用者的经济决策需要相关，有助于财务报告使用者对企业过去、现在或将来的情况作出评价或者预测。其判断标准包括：一是会计信息能否帮助信息使用者对企业过去、现在或将来的情况作出评价或者预测；二是证实或纠正信息使用者过去已经作出的判断或评价，影响决策行为。

那么，什么是决策相关信息呢？首先，会计人员应运用专业知识，在确认、计量和报告会计信息的过程中，从决策者的会计信息需求角度出发，具体判断某一信息是否与决策有关；其次，相关性是以可靠性为基础的，只有可靠的信息才谈得上决策相关，即会计信息在可靠性的前提下，尽可能地满足相关性，以满足信息使用者的决策需要。

3. 可理解性

按照相关会计准则的要求，企业提供的会计信息应当清晰明了，便于会计信息使用者理解和使用。会计信息的可理解性也是相关性的前提条件，同时，相关的信息如果不具有可理解性，那么这种信息同样对决策没有帮助，因此，不具有可理解性的信息是无用的信息。

当然，财务报告是具有较强专业性的信息载体形式，无论使其怎样简化和通俗化，也难以保证所有的信息使用者都能准确把握其内涵。因此，会计信息质量要求中的“可理解性”只是针对那些具备一定知识背景并且愿意花费时间和精力阅读和思考的信息使用者来说的。

4. 可比性

企业提供的会计信息应当具有可比性。为了保证会计信息有助于决策，不同企业之间、同一企业不同时期之间的会计信息必须可比。

从横向角度考虑，不同企业发生的相同或者相似的交易或事项，应当采用规定的会计政策，确保会计信息口径一致、相互可比。投资者和债权人在投资决策时面临着多种选择，理性的投资者期望他们的资金能够取得高额经济回报。为达到这一目的，投资者一般会通过多种渠道，获得不同行业、不同企业的行业管理信息；相互比较，取舍之后决定资金流向。

从纵向角度考虑，同一企业不同时期的会计信息也应具备可比性。投资者在决定资金投向时，不仅可以进行同行业不同企业间的比较，还可以比较企业不同时期的业绩，以判断未来的走势。因此，相关会计准则要求，同一企业不同时期发生的相同或者相似的交易或事项，应当采用一致的会计政策，不得随意变更。会计政策确需变更的，应当在报表附注中说明，并且披露这一变化对企业财务状况和经营成果的累计影响。

5. 实质重于形式

企业应当按照交易或事项的经济实质进行会计确认、计量和报告，不应仅以交易或事项的法律形式作为依据。

例如，甲公司于 2020 年 1 月出资 1.2 亿元对乙公司进行增资，增资后甲公司持有乙公司 30％的权益，同时约定乙公司在后续两年的 12 月 31 日两个时点分别以固定价格 6 000 万元和 1.2 亿元向甲公司赎回 10％、20％的权益。

上述交易从表面形式看为权益性投资，甲公司办理了正常的出资手续，符合法律上出资的形式要件。然而，从投资的性质而言，该投资并不具备权益性投资的普遍特征。甲公司的投资在其出资之日起，就确定了在将来某一时间，以特定的金额施行退出行为，时间也只有 2 年。从风险角度分析，甲公司实际上仅承担了乙公司的信用风险而不是乙公司的经营风险，其交易实质更接近于甲公司接受乙公司的权益作为质押物，实质上是借出自有资金、同时收取一定利息的行为，根据实质重于形式，应该确认为债权性投资。

6. 重要性

企业提供的会计信息应当反映与企业财务状况、经营成果和现金流量有关的所有重要交易或事项。重要性是指在会计核算过程中对经济业务或会计事项应区别其重要程度，采用不同的会计处理方法和程序。在实务中，如果会计信息的省略或者错报会影响投资者等财务报告使用者据此作出决策的，该信息就具有重要性。重要性的应用需要依赖职业判断，企业应当根据其所处环境和实际情况，从项目的性质和金额大小两方面加以判断。例如，企业发生的某些支出，金额较小的，从支出受益期来看，可能需要若干会计期间进行分摊，但根据重要性要求，可以一次计入当期损益，如桌椅、工具。

需要指出的是，会计工作是经济管理工作的组成部分，经济管理的基本思想应符合成本效益原则。会计信息的取得、加工和报告都会产生人力、物力成本，如果信息使用者从这些信息中所获得的效益大于会计部门提供这些信息所花费的成本，则这些信息应该包含在财务报告之中；反之，则不需要报告。

7. 谨慎性

谨慎性又称稳健性或保守性，是指企业对交易或事项进行会计确认、计量和报告时应当保持必要的谨慎，不应高估资产或收益、低估负债或费用。

谨慎性要求会计人员在存在不确定因素的情况下作出判断时，要保持必要的谨慎，对于可能发生的损失和费用，应当加以合理估计，不高估资产或收益，也不低估负债或费用。例如，企业内部研究开发项目的研究阶段支出，应当于发生时计入当期损益，在开发阶段，不符合资本化条件的费用，也应该计入当期损益，符合资本化条件的再予以资本化，确认为资产。

谨慎性要求会计人员对某些经济业务或会计事项存在不同的会计处理方法和程序可供选择时，在不影响合理选择的前提下，以尽可能选用一种不虚增利润和夸大所有者权益的会计处理方法和程序进行会计处理，充分预计可能的负债、损失和费用，以免财务报表反映的会计信息引起财务报表使用者的盲目乐观，造成决策失误。例如，在物价持续下降的情况下，发出存货采用先进先出法计价。

8. 及时性

企业对于已经发生的交易或事项，应当及时进行会计确认、计量和报告，不得提前或者延后。

财务报告的根本目的是帮助信息使用者作出经济决策，而只有及时的信息才具备决策价值，根据我国资本市场监管法规的要求，上市公司必须在指定时间段内向公众发布上市公司年报、半年报和季报，这些要求都体现了及时性的要求。

（五）会计要素

会计要素是对会计对象的基本分类，是会计核算对象的具体化，是用于反映会计主体财务状况和经营成果的基本单位。会计要素就是会计确认、计量和报告的对象。《企业会计准则》规定了六类会计要素，分别是资产、负债、所有者权益、收入、费用和利润。通俗地说，资产反映了企业所拥有的资源；负债反映了企业的借款、赊购等活动带来的债务；所有者权益反映了企业所有者在企业中拥有的财富；收入反映了企业通过销售商品、提供劳务赚到的钱；费用反映企业支付工资、水电费等日常经营活动的支出；利润则是收入扣除费用后企业能够赚到的净收益。

（六）财务报告

企业对会计信息进行确认和计量的一个重要目的就是向现有的和潜在的投资者、债权人、政府部门及其他机构等信息使用者提供企业的财务状况、经营成果和现金流量信息，以有利于正确地进行经济决策，而这些信息的载体就是财务报告。

财务报告包括财务报表和其他相关的信息及资料。财务报表包括报表本身和报表附注两部分。企业需要提供的财务报表包括资产负债表、利润表、现金流量表和所有者权益变动表，有子公司的企业还需要提供合并报表。

六、会计职业道德

任何职业都有这样一个共同的特征，就是从事这项职业的人承认职业道德的重要性，这对于会计职业尤为重要，因为会计师的工作很大程度上是提供信息，以帮助信息使用者作出判断和决策。

（一）企业会计人员的职业道德

会计人员职业道德的具体内容

企业会计人员的道德规范在我国是由《中华人民共和国会计法》和《会计基础工作规范》来规定的，其指出会计人员应当遵守职业道德，提高业务素质，对会计人员的教育和培训工作应当加强。会计人员的职业道德主要包括敬业爱岗、熟悉法规、依法办事、客观公正、搞好服务、保守秘密六项内容。

（二）注册会计师职业道德

为解决注册会计师职业中违反职业道德的现象，我国注册会计师协会于 2002 年 6 月 25 日发布了《中国注册会计师职业道德规范指导意见》，并于 2002 年 7 月 1 日起施行。

《中国注册会计师职业道德规范指导意见》分为两个层次：一是基本原则，二是具体要求。基本原则包括注册会计师履行的社会责任，恪守独立、客观公正的原则，保持应有的职业谨慎，保持和提高专业胜任能力，遵守审计准则等职业规范，履行对客户的责任以及对同行的责任等；具体要求包括独立性、专业胜任能力、保密、收费与佣金、与执行鉴证业务不相容的工作，接任前任注册会计师的审计业务，以及广告、业务招揽和宣传等。

第三节　会计与企业

一、企业的组织形式

企业是营利性的经济组织，是指从事生产、流通或服务等活动，为满足社会需要进行自主经营、自负盈亏、承担风险、实行独立核算的基本经济单位。企业组织形式是指企业存在的形态和类型，主要有独资企业、合伙企业和公司制企业三种形式。无论企业采用何种组织形式，都应具有两种基本的经济权利，即所有权和经营权，它们是企业从事经济运作和财务运作的基础。

（一）独资企业

独资企业，是指由单个出资者建立的企业，出资者对企业的全部财产及经营收益享有所有权，同时对企业的债务承担无限连带责任。独资企业的主要优点在于企业内部股权结构简单，在经营上制约因素较少，业主可以充分发挥积极性，经营灵活，便于筹建、转向和解散；独资企业的缺点在于资金来源有限，从而限制企业的规模和发展，一旦经营失败，对债务的无限连带责任往往会导致个人不堪重负彻底破产。独资企业的成败往往与业主个人密切相关，其寿命往往随着创办人的死亡而终止。

（二）合伙企业

合伙企业，是指由各合伙人订立合伙协议（其主要作用为确定各出资者承担的责任以及损益分配方式），共同出资，共同经营，共享收益，共担风险，并对企业债务承担无限连带责任的营利性组织。合伙企业的出资者称为合伙人。与独资企业一样，合伙人对企业所有的债务承担无限连带责任，相比于独资企业，其优点在于资金来源更为广泛，能够扩大公司规模、分散风险，发挥出资者的集体力量和智慧；合伙企业的缺点主要在于合伙人出现意见分歧时，会影响企业的经营决策，甚至危及企业的生存。此外，合伙企业的所有者往往也是其经营者，不利于广泛吸收社会资金。

（三）公司制企业

公司制企业是当今企业的主要组织形式，它是适应社会生产力的发展，在独资企业和合伙企业的基础上发展而来的。随着经济社会的发展，企业的规模日益扩大，很多企业由原来的劳动密集型企业转向资本及技术密集型企业，对资金的需求也日益加大。独资企业与合伙企业由于资金来源受到限制，很难筹措到巨额资金满足企业的发展。因此，公司制企业组织应运而生，很快成为最重要和普遍的组织形式，在现代经济活动中扮演着重要的角色。

公司制企业，是指按照法律规定，由两个或两个以上的投资者（或股东）出资建立、自主经营、自负盈亏、具有法人资格的经济组织。当企业采用公司制的组织形式时，所有权主体和经营权主体发生分离，所有者只参与和作出有关所有者权益或资本权益变动的决策，而日常的生产经营活动和理财活动由经营者进行决策。与独资企业和合伙企业相比，它们之间最根本的区别在于公司可以不依赖其出资人而独立享受权利和承担义务，各股东按照投资协议、公司章程提供财产，并由各股东推选出管理人员来经营和管理企业，即所有权与经营权分离。公司是企业法人，以其全部财产对公司的债务承担责任。公司主要分为有限责任公司和股份有限公司。

1. 有限责任公司

有限责任公司，简称有限公司，每个股东以其所认缴的出资额为限对公司承担责任。有限责任公司具有以下特点：

（1）股东责任的有限性。有限责任公司的股东，仅以其出资额为限对公司承担责任。

（2）股东出资的非股份性。有限责任公司的资本没有划分为等额的股份，证明股东出资额的权利证书称为出资证明书而不是股票，这是有限责任公司与股份有限公司最主要的区别。

（3）股东人数的限制性。我国《公司法》规定，有限责任公司由 1 个以上 50 个以下股东共同出资设立。

(4) 公司资本的相对封闭性。有限责任公司不能公开募集股份,不能发行股票。有限责任公司的股东可以转让其出资额,但是股东向股东以外的人转让其出资额有严格的限制。

2. 股份有限公司

股份有限公司,是指全部出资额划分为等额股份并通过发行股票的方式筹集资本,股东以其所认购股份为限对公司承担责任。股份有限公司有以下特点:

(1) 独立的法人实体。公司一经成立便可以以公司的名义拥有资产、承担债务和税务,对外签约,进行法律诉讼等民事活动。

(2) 资本划分为等额的股份。股份有限公司的全部资本划分为等额的股份,通过向社会公开发行的办法筹集资金,任何人在缴纳了股款之后,都可以成为公司股东,没有资格限制。

(3) 通过发行股票筹集资本。只有股份有限公司可以采取公开发行股票的方式向社会筹集资金,这就为股份有限公司筹集资本开辟了广阔的渠道。

(4) 股份有限公司的股东对公司债务负有限责任,其限度是股东应交付的金额,投资风险较小。

(5) 财产所有权与经营权相分离。公司的所有权属于全体股东,但是股东不一定直接参与企业的日常经营管理,往往聘请一些信得过的职业经理人对公司进行经营管理。

(6) 股票可以自由转让。股东可以根据自己的意愿,随时通过市场转让其所持有的股份,这种转让是投资者之间的转让,并不影响公司的存在。

(7) 财务报告公开。公司的财务状况是其经营活动的综合反应,因此,公司账目需要向社会公开,以便于投资人了解公司情况,进行选择。根据有关规定要求,公开发行股票的股份有限公司编制的年度财务报告应在每个会计年度结束后的四个月之内完成,并刊登在至少一种由证监会指定的网站上,供股东和投资公众查阅,以保证股东和债权人的利益。

随着数字经济的发展,大数据、云计算、人工智能和区块链等技术的发展,商业模式发生了变革,企业的组织形式也发生了改变。例如,在信息网络的基础上进行优势互补的虚拟企业动态联盟,这些虚拟企业没有有形的组织机构,依托信息网络,进行不同区域的资源整合,最终实现盈利目标。

二、公司制企业会计

公司制企业会计是向企业内部和外部提供决策支持的信息控制系统。一般公司制企业的财务人员体系主要包括财务总监、财务经理、会计主管和一般会计人员。

在公司制企业中,全面负责财务会计工作的负责人一般被称作财务总监,其主要职责有:建立健全企业财务管理体制,拟定适合本企业的财务管理制度;建立健全会计核算体系,向企业管理层提供会计数据和财务报表,并利用会计数据进行经营活动分析;参与经营决策与重大投资项目的研究及审查;负责预算和财务收支计划,拟定资金筹措方案等。财务总监下面设有财务经理和会计主管。

财务经理的主要职责有:编制财务预算;做好税务筹划并协调好与税务之间的关系,熟练掌握各项税收政策,合法纳税;协调与银行之间的关系以保证企业资金需求;负责所有资产安全以及合理利用资金;督导各项财务制度、财务纪律和财经规则执行情况等。

会计主管的主要职责有:复核记账凭证、登记账簿;账账核对、账实核对以确保资产的安全;准确核算成本、费用,真实公允反映经营成果;加强会计核算和财务审核制度;开展内部审计;各项税金的计算和申报等。

一般会计人员的主要职责有:会计资料的收集和整理,编制记账凭证,审核原始凭证等,其中,出纳员负责现金、支票、发票的保管工作,要做到收有记录,支有签字;按期与银行对账,按月编制银行存款余额调节表,随时处理未达账项;按照财务制度规定掌握现金库存量,不以"白条"抵充库存现金;保管有关印章、空白收据和支票。

三、企业的会计目标

企业的目标是通过实现资源配置的优化,达到企业价值最大化(或股东财富最大化)。对企业生产经营活动的管理与控制,是一个复杂的过程,在既分工又合作的基础上,企业各个职能管理部门必须使其管理行为服从企业整体的管理目标,因此,企业的会计目标必须服从整个企业管理的目标。

会计目标主要是指会计信息的价值和作用。会计的终极目标是优化企业资源配置,实现企业价值最大化,其直接目标是为信息使用者提供对其经济决策有用的信息。

国际会计准则理事会发布的《财务报告概念框架》(2018 年),认为通用目的财务报告的目标是提供报告主体的财务信息,这些财务信息应有助于现实的和潜在的投资者、贷款人和其他债权人作出是否向主体提供资源的决策。它强调了财务报告信息主要是为了满足投资者和债权人这两类主要信息使用者的需求;强调了财务信息不仅要满足"既成事实"的投资人和债权人的决策需要,也要满足潜在投资者和债权人的决策需要;强调财务报告信息主要用来作为资源分配决策和评价企业管理层是否有效率和有效果地使用了所接受的资源。

我国财政部发布的《企业会计准则——基本准则》(2014 年修订),认为财务报告的目标是向财务报告使用者提供与企业财务状况、经营成果和现金流量等有关的会计信息,反映企业管理层受托责任的履行情况,有助于财务报告使用者作出经济决策。

第四节　会计的未来

一、会计数字化

（一）会计数字化的相关概念

1. 数字经济中的数字化

《二十国集团数字经济发展与合作倡议》指出，数字经济是指以使用数字化的知识和信息作为关键生产要素、以现代信息网络作为重要载体、以信息通信技术的有效使用作为效率提升和经济结构优化的重要推动力的一系列经济活动，是继农业经济、工业经济之后的一种新的经济社会发展形态。数字经济的构成包括信息技术产业的产值、建立在信息技术支撑和应用上的传统产业增值部分和基于信息技术催生的新业态、新经济和新模式所创造的价值。

“数字经济”中的“数字”根据数字化程度的不同，可以分为三个阶段：信息数字化（information digitization）、业务数字化（business digitization）、数字转型（digital transformation）[①]。信息数字化，是指将模拟信息转化成用 0 和 1 表示的二进制代码，以便计算机可以存储、处理和传输这类信息。信息数字化在如今的企业界已广泛存在，比如将手写的文本或用打字机打出的文本转换成数字格式、将音乐从黑胶唱片转换成数字格式或将视频从 VHS 磁带转换成数字格式等。业务数字化是基于信息技术提供一切所需要的支持，让业务和技术真正产生交融的结果。数字转型是当前数字化发展的新阶段，它是指客户驱动的战略性业务转型，不仅需要实施数字技术，还需要牵涉各部门的组织变革，包括对人、投入产出、知识与能力、财务、企业文化是否能接受或适应转型等进行综合分析和考虑，对标行业标杆，制定目标，是一种思维方式的转型，甚至颠覆。

中央和地方政府高度重视数字经济

数字经济的核心是数字化，数字化发展是一种重要的创新增长新动能，也是推动供给侧结构性改革的重要支撑。推进数字化未来发展将成为我国领先全球、率先打开第四次工业革命之门的“钥匙”。

2. 会计数字化的概念

会计是为经济服务的，具有反映和监督职能。当前经济发展的趋势是数字经济，因此，会计数字化成为反映和监督数字经济的重要内容，需要在数字经济的背景下来思考和探讨其含义。

当前数字经济背景下的数字化，主要采用数字扫描技术、数字识别技术、数据可

---

① 《信息数字化、业务数字化与数字化转型的本质是什么?》，http://cloud.idcquan.com/yjs/144753.shtml，2018 年 5 月 30 日。

视化技术、数据挖掘技术、数据采集技术、数字传感技术、电子数据交换技术、数字通信技术、系统网络技术、数字模拟技术等数字化技术，把人与物的各种信息变成数字信号或数字编码，并在数据采集、存储、生成、处理、分析、预测、决策等过程中，变革和创新数字化思维，从而给社会各行各业带来影响继而推动产业变革，使传统企业和产业转型为高科技引领、高智能运营、高素质人才驱动的新型三高企业或产业。① 显然，传统会计已无法满足当前数字经济的要求。因此，需要运用数字化技术和思维对会计理论方法和实务处理进行创新和变革，以适应数字经济的高速发展。

例如，中国联通的差旅报销就充分体现了数字化技术和思维，体现了数字化在会计中的应用。传统和数字化差旅报销流程对比如图1-5所示。

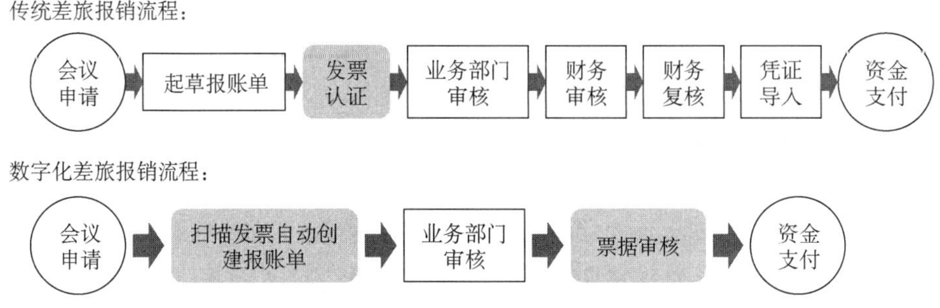

图1-5 传统和数字化差旅报销流程对比

在传统差旅费报销流程中，发票认证环节复杂，审批环节烦琐，主要是依靠对各类凭证关键事项的审核，预定时间、审批过程和报销流程票据核查等“隐形成本”无从统计，一直被忽视。但是，会计实现数字化后，可以扫描发票自动创建报账单，票据审核环节大幅精简，提高了报销效率；企业消费行为经过事前审批，事中基于费用控制标准清晰透明地执行，事后便捷查看费用归属和消费类别，为企业提供差旅分析所需的大数据，企业从而能够精细管控差旅费用、节约差旅开支，并通过大数据分析来预测差旅费趋势，管理差旅费的“隐形成本”。

因此，会计数字化是在会计业务处理流程中采用数字化技术来进行会计数据的采集、存储和处理，通过数字化展现，让各层次的数字需求者进行预测、分析和决策。

（二）数据中心

会计数字化的基础就是数据中心。数据中心为基于全局协作的特定设备网络，在数字基础设施上传递、展示、计算和存储数据信息，为会计业务的处理提供数据来源和存储，需要高效的算法模型、强大的算力和便宜的存储空间，为企业实现多业务处理中心之间的数据统一采集、资源统一管理和调度、会计数据的实时生成，从而达到会计效益的最优。

① 《彭剑锋：数字化转型的核心是“人”，是人力资源的数字化能力建设》，http://www.ruthout.com/information/2875.html，2018年8月22日。

【案例 1-3】 销售预测：以数据撬动企业运营管理的利器

根据相关数据统计：销售预测准确率与企业其他运行指标的关系是 1∶5，也就是销售预测准确率每提高 1%，库存可以降低 5%，生产和采购成本可以节约 5%，客户准时交付率可以提高 5%，资金使用效率提高 5%……这就是销售预测在企业管理中所起到的杠杆效应。而销售预测的准确性，又直接与数据的获取和处理方法强相关。销售预测通常可分为两个部分，对历史数据挖掘和未来需求预测，其过程如图 1-6 所示。

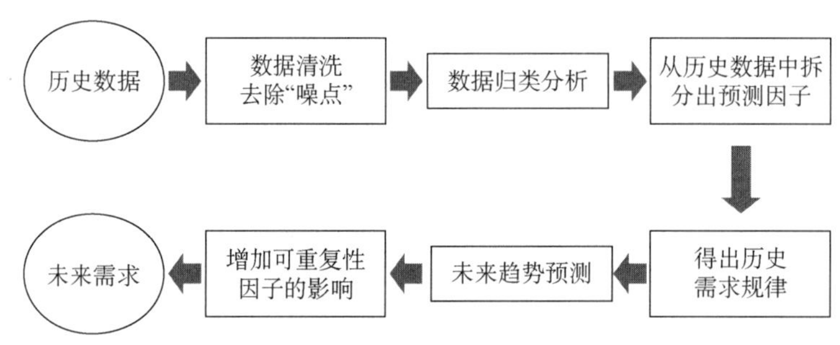

图 1-6 销售预测过程

当历史数据没有经过数据清洗时，里面包含很多信息，有季节性、周期性及噪声，因此，要进行数据清洗。首先，去除“噪点”，只保留数据趋势和周期性；然后，再进行关键因素分离，分别剥离出周期性和趋势性；接着，再进行未来趋势预测，用函数拟合法对信息趋势进行表达；最后，再结合季节性和趋势，预测影响未来的关键因素。

由此可见，在会计数字化时代，企业可以利用数据建模，充分利用历史数据预测未来需求，帮助企业提高预测准确率，让整个需求计划“从数据开始，由判断结束”，降低企业运营成本和经营风险。

（三）价值中心

价值中心是会计数字化的目标。价值中心是利用数据中心搜集的海量数据，对客户、供应商、价值链（研发设计、采购、销售、客户服务和绩效评价）等环节进行处理、分析、诊断和评价，为企业降低成本、提升效率、加强管控、优化流程。

例如，在案例 1-3 中，企业通过销售预测，对数据进行归类和清洗，进行关键因素分析，降低了市场推广的销售费用；通过历史需求对顾客未来消费趋势进行预测，对顾客的定位更加准确，提升了客户寻找的效率；依据数据，通过对销售各个环节的精细监控，管控了异常销售费用；通过对销售预测流程的测试和改进，降低了流程冗余成本。

（四）商业分析中心

商业分析是在正确的时间为正确的人和数字化流程提供正确的决策支持。它强调以分析视角看会计数据，包括用分析理念看待数据（数据是战略资产）、方法工具、流程(包括细化和优化)和人员(具备制定并全面贯彻执行财务战略所需的各种技能),是信息技术、人员能力和组织活动流程的交融。商业分析中心是会计数字化的终极目标。

在数字化时代,基于数据的来源越来越多维化(计费数据、社会化媒体数据、地理数据、欠费催收数据、产品和消费数据、客户跟踪数据、ERP 数据等),数据采集的手段越来越有效,数据仓库搭建的成本越来越低以及响应越来越快,商业分析中心的建立成为可能。因此,商业分析中心基于数据中心能够为业务部门提供引领性信息,为战略部门提供最佳知识和经验,确保“去中心化”战略的实现,让“去中心化”组织中的每个业务单元充分发挥创造力,并确保经验教训在组织中快速传播,以便相关借鉴。

【案例 1-4】 利用罗卡特模型建立新的业务流程实现商业分析①

罗卡特模型很大程度上受到关键成功因素模型的影响。企业的年度战略发展流程输出了组织的系列战略目标,这些战略目标将传达到会计部门。为了达到这些目标,会计部门必须尽快制定相应的财务战略,作为承接企业整体战略的结果。从企业目标到会计部门的新业务流程如图 1-7 所示。

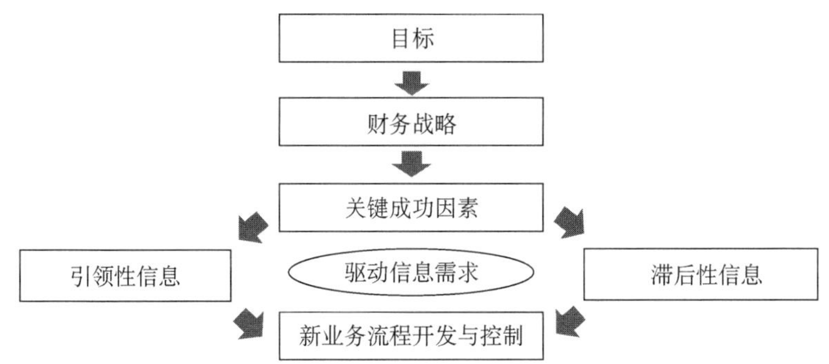

图 1-7 从企业目标到会计部门的新业务流程

基于关键成功因素,会计部门将要求商业分析中心提供并发布各类引领性信息和滞后性信息,据此再进行新业务流程的开发与控制。例如,企业需要针对现有客户群开展优惠促销活动,会计部门需要制定相应的折扣优惠政策来吸引客户,这就需要根据目标和财务战略对关键成功因素进行分析,然后根据商业分析中心提供的基于之前的客户消费行为(滞后性信息)分析得出的引领性信息(包括客户群体画像等),制定本次优惠促销活动的优惠政策,优化流程,达到降低人工和运营成本的目的。因此,商业分析中心驱动现有流程的优化活动,就是把滞后性信息转化成引领性信息,并且在这个过程中,源源不断地引入新数据源,促进引领性信息日趋丰富。

---

① 资料来源:LAURSEN,THORLUND.商业分析方法与案例:超越报表的商业智能[M].2 版.柯晓燕,译.北京:人民邮电出版社,2017。

二、会计智能化

（一）会计智能化的概念

智能化，是指事物在大数据、人工智能、移动互联网、云计算、物联网和区块链等技术的支持下，所具有的能动地满足人的各种需求的属性。从智能化的概念中可以看出智能化的应用领域十分宽泛，只要人类有需求，在相应技术可以匹配的情况下，智能化就可以实现。

会计智能化涉及的技术

会计智能化是基于新时代的商业模式，采用智联网、大数据、云计算、人工智能和人机自然交互、区块链等新技术，实现结构化和半结构化会计工作的自主数据采集、计算、处理、报告和自主修正，提供非结构化会计工作的智能决策支持，管控财务机器人的算法和思维逻辑，监控数字资产的安全，实时为企业的预测、管理、决策和规划提供数字展现，为内外部利益相关者提供信息服务的共享系统。[①]

（二）会计智能化的工作场景

1. 会计工作拥有海量数据支持

新时代下，智联网收集企业所处行业甚至是整个市场的数据并进行整合处理。智能化会计基于智联网技术对企业价值链上的内部和外部数据进行实时采集、分析、处理和传递，为财务的管理和决策提供海量数据支持。海量数据的出现促使数据存储从“集中式”向“分布式”转变，数据的分析向“深度学习”发展，赋予数据预测未来的能力，数据的呈现方式由过去的图表化向立体化、虚拟化转变。

2. 会计工作高速精准

在会计智能化时代，智联网的智能终端根据管理需求实时采集和处理所需数据，云平台提供数据的存储和高速计算功能，人工智能基于算法和大数据精准提供管理决策所需的方案。运用这些技术，财务人员能快速汇总、处理和分析财务数据，非财务人员能迅速针对财务部门提供的管理决策报告作出反馈。

3. 财务机器人拥有人类思维

在未来，会计智能化将充分发挥财务机器人的作用。财务机器人基于算法和大数据，以智联网采集的数据为基础进行深度学习，了解人类采集、处理、分析、预测和决策的逻辑思维，根据企业提出的具体需求，自我修改原有的分析模型，模仿财务人员进行财务预测、管理和决策，为企业提供更好的财务服务和决策支持。

4. 会计工作实现人机交互

人机交互可以让财务人员以全新的方式对机器发出指令，肢体动作、表情甚至是脑电波都能作为有效信息被机器监测到，并形成有效的指令。会计人员与财务机器

---

① 李闻一，于文杰，李菊花.智能财务共享的选择、实现要素和路径[J].会计之友，2019(8)：115-121.

人采用表情、自然语言和肢体动作等随时随地沟通交流和协同工作,让会计语言和机器人的交流更为便捷、准确和有效,将信息呈现在三维立体界面中,使企业的对外报表和对内报表更加逼真、多维和形象,极大地降低了对财务报表使用者的财务知识的要求,使其决策速度及准确性得到有效提升。

5. 会计工作场景化

采用虚拟现实和增强现实技术以及人机自然交互技术,为财务人员和管理人员提供预测、管理和决策的各类虚拟场景。人机交互技术的使用使得管理人员能够进入虚拟场景中使用财务数据,财务数据将以极其丰富的形式呈现,包括视频、虚拟成像、虚拟场景等。财务人员与业务人员也能通过虚拟场景实现沟通交流,通过可视化、触觉、听觉、味觉等虚拟和体验各种可能的结果。

三、商业模式带来的变革

(一) 商业模式的概念

商业模式可以从盈利观和交易观两种角度来定义。盈利观主要从经济学视角展开研究,以经济利润作为最终目标,将商业模式界定为"企业的经济模式",认为商业模式必须服务于企业利润最大化的目标。因此,应当探讨企业获取利润的主要途径,重点关注收入、成本、价格和产量等决定或影响利润的变量因素。而交易观大多从管理学视角展开研究,将商业模式具体化为定位、业务系统、关键资源能力、盈利模式、自由现金流结构、企业价值六个要素,认为其最终目标是实现企业价值。由此可见,商业模式是对传统的产业分析和资源分析等范式的补充和集成,回答了企业如何实现价值主张、如何产生盈利收入等问题。

商业模式创新是指企业价值创造提供基本逻辑的创新变化,它既可能包括多个商业模式构成要素的变化,也可能包括要素间关系或者动力机制的变化。一般而言,企业进行商业模式创新有四种方法:改变收入模式、改变企业模式、改变产业模式和改变技术模式。改变收入模式就是改变一个企业的用户价值定义和相应的利润方程或收入模型,这就需要企业深刻理解用户购买其产品需要完成的任务或要实现的目标。改变企业模式就是改变一个企业在产业链的位置和充当的角色,一般而言,企业的这种变化是通过垂直整合策略或出售及外包来实现。改变产业模式是最激进的一种商业模式创新,它要求一个企业重新定义本产业,进入或创造一个新产业。改变技术模式就是通过引进激进型技术来主导自身的商业模式创新,如众多企业利用互联网进行商业模式创新。当今,最具潜力的技术是"大智移云物区",它能提供诸多崭新的用户价值,从而给企业进行商业模式创新的契机。

(二) 数字化时代商业模式创新给会计带来的变革

未来,在数据来源更加多样化、多维度化的数字化背景下,商业模式的创新发展不仅是企业生存与发展的重要助推剂，而且会驱动会计发生变革。[①]

1. 商业模式创新给会计基本假设带来的变革

数字化时代，信息技术的变革已经成为商业模式创新的驱动因素，商业模式的变革必然会带动会计假设的变化。

(1) 会计主体边界化。在传统时代，会计主体强调的是企业边界明确的实体企业。但是，在数字经济时代，创新商业模式的虚拟企业[②]开始出现，其具有组织边界模糊性、动态性等特点，这正好与传统会计主体边界明确且稳定等特点相悖。例如，许多网络企业甚至没有独立的办公场所，仅仅依靠个人电脑就可以进行交易、结算等日常经营管理活动，这样的企业已经不再具有实体性。经营主体的不确定性与不稳定性向会计主体假设提出了挑战，使会计主体日趋边界化。

(2) 持续经营灵活化。虚拟企业的动态性不仅对会计主体假设产生影响，而且也对持续经营假设产生重大影响。一方面，伴随着新技术的冲击和环境的不确定性，企业被收购或兼并时有发生，持续经营已经受到严峻的挑战。另一方面，动态战略结盟开创新型商业模式，在完成任务时就解散，也不满足持续经营假设。虚拟企业的临时性、动态性给持续经营假设的持续性、稳定性带来了冲击，持续经营假设变得越来越灵活化。

(3) 会计分期弹性化。持续经营是会计分期的前提，持续经营的变化必然会引起会计分期的改变。如果认为持续经营假设对虚拟企业等创新商业模式的企业不适用，那么会计分期也就不复存在。在数字经济时代，信息使用者尤其是投资者更渴望能够在第一时间得到企业的经营成果、财务状况等信息。因此，新型商业模式下，会计分期假设将变得更加弹性化。

2. 商业模式创新给会计要素确认和计量带来的变革

(1) 资产多元化。社群平台的出现彻底打破了传统的商业模式，价值创造的方式与逻辑发生了根本性变化。现在已进入“平台为王”的时代，显然平台、用户数量、信息资源已经成为企业的核心要素和重要资产，但是它们的价值或成本尚不能可靠地计量，不满足资产的确认条件。因此，随着数字化背景下商业模式的变革，资产的计量属性必然会随着商业模式的改变而减少其确认的限制性条件，将平台、用户等重要资源列为资产。

(2) 收入确认复杂化。数字化的高速推进，使得电子商务有了长足的发展，这也会给收入确认带来变革。例如，按照相关会计准则，淘宝商家在第三方支付平台将货

---

① 何瑛，马珂，邵翠丽.大数据时代商业模式创新对财务会计变革的影响研究[J].会计之友，2018(13)：116-121.

② 虚拟企业是指为了抓住市场某一机遇或者为实现某一目标由两个或两个以上具有资源优势、核心能力的企业，在信息网络的基础上进行优势互补的动态性联盟。虚拟企业组织的基本形态可分为两种，一种是组织机构虚拟的企业，另外一种则是功能与资源能力虚拟的企业。组织机构虚拟的企业是指没有有形的组织结构，依托信息网络和契约关系将分布于不同区域的资源整合，如网络虚拟公司。功能虚拟型企业是指企业仅保留企业竞争的核心要素，而将其他功能进行外包。

款转至商家账户时才能确认收入，这样企业才将商品所有权上的主要风险与报酬转移至用户。但是，云计算与大数据的发展可以使商家合理预估每期的退换货概率，能够较为准确地预测每期收入。因此，新型互联网商业模式使收入的确认日趋复杂化。

3. 商业模式创新给财务报告带来的变革

(1) 财务报告编制高效化。传统的年度财务报告编制通常需要三到四个月才能做出一份年报，信息滞后且会计信息质量不高，已然满足不了追求信息实时性、高效性的数字化时代的要求。同时，数字经济时代的中小企业随时面临被收购或破产的风险，财务报告很难准确预测企业下一年度的情况。这就要求企业必须提升自身的会计数字化建设，提高信息处理效率，及时更新关键财务数据。因此，商业模式创新对企业财务报告编制的高效性提出了新要求。

(2) 财务报告披露融合化。传统财务报告着重披露财务数据以及对数据的解读。但随着技术的进步和商业模式的创新，非财务数据变得异常重要，特别是以轻资产占比较大的互联网企业，更加倚重对信息资源、用户数量、平台资源、知识产权、市场地位、人才储备的掌控。这些无形资产也应该估值并披露，以满足信息使用者的要求。因此，企业财务报告披露应融合化，即按需提供报告。

4. 商业模式创新给会计信息质量要求带来的变革

(1) 及时性要求精准化。在数字化时代，互联网平台商业模式就是以平台为载体，将大量信息融于一体。为了适应平台商业模式的变化和信息时代的要求，会计分期会逐渐缩短。在编制财报时，可以根据信息分类采用实时与定期报告的形式进行编制或者及时更新关键财报信息。这些变革都是为了更精确地满足及时性的要求。

(2) 重要性要求明细化。重要性要求会计信息具有不可或缺性和关键性，并非全部披露。数字化时代的平台商业模式融合了复杂多样的信息，包括音频、图片、视频和文字等，不仅数量庞大、形式多样，而且更新速度快。这就需要企业重点关注“质”的方面，将信息与结果相匹配，迅速提升自身的大数据技术和云计算能力，逐步完善数据中心和价值中心，有效地在大量信息中识别出重要信息，并挖掘其重要价值。

四、技术给会计带来的变革

（一）技术进步给会计工作带来的机遇和挑战

第一次工业革命的出现，改变了企业的组织形式，催生出股份有限公司，以及现代财务制度和审计制度；第二次工业革命，人类的生产由小规模生产变成了大批量生产，由此催生出成本会计，以及直接成本和间接成本；第三次工业革命，信息化带来了计算机这种对生活、工作极具突破性的工具，大大降低人工成本、提高工作效率；第四次工业革命，是以人工智能、机器人技术、虚拟现实、量子信息技术、可控核聚变、清洁能源以及生物技术为技术突破口的工业革命。颠覆性的技术进步对整个会计行业产生的影响十分巨大。

1. 技术进步给会计工作带来的机遇

(1) 推动了会计业务流程的优化。传统的会计业务流程是从凭证到财务报告,从会计数据搜集、会计数据处理与存储到会计信息输出。新技术的出现打通了财务业务流程,原来烦琐的流程现在得到了优化。例如,在费用报销流程中,新技术的出现使原始业务数据的真实性和获得性大大提高,传统报销流程中的再审核流程变得不再重要,其流程得到精简和优化,降低了企业运营成本。

(2) 促进了业财税融一体化。[①] 在数字化时代,利用新技术建设的财务共享服务中心基于标准化的业务财务对接关系和标准统一的财务规范,是以数据集成为基础的业财税融信息化平台,实现了业财税融数据的采集、流转、处理和实时深度钻取。相关业务系统可为财务共享服务平台提供及时、准确的业务数据,同时接收平台反馈回来的财务管控要求,保证业务、财务、税务和融资之间一体化无缝集成、数据共享、有效协同和控制。

(3) 提高了会计工作效率和服务水平。一方面,会计行业与财务技术工具的深度融合,充分释放了实体经济的生产力和创新能力,促进了会计工作效率的提高。例如,财务机器人可以提供全天候服务,完成简单的报销、制单、报账、核账等标准化、重复性工作,工作效率大大提高。另一方面,"大智移云物区"为企业提供了更全面、更准确、更及时的数字化会计信息。并且,数字经济时代对会计人员的要求更高,会计人员素质的提高也有利于会计服务水平的提升。

2. 技术进步给会计工作带来的挑战

(1) 冲击了会计理论和会计伦理。数字化时代,一方面,技术的发展进步催生了各种新型商业模式,对会计假设、会计要素的确认计量以及会计信息质量均造成了冲击。另一方面,人机交互技术的逐步推广对会计伦理也造成了冲击。在传统的会计工作中,会计人员可能只需要与人打交道,而随着技术的进步、人机交互技术的推广,会计工作场景发生了变化,会计人员可能还需要和机器人进行协同工作。

(2) 为会计信息安全带来风险。一方面,财务机器人和人机交互等技术的进步和应用在提高了工作效率的同时增加了会计信息处理的不确定性,即会计人员是否能有效掌控机器人。另一方面,会计数据大量存储在云平台,面临被黑客攻击、窃取以及丢失的风险。因此,技术进步在提升会计友好性和效率的同时,也让会计信息安全面临巨大风险。

(3) 为会计人员带来挑战。财务机器人的出现将会陆续取代出纳、稽核、资金、收入支出、成本费用等核算岗位,并且技术进步也在不断推动会计逐渐趋于数字化和智能化,这些无疑会对会计人员的工作带来一定威胁和挑战。因此,会计人员应当不断增强职业判断能力(包括专业技能、商业技能和商业知识)、信息处理能力(包括数

① 杨良.基于五化管理的业财税一体化管控型财务共享中心构建[J].信息技术与信息化,2017(6):73-76.

据处理和分析技能以及现代信息技术知识),以及沟通协调能力和灵活创新能力等,以适应会计数字化和智能化的发展。

(二)技术可能实现的会计工作场景

1. 移动互联网使会计系统终端移动化

会计信息系统云端化,5A式财务云服务按需使用。移动互联网将使企业业务流程的5A模式成为可能,即任何人(anyone)可在任何时间(anytime)、任何地点(anywhere),通过任何设备(any device),接入互联网,即可处理与业务相关的任何事情(anything)。借助于移动互联网,企业管理者及业务人员可以突破办公场所、上网条件等限制,通过智能终端就可对诸多业务进行移动管理,管理工作随时随地触手可及。

2. 云计算提高会计处理效率

大型企业自建云平台,整个会计信息系统将集成在财务云中。任何会计业务操作,都可以通过任何一个终端,在云平台上完成。中小企业可以采用公共云服务,无须自建会计信息系统,直接利用第三方企业提供的"云会计信息系统"。会计服务将实现按需使用,企业可以根据自身特点及业务需求,选择自己所需的会计功能,进行弹性配置、即选即用,满足企业个性化需求,极大提高了会计处理效率。

3. 物联网促进会计数字化和智能化

物联网技术的出现能够帮助搜集和汇总更多非财务的数据,有利于会计数字化的深度运用,能够通过数字间的联系和集合的关系更稳健地控制会计风险,提前预知人为失误操作,推动会计向智能化发展。

4. 区块链技术降低会计数据风险

区块链在资产管理领域的应用具有广泛前景,能够实现有形和无形资产的确权、授权和实时监控。对于无形资产来说,基于时间戳技术和不可篡改等特点,可以将区块链技术应用于知识产权保护、域名管理、积分管理等领域;而对有形资产来说,通过结合物联网技术为资产设计唯一标识并部署到区块链上,能够形成"数字智能资产",实现基于区块链的分布式资产授权和控制。通过结合物联网的资产标记和识别技术,还可以利用区块链实现灵活的供应链管理和产品溯源等功能。由此可见,区块链技术可以回溯会计数据的篡改和来源,从而降低会计数据风险。

本章小结

会计的定义有管理活动、经济信息系统、控制活动等观点。会计规范就是一套用于规定、约束会计信息系统的数据加工、处理与信息生成等行为的规范,会计规范体系包括会计法律规范、会计理论规范和会计职业道德规范三个方面;会计职业分为企业会计、注册会计师、非营利组织会计和会计教育四大类;会计准则就经济业务的具体会计处理做出规定，以指导和规范企业的会计核算，保证会计信息的质量。我国已颁布的会计准则有《企业会计准则》《小企业会计准则》《事业单位会计准则》《政府会计准则》；国际上比较有影响的会计准则包括美国会计准则和国际会计准则。

会计概念框架主要包括会计假设、会计目标、会计基础、会计信息质量要求、会计要素和财务报告等内容。

企业组织形式主要有独资企业、合伙企业和公司制企业三种组织形式，其中公司制企业包括有限责任公司和股份有限公司；企业的目标是通过实现资源配置的优化，达到企业价值最大化(或股东财富最大化)。

会计数字化是在会计业务处理流程中采用数字化技术来进行会计数据的采集、存储和处理，通过数字化展现，让各层次的数字需求者进行预测、分析和决策。会计智能化是基于新时代的商业模式，采用智联网、大数据、云计算、人工智能和人机自然交互等新技术，实现结构化和半结构化会计工作的自主数据采集、计算、处理、报告和自主修正，提供非结构化会计工作的智能决策支持，管控财务机器人的算法和思维逻辑，监控数字资产的安全，实时为企业的预测、管理、决策和规划提供数字展现，为内外部利益相关者提供信息服务的共享系统。

数字经济背景下商业模式创新给会计基本假设、会计要素计量和确认、财务报告以及会计信息质量要求均带来了变革。技术的进步给会计带来了机遇和挑战：推动了会计业务流程的一体化、促进了业财税融一体化、提高了会计工作效率和服务水平，但是冲击了会计理论和会计伦理、产生了新的会计信息安全风险、提升了对会计人员能力的要求。

关键术语

会计确认　会计计量　会计记录　会计报告　会计数据　会计信息　会计准则　会计概念框架　会计目标　会计职业道德　会计数字化　会计智能化　商业模式

思考题

1. 会计的定义有哪些？如何理解会计是一种控制活动？并举例说明。
2. 会计的基本内容包括哪些？
3. 会计信息的概念是什么？会计数据与会计信息有什么区别？
4. 会计职业包括哪些？会计职业道德的内容有哪些？
5. 中国会计准则的主要内容包括哪些？
6. 会计概念框架包括哪些内容？
7. 会计主体与法律主体有什么区别和联系？
8. 企业的组织形式有哪些？各有什么特点？

9. 企业的会计目标是什么？企业目标与会计目标有什么联系？

10. 大家都在讨论“机器人将逐步取代人进行会计工作”，你怎么看？

11. 举例说明会计数字化的应用场景。

12. 会计智能化的含义是什么？它主要包含哪些技术？请举例说明。

13. 商业模式和技术分别给会计带来什么变革？

第二章　财务报表及会计相关概念与原则

学习目标

1. 了解交易或事项和财务报表的关系
2. 掌握会计要素的概念和特征
3. 掌握会计相关的概念和原则
4. 了解财务报表之间的勾稽关系
5. 了解企业年报的项目和关键财务指标

第一节　财务报表

一、从交易或事项到财务报表

交易或事项是从会计角度观察和把握企业经济活动的结果。交易是指企业与其他经济实体之间所发生的商品或劳务交换、资产转移、款项结算等经济活动。例如，企业购进材料和设备或接受劳务、销售商品或提供劳务、从银行取得借款等。事项包括外部事项和内部事项。外部事项是指企业与外部经济实体之间所发生的商品或者劳务交换；内部事项是指不涉及其他经济实体，即企业内部所发生的经济活动，如生产产品等耗用原材料、机器设备的消耗。

财务报表是财务报告的主要内容，它是企业向投资者、债权人等会计信息使用者提供的关于企业的财务状况、经营成果和现金流信息的文字和表格文件。交易或事项可以被看作构建财务报表的基石，而财务报表是会计流程的最终产物。从交易或事项到财务报表的流程，如图 2-1 所示。

从交易或事项到产生财务报表过程被称为会计核算程序，又称会计循环。会计核算程序是将经济业务信息转变为会计信息的过程，企业发生的经济业务首先应按

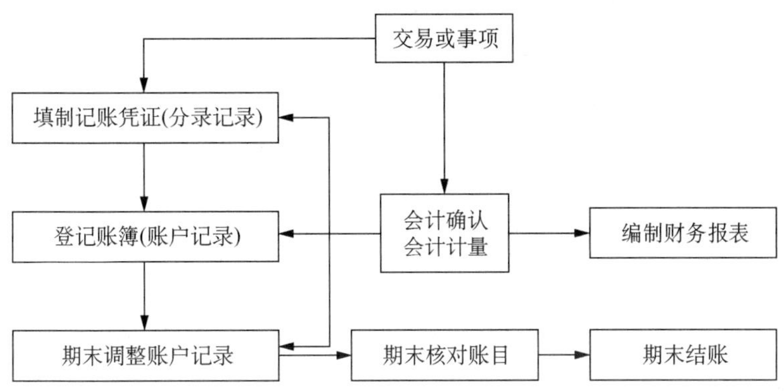

图 2-1 从交易或事项到财务报表的流程

照会计准则和财经法规的要求和一定的记账规则记录在会计凭证中，然后从会计凭证登记到会计账簿，期末调整有关账项并核对账目和结算各个账户的日常记录，最后根据审核无误的账簿记录编制财务报表。由于企业经济业务量大，需要采用一定的会计核算程序，有条不紊地将交易或事项转化为会计信息。

二、财务报表案例

(一) 企业概况

南湖电器股份有限公司成立于 2020 年 11 月，主营 A 产品生产和销售，属于典型的制造业企业。该公司按照现代企业制度设立了股东会、董事会和监事会，具有较为完善的公司治理结构。

(二) 交易或事项

南湖电器股份有限公司于 2020 年 11 月和 12 月份发生下列交易或事项：

(1) 11 月 30 日，收到东湖公司投入资本 700 000 元，款项通过银行划转。

(2) 12 月 1 日，购入一套不需要安装的生产设备，价款 500 000 元以银行存款支付。当日从银行借款 480 000 元，借款期限为 6 个月，年利率为 5%，并用银行存款支付本月房屋租金 10 000 元。

(3) 12 月 2 日，从本市西湖公司购入甲材料 15 000 千克，单价 10.8 元，价款共计 162 000 元以银行存款支付，材料已经验收入库。

(4) 12 月 3 日，设备投入使用①，预计使用年限为 10 年，预计净残值为 0。

(5) 12 月 4 日，从银行取出现金 20 000 元。

(6) 12 月 5 日，以银行存款 50 000 元支付产品广告费。

(7) 12 月 20 日，销售给北湖公司 4 000 件 A 产品，单位售价 90 元，价款共计 360 000 元，款项尚未收到。

① 当月增加的固定资产当月不计提折旧。

(8) 12 月 21 日,收到环保部门罚单,以银行存款支付罚款 10 000 元。

(9) 12 月 25 日,用银行存款预付第二年度上半年房屋租金 60 000 元。

(10) 12 月 31 日,预提本月银行借款利息 2 000 元。

(11) 12 月 31 日,结算本月工资费用:生产 A 产品工人工资 120 000 元,车间管理人员工资 20 000 元,行政管理人员工资 20 000 元。

(12) 12 月 31 日,A 产品耗用甲材料 10 000 千克,计算结转本月耗用材料的实际成本。

(13) 12 月 31 日,本月投产 A 产品 5 000 件全部完工入库,计算结转其实际生产成本。

(14) 12 月 31 日,结转各种收入与费用,计算本月利润。

(15) 12 月 31 日,按 25%计算本月企业所得税数额,并将其转入本年利润。

(三) 会计核算过程

1. 填制记账凭证

根据交易或事项所涉及的原始凭证,经审核后编制记账凭证。例如,在业务(1)中,涉及“银行存款”与“实收资本”两个会计科目,编制的收款凭证如表 2-1 所示。

表 2-1 收款凭证

借方科目:银行存款　　2020 年 11 月 30 日　　收字第 1 号

摘要	贷方科目		记账符号	金额
	总账科目	明细账科目		
收到东湖公司投入资本	实收资本	东湖公司	√	700 000
合计				700 000

附件 1 张

会计主管:　记账:　出纳:　审核:　制证:

2. 登记账簿

根据记账凭证登记总分类账、明细分类账以及现金和银行存款日记账。下面以上述记账凭证中涉及的账簿为例说明。

(1) 登记总分类账,银行存款总分类账、实收资本总分类账如表 2-2、表 2-3 所示。

表 2-2 银行存款总分类账

会计科目:银行存款

2020 年		凭证		摘要	借方	贷方	借或贷	余额
月	日	字	号					
11	1			月初余额			平	0
11	30	收	1	收到东湖公司投入资本	700 000		借	700 000

表 2-3　实收资本总分类账

会计科目:实收资本

2020 年		凭证		摘要	借方	贷方	借或贷	余额
月	日	字	号					
11	1			月初余额			平	0
11	30	收	1	收到东湖公司投入资本		700 000	贷	700 000

(2) 登记明细分类账,实收资本明细分类账如表 2-4 所示。

表 2-4　实收资本明细分类账

明细科目:东湖公司

2020 年		凭证		摘要	借方	贷方	借或贷	余额
月	日	字	号					
11	1			月初余额			平	0
11	30	收	1	收到投资		700 000	贷	700 000

(3) 登记银行存款日记账,如表 2-5 所示。

表 2-5　银行存款日记账

2020 年		凭证		摘要	借方	贷方	借或贷	余额
月	日	字	号					
11	1			月初余额			平	0
11	30	收	1	收到东湖公司投入资本	700 000		借	700 000

3. 期末核对账簿记录

在期末时,核对企业账证、账账、账实相符,并编制试算平衡表。根据该企业期初以及本月发生的交易或事项编制试算平衡表,如表 2-6 所示。

表 2-6　南湖电器股份有限公司试算平衡表

2020 年 12 月　　单位:元

项目	期初余额		本期发生额		期末余额	
	借方	贷方	借方	贷方	借方	贷方
库存现金			20 000		20 000	
银行存款	700 000		480 000	812 000	368 000	
应收账款			360 000		360 000	
原材料			162 000	108 000	54 000	
库存商品			248 000	198 400	49 600	

续　表

项目	期初余额		本期发生额		期末余额	
	借方	贷方	借方	贷方	借方	贷方
预付账款			60 000		60 000	
固定资产			500 000		500 000	
短期借款				480 000		480 000
应付职工薪酬				160 000		160 000
应交税费				17 400		17 400
其他应付款				2 000		2 000
实收资本		700 000				700 000
本年利润			307 800	360 000		52 200
生产成本			248 000	248 000		
制造费用			20 000	20 000		
主营业务收入			360 000	360 000		
主营业务成本			198 400	198 400		
销售费用			50 000	50 000		
管理费用			30 000	30 000		
财务费用			2 000	2 000		
营业外支出			10 000	10 000		
所得税费用			17 400	17 400		
合计	700 000	700 000	3 073 600	3 073 600	1 411 600	1 411 600

4. 编制资产负债表和利润表

在账目核对完成的基础上，编制 2020 年 12 月的资产负债表和利润表，分别如表 2-7、表 2-8 所示。

表 2-7　资产负债表

编制单位:南湖电器股份有限公司　　2020 年 12 月 31 日　　单位:元

资产	期末余额	上年年末余额	负债和所有者权益	期末余额	上年年末余额
流动资产:			流动负债:		
货币资金	388 000	700 000	短期借款	480 000	
交易性金融资产			交易性金融负债		
应收票据			应付票据		
应收账款	360 000		应付账款		

续 表

资产	期末余额	上年年末余额	负债和所有者权益	期末余额	上年年末余额
应收款项融资			预收款项		
预付款项	60 000		应付职工薪酬	160 000	
其他应收款			应交税费	17 400	
存货	103 600		其他应付款	2 000	
持有待售资产			持有待售负债		
其他流动资产			其他流动负债		
流动资产合计	911 600	700 000	流动负债合计	659 400	
非流动资产：			非流动负债：		
债权投资			长期借款		
长期应收款			长期应付款		
长期股权投资			预计负债		
固定资产	500 000		其他非流动负债		
在建工程			非流动负债合计		
工程物资			负债合计	659 400	
生产性生物资产			所有者权益：		
无形资产			实收资本(或股本)	700 000	700 000
商誉			资本公积		
长期待摊费用			盈余公积		
其他非流动资产			未分配利润	52 200	
非流动资产合计	500 000		所有者权益合计	752 200	
资产总计	1 411 600	700 000	负债和所有者权益(或股东权益)总计	1 411 600	700 000

表 2-8 利润表

编制单位:南湖电器股份有限公司　　2020 年 12 月　　单位:元

项目	本月数	本年累计数
一、营业收入	360 000	360 000
减:营业成本	198 400	198 400
税金及附加		
销售费用	50 000	50 000

续　表

项目	本月数	本年累计数
管理费用	30 000	30 000
财务费用	2 000	2 000
加:投资收益		
公允价值变动收益		
资产减值损失		
二、营业利润	79 600	79 600
加:营业外收入		
减:营业外支出	10 000	10 000
其中:非流动资产处置损失		
三、利润总额	69 600	69 600
减:所得税费用	17 400	17 400
四、净利润	52 200	52 200
五、每股收益		
基本每股收益(元/股)		
稀释每股收益(元/股)		

三、财务报表中的会计要素和会计等式

(一) 财务报表中的会计要素

财务报表的构成要素称作会计要素,它是按照交易或事项的经济特征对会计对象的具体内容所作的基本分类。会计要素按性质可以分为反映企业某一时点财务状况的要素,如资产、负债和所有者权益;反映企业在某一经营时期经营成果的要素,如收入、费用和利润。会计要素既是会计确认和计量的依据,也是确定财务报表内容和结构的基础。

不同的会计准则制定机构对会计要素的规定,在名称、数量以及定义等方面均有所不同。例如,国际会计准则定义的会计要素分为五类,资产、负债、所有者权益、收入和费用;我国《企业会计准则——基本准则》中将会计要素分为六大类,资产、负债、所有者权益、收入、费用和利润。

1. 资产

(1) 资产的定义和特征。

资产,是指企业过去的交易或事项形成的、由企业拥有或者控制的、预期会给企

业带来经济利益(流入)的资源。2018 年 4 月,国际会计准则理事会在修订后的概念框架中定义资产是由过去事项形成的由主体控制的现时经济资源。

资产是企业获得经济资源的物质基础,具有以下特征:

① 资产是由过去的交易或事项所形成的。即能否形成资产,首先应判断形成该资产的交易或事项是否已经发生。企业不能根据未发生的交易或事项(如未履行的合同)来确认资产。

② 资产应该为企业所拥有或者控制。作为资产,企业要拥有该项资源的所有权,或者虽然没有拥有该项资源的所有权,但能够控制该项资源。由此可见,拥有所有权并不是确认资产的绝对标准。如果企业不享有某项资源的所有权,但能够控制该项资源,享有与该项资源所有权有关的经济利益,并承担相应的风险,那么,也应该将其作为企业的资产予以确认、计量和报告。

③ 资产预期会给企业带来经济利益。资产具有直接或者间接为企业未来的现金净流入作出贡献的能力。这种贡献,既可以直接增加企业未来的现金流入,也可以表现为减少企业的现金流出。

资产预期能为企业带来经济利益是资产的一项重要特征。如果一项经济资源不能够为企业带来未来的经济利益,那么就不应该再将其列为企业的资产,如企业已报废的存货。

(2) 资产的确认条件。

将一项资源确认为资产,除应当符合资产的定义之外,还需要同时满足以下两个条件:

① 与该资源有关的经济利益很可能流入企业。资产的本质特征是能够为企业带来经济利益。但是由于经济环境瞬息万变,与资产有关的经济利益能否流入企业或者能够流入多少具有不确定性。因此,资产的确认应与经济利益流入的不确定程度的判断结合起来。如果根据编制财务报表时所取得的证据表明,与该经济资源有关的利益很可能流入企业,那么就应该将其确认为资产;反之,就不应该确认。

② 该资源的成本或者价值能够可靠地计量。可计量性是所有会计要素确认的重要前提,只有当有关资产的成本或者价值能够可靠地计量时,资产才能够予以确认。

2. 负债

(1) 负债的概念和特征。

负债,是指企业过去的交易或事项形成的、预期会导致经济利益流出企业的现时义务。国际会计准则理事会在修订后的概念框架中定义负债是由过去事项形成的主体承担的转移经济资源的现时义务。

负债具有以下特征:

① 负债是由过去的交易或事项形成的。即只有过去的交易或事项才形成负债,企业将在未来发生的承诺、签订的合同等交易,不形成负债。

② 负债是企业承担的现时义务。这是负债的一个基本特征。现时义务,是指企业在现行条件下已承担的义务。未来发生的交易或事项形成的义务,不属于现时义务,不应确认为负债。

③ 负债的清偿会导致经济利益流出企业。负债作为企业的一项现时义务,其最终的履行会导致经济利益流出企业。如果不会导致经济利益流出企业,就不符合负债的定义。企业履行义务导致经济利益流出企业的方式,具体可表现为交付资产、提供劳务或者将负债转为资本等。

(2) 负债的确认条件。

企业要将一项现时义务确认为负债,除应当符合负债的定义之外,还需要同时满足以下两个条件:

① 与该义务有关的经济利益很可能流出企业。

② 未来流出企业的经济利益的金额能够可靠地计量。

3. 所有者权益

(1) 所有者权益的概念和特征。

所有者权益,是指企业资产扣除负债后由所有者享有的剩余权益,即所有者对企业净资产的要求权。关于所有者权益会计的定义,国际会计准则理事会修订后的概念框架中仍保留原有的提法,即认为会计主体的资产扣除所有负债的剩余部分即为主体权益。从企业主体角度看,企业的“所有者权益”代表企业从投资者手中所吸收的一定数量的资本。在法律上,投资者投入企业的资金,是企业进行经济活动的“本钱”。由于投资者将其资金投入企业,因此,投资者实际拥有对该部分资金(或资本)的所有权,并享有相应的产权。

所有者权益一般具有以下四个特征:

① 所有者权益在企业经营期内可供企业长期、持续地使用,企业不必向投资人返还资本金。

② 企业所有者凭其对企业投入的资本,享受税后分配利润的权利。所有者权益是企业分配税后净利润的主要依据。

③ 企业所有者有权行使企业的经营管理权,或者授权管理人员行使经营管理权。

④ 企业的所有者对企业的债务和亏损负有无限的责任或有限的责任。

(2) 所有者权益的确认条件。

① 所有者权益的确认主要依赖于其他会计要素,尤其是资产和负债的确认。

② 所有者权益金额的确定也主要取决于资产和负债的计量。

4. 收入

(1) 收入的概念和特征。

收入,是指企业在日常活动中形成的、会导致所有者权益增加的、与所有者投入资本无关的经济利益的总流入。国际会计准则理事会在修订后的概念框架中定义收入是除主体权益要求权持有者投入外导致权益增加的资产的增加或负债的减少。

收入具有以下特征：

① 收入是企业日常活动中产生的。日常活动，是指企业为完成其经营目标而从事的经常性活动以及与之相关的活动，如工业企业制造和销售商品。如果是企业非日常活动所形成的经济利益的流入就不能确定为收入，而应当作为利得。

收入和利得都属于企业的收益，区别在于收入是从企业的日常活动中取得，而利得是从偶发的经济业务中取得，属于不经过经营过程就能够取得或不曾期望获得的收益，如企业接受的捐赠或者出售固定资产而取得的收益。

② 收入会导致经济利益的流入，但该流入不包括所有者投入的资本。收入应当会导致经济利益的流入，这种流入可能表现为资产的增加，如银行存款的增加、应收账款的增加；也可能导致企业负债的减少，如预收账款的减少，或者两者兼而有之。但是，所有者投入资本也会导致企业经济利益的流入，但这种流入不应确认为收入，应当将其直接确认为所有者权益。

③ 收入最终会导致所有者权益的增加。与收入相关的经济利益的流入最终会导致所有者权益的增加，不会导致所有者权益增加的经济利益的流入（如借入款项）不符合收入的定义，不应确认为收入。

(2) 收入的确认条件。

收入的确认除了符合收入定义，还应当分别满足以下确认条件：

① 企业应当履行了合同中的履约义务，即在客户取得相关商品控制权时确认收入。

② 当企业与客户之间的合同同时满足合同各方已批准该合同并承诺将履行各自义务、该合同有明确的与所转让商品相关的支付条款等条件时，企业应当在客户取得相关商品控制权时确认收入。

③ 对于在某一时段内履行的履约义务，企业应当在该段时间内按照履约进度确认收入。

④ 对于在某一时点履行的履约义务，企业应当在客户取得相关商品控制权时点确认收入。

5. 费用

(1) 费用的概念和特征。

费用，是指企业在日常活动中发生的、会导致所有者权益减少的、与向所有者分配利润无关的经济利益的总流出。国际会计准则理事会在修订后的概念框架中定义费用是除向主体权益要求权持有者分配外导致权益减少的资产的减少或负债的增加。

费用具有以下特征：

① 费用是企业在日常活动中发生的。非日常活动中所形成的经济利益的流出不能确认为费用，应当作为损失。

② 费用会导致经济利益的流出，该流出不包括向所有者分配利润。费用最终会

导致经济利益的流出，从而导致资产的减少或者负债的增加。但是，向投资者分配利润所导致的经济利益的流出属于所有者权益的抵减项目，不应确认为费用。

③ 费用最终会导致所有者权益的减少。与费用相关的经济利益的流出最终会导致所有者权益减少，不会导致所有者权益减少的经济利益的流出不符合费用的定义，不应确认为费用。

(2) 费用的确认条件。

费用的确认除了必须符合费用的定义之外，还需要同时满足下列条件：

① 与费用有关的经济利益很可能流出企业。

② 经济利益流出企业的结果可能导致企业资产的减少或负债的增加。

③ 经济利益流出的金额能够可靠地计量。

6. 利润

(1) 利润的概念和特征。

利润，是指企业在一定会计期间的经营成果。利润通常是评价企业管理者的一项重要指标，也是投资者、债权人作出经济决策的重要参考指标。

利润一般具有以下特征：

① 利润反映企业一个特定期限内经营活动的成效或损失(亏损)。

② 利润的实质是实现的收入减去相关费用以后的差额，其正负受到收入与费用关系的影响，收入大于费用时差额为正，即利润；收入小于费用时差额为负，即亏损。

③ 利润会随着收入的增减呈正向变化，即利润随着收入的增加而增加，随着收入的减少而减少。

④ 利润会随着费用的增减成反方向变化，即利润会随着费用的增加而减少，随着费用的减少而增加。

(2) 利润的确认条件。

利润在数量上等于收入减去费用后的净额以及直接计入当期利润的利得和损失。因此，利润金额的确定主要取决于收入、费用、利得和损失的计量。其中，收入减去费用后的净额反映的是企业日常活动的业绩；直接计入当期利润的利得减去损失后的净额反映的是企业非日常活动的业绩。企业应该严格区分收入和利得、费用和损失，不能相互混淆，以便更全面地反映企业的经营成果。

(二) 财务报表中的会计等式

1. 资产负债表等式

资产负债表反映的是企业在某一特定时点上的财务状况，该表左方的资产和右方的负债与所有者权益金额总保持平衡，用如下等式表示：

$$资产 = 负债 + 所有者权益$$

该等式反映了资产、负债和所有者权益三个会计要素之间的关系，称作资产负债表等式。企业发生的每一笔交易或事项都会引起资产负债表等式某一部分的变化，但等式仍然保持平衡。例如，企业向银行借款 100 万元，负债增加 100 万元的同时资产也会增加 100 万元，等式仍然保持平衡。

2. 利润表等式

企业运用债权人和投资者提供的资产，经其经营运作后获得收入，同时发生相关费用，将一定期间的收入与费用配比，就能确定该期间实现的利润，用如下等式表示：

收入－费用＝利润

该等式反映了收入、费用和利润三个会计要素之间的关系，称作利润表等式。凡是收入，都会引起资产的增加或是负债的减少，进而使所有者权益增加；凡是费用，都会引起资产的减少或是负债的增加，进而使所有者权益减少。考虑到所有者权益的组成部分，可以将资产负债表等式与利润表等式进行综合，用如下等式表示：

资产＝负债＋所有者权益＋(收入－费用)

或：

资产＝负债＋所有者权益＋利润

3. 现金流量表等式

现金流量表分别按照企业的经营活动、投资活动和筹资活动来揭示现金的流入量、流出量及净流量。所以，企业的现金流量由经营活动产生的现金流量、投资活动产生的现金流量和筹资活动产生的现金流量三部分构成。三者的关系用如下等式表示：

现金及现金等价物的净增加额＝经营活动产生的现金流量净额＋筹资活动产生的现金流量净额＋投资活动产生的现金流量净额＋汇率变动对现金及现金等价物的影响

四、财务报表的纵横向比较

企业编制财务报表的目的是让信息使用者作决策时加以参照，报表使用者必须了解财务报表分析的基本方法。

(一) 纵向比较

纵向比较一般是对同一企业财务报表某个项目不同时期的比较分析。通过分析与前期 (上季、上年同期)财务报表中有关项目金额的对比，可以从差异中及时发现问题，查找原因，改进工作。连续数期的财务报表项目的比较，能够反映出企业的发展动态，以揭示当期财务状况和经营成果增减变化，发现问题并评价企业财务管理水平，同时也可以预测企业未来的发展趋势。下面以格力电器 2015—2018 年利润表中净利润项目来解读，具体情况如表 2-9 所示。

表 2-9　2015—2018 年格力电器净利润情况

单位:亿元

指标	2015 年	2016 年	2017 年	2018 年
净利润	125.32	154.64	224.00	262.03
较上年增长额		29.32	69.36	38.03
较上年增长率		23.40%	44.86%	16.98%

从表 2-9 中,我们可以看到 2016 年格力电器净利润为 154.64 亿元,相比 2015 年,增长额为 29.32 亿元,增长率为 23.40%;2017 年格力电器净利润为 224 亿元,相比 2016 年,增长额为 69.36 亿元,增长率为44.86%;2018 年格力电器净利润为 262.03 亿元,相比 2017 年,增长额为 38.03 亿元,增长率为 16.98%。通过 2015 年—2018 年净利润的纵向比较可以看出,这几年格力电器净利润增长率均在 15%以上,盈利表现良好。

(二) 横向比较

横向分析,是指某一企业与其他企业在同一时点(或时期)上的比较。在企业兼并与收购中关于目标企业估价、管理当局的业绩评估与报酬计划、财务危机预测以及超额利润税的公共政策制定等领域,都可以进行横向比较分析。将企业的主要财务指标与同行业的平均指标或同行业中先进企业指标对比,可以全面评价企业的经营业绩;与行业平均指标对比,可以分析判断该企业在同行业中所处的位置;与先进企业的指标对比,有利于吸收先进经验,克服企业的不足。下面以格力电器、海尔智家和美的集团三家企业 2017—2018 年净利润项目来分析,具体比较如表 2-10 所示。

表 2-10　格力电器、海尔智家、美的集团净利润比较

金额单位:亿元

企业	2017 年	2018 年	同比增长/%
格力电器	224.00	262.03	16.98%
海尔智家	33.32	37.90	13.74%
美的集团	172.84	202.31	17.05%

从表 2-10 中的数据来看,2018 年,格力电器净利润为 262.03 亿元人民币,同比增长 16.98%;海尔智家净利润为 37.90 亿元人民币,同比增长 13.74%;美的集团净利润为202.31 亿元人民币,同比增长 17.05%。格力电器的净利润均高于海尔智家和美的集团,说明格力电器的产品竞争力和产品附加值高于美的集团和海尔智家,但是 2018 年格力电器净利润增长率略低于美的集团。

五、财务报表之间的勾稽关系

资产负债表、利润表、所有者权益变动表以权责发生制反映企业财务状况、经营成果,现金流量表以收付实现制反映现金流量变动,它们之间不是毫无关系,而是存

在着本源的勾稽关系。这种勾稽关系表现为报表项目之间的相互影响,具体可以用以下会计等式来解释:

资产负债表:资产-负债=所有者权益

利润表:收入-费用=利润

现金流量表:现金流入-现金流出=现金净流入

收入表现为资产的增加,或者表现为负债的减少;费用表现为资产的减少,或者表现为负债的增加。这样,收入和费用的增减变化与资产、负债的增减变化就联系在一起,从而构建起资产负债表与利润表的关系。

收入和费用的增减变化,产生利润波动;资产和负债的增减变化,引起所有者权益增减变化。因此,净利润成为所有者权益变化的因素之一。如果企业一定时期内实收资本等资本项目不变,期末净资产与期初净资产的差额就等于净利润。收入、费用与资产、负债的关系如图 2-2 所示。

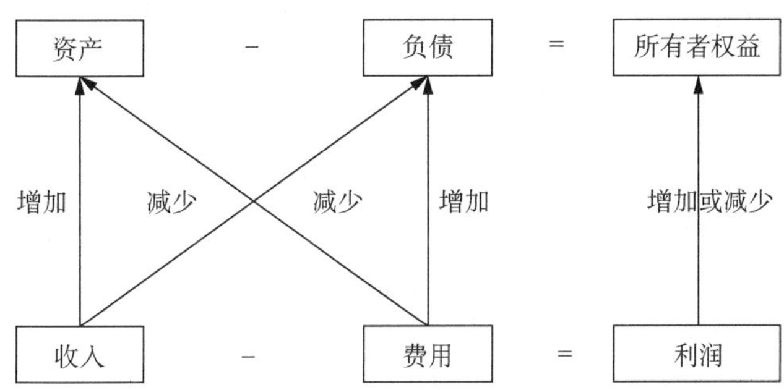

图 2-2　收入、费用与资产、负债的关系

收入与现金流入、费用与现金流出之间是可以通过资产负债表项目来调整的,因此,现金流量表与利润表、资产负债表就发生了关联。收入、费用与现金流入、流出的关系如图 2-3 所示。

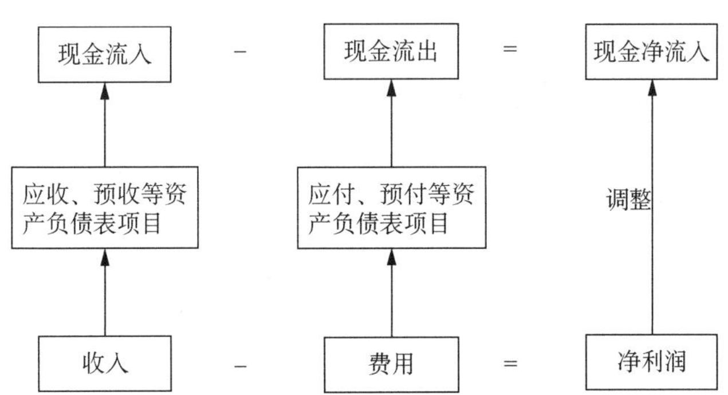

图 2-3　收入、费用与现金流入、流出的关系

将上述各项目之间的关系引申到财务报表,同样是成立的。资产负债表是时点报表,反映期初和期末时点的金额,但不能反映金额变化的过程。利润表、现金流量表和所有者权益变动表是期间报表,反映一定时期的累计金额。因此,资产负债表的变化结果可以通过利润表、现金流量表和所有者权益变动表得到补充解释，财务报表之间的勾稽关系如图 2-4 所示。

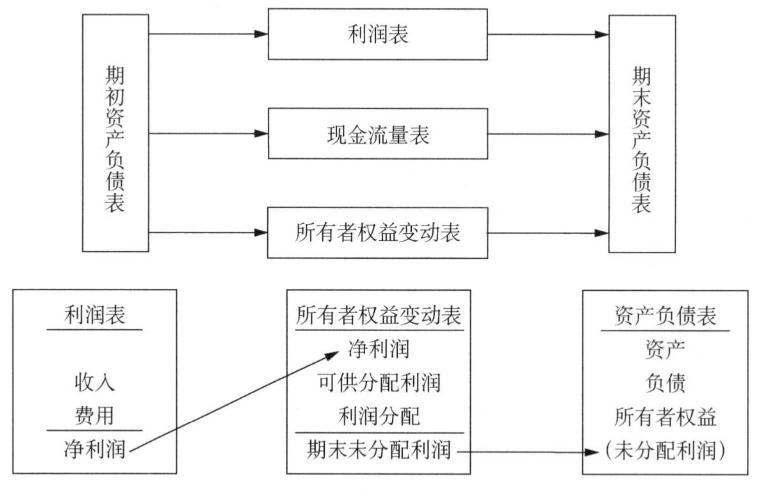

图 2-4　财务报表之间的勾稽关系

在四张财务报表中，资产负债表展现的是企业时点的数据，其他财务报表展现的则是一个时间段的数据。但是一个时间段的期末数据减去期初数据得出的差额则是企业的时期数据。这些财务报表之间存在着重要的勾稽关系，这样使得大股东能够了解企业的财务运营状况，投资者能够了解企业的盈利能力，银行能够了解企业的还债能力和资金流转能力，员工能够了解自己的福利待遇。

六、财务报表的局限性

财务报表是企业财务报告的核心，是财务分析的基本依据，反映了企业一定时点的财务状况和一定时期的经营成果、现金变动情况，对内对外都占据极其重要的地位。但是，财务报表及相关信息也有其自身的局限性。

(一) 现行财务报表无法反映定性的经济变量

现行财务报表仅量化了经济数据，但是没有反映出定性的经济变量。例如，专业的管理团队和高科技人才对企业的价值没有反映在资产负债表上，因为他们无法被客观地衡量。随着知识经济的到来，人力资源投资的社会效益和预期收益远远高于物质投资。现有的财务报表是建立在传统会计模型下，企业在人力方面的投入，不管金额多大，一律作为当期费用，而不是作为资产进行核算，使资产负债表和利润表的数字失真。这样很容易给报表使用者传递一种假象，即越重视科技开发和人力资源的企业当期收益越少，获利能力越差，这显然不符合实际情况。

(二) 现行财务报表所提供的信息主要反映已发生的历史事项

由于财务报表是报告历史事项，财务分析是对过去事项的检验，因而这些信息无论何时运用于决策过程中，都存在着一个重要假设，即过去是预测未来的合理基础。因此，目前的财务报表普遍缺少前瞻性信息和预测性信息，而许多信息使用者需要的恰恰是企业的前景状况。历史信息虽然在一定程度上可以预示未来，但决不能等同于代表未来。例如，历史成本计量下，资产以其原始成本入账，资产负债表并不揭示资产目前的市场价值和重置成本，虽然有些资产采用成本与市价孰低列示，或是对资产的市场价值进行附加说明，但资产的价值并没有增加以反映其当前的价值。

（三）会计估计的存在

会计估计，是指对结果不确定的交易或事项以最近可利用的信息为基础所作出的判断。会计中有很多地方利用了估计，并且当财务人员作出估计时，唯一可以确知的是，作出的估计很可能与“真实”数据不符，只是希望所作出估计的数据与事实更为接近。会计估计利用的是最近的资料，因此，财务报表中的某些数据并不是十分精确，如固定资产的折旧年限、折旧率、净残值率、坏账、无形资产的收益期限等，这些都含有人为主观估计因素。

（四）通货膨胀对财务报表的影响

自改革开放以来，中国经历过多轮通货膨胀，物价水平呈现不断上涨的态势，使得不同时点发生交易或事项的货币金额加总失去意义，建立在历史成本基础上的名义财务报表失去价值相关性，也使企业在不同时点以及不同企业间的财务报表不具有可比性。首先，通货膨胀会影响企业资产负债表的可靠性。在通货膨胀时期，相关数据会受到物价变动的影响，如交易性金融资产、货币性资产、短期负债、交易性金融负债。在购买相同数量存货的前提下，在物价上涨后所支付的货币资金要比物价上涨前支付的多。对于负债而言，在通货膨胀时，债权人收到的资金的价值不及当初借给债务人时的价值。站在企业的角度来说，在物价上涨时，短期负债和交易性金融负债可以为企业带来一定的利润。其次，通货膨胀也会影响利润表的真实性。收入的确定是按照权责发生制来核算，即收入是实际的；但是成本是按照历史成本来核算，即成本是历史的。因此，在发生通货膨胀时，由于成本的低估和收入的高估将会导致利润的虚增。所以，在通货膨胀环境下不能真实地反映企业的财务状况和经营成果，不可避免会产生企业利润虚高、税负加重和现金流失等负面印象，从而引起报表使用者的误读。

（五）财务报表并不反映机会成本

机会成本是一个经济概念，是指由于丧失了某种获取收益的机会而遭受的损失。机会成本不能反映在财务报表上，因为并没有发生实际的支出或费用；它是隐性成本，与会计记录核算的实际支出的显性成本相比，它不易为人们所觉察。以货币计量的历史成本，不能反映非货币的财务信息，也没有把机会成本在报表中进行反映，而机会成本往往是财务报表使用者作出决策必须考虑的因素之一。

第二节　会计相关概念与原则

为了理解由财务报表信息作出的决策和判断,适当地了解会计模型相关的概念和原则是非常必要的。这些概念和原则随着时间的推移,在实践中逐渐得到普遍的认同,而不像物理等学科中的硬性规定或者基本定律。

一、与会计模型相关的概念和假设

(一) 与会计模型相关的概念

1. 传统会计模型

传统会计模型以交易或事项发生时的原始凭证为起点,通过复式记账方法记录各会计要素的增减,以财务报表的生成为最终归宿。从交易或事项到财务报表的传统会计模型如图 2-5 所示。

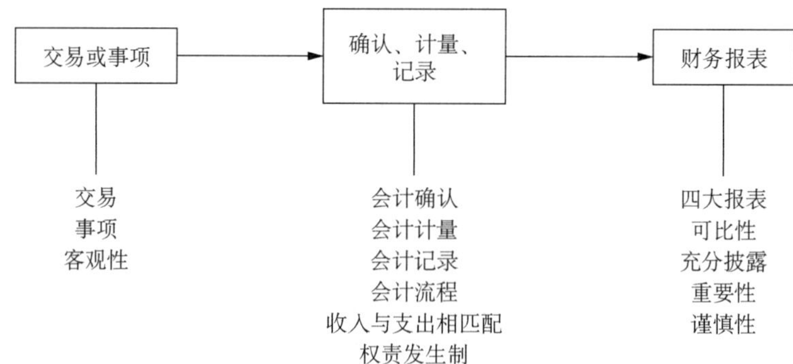

图 2-5　从交易或事项到财务报表的传统会计模型

2. 事项会计模型

事项会计模型的概念最先由索特(Sorter)提出,后经约翰逊(Johnson)、布特沃斯(Butterworth)和维斯特兰(Westland)等人扩展和完善。事项会计模型中,事项是指对一项活动的特征可观察到的结果,主张将事项作为会计分类的最小单元,在日常核算中,对各项经济事项进行存储、组织、传递和输出。该模型的具体观点包括:

(1) 传统财务会计是价值会计,以价值表现的会计数据一方面遗漏掉了很多有用的非货币性信息,另一方面夹杂了很多主观判断和加总计算,可靠性难以保证。应该舍去会计中的分配、递延、预计、摊销、汇总等多余的会计程序,将会计数据还原为以前的经济事项呈现给使用者。

(2) 经济活动的计量应该采取多种形式(如价值形式和非价值形式),以使会计数据既可服务于财务决策,也可服务于非财务决策。

(3) 向信息使用者提供原始的“信息材料”，由信息使用者自己根据需要将“材料”组建为“产品”，满足信息使用者的不同需求。

相对传统会计而言，事项会计大大简化了业务处理流程，提高了会计信息的及时性和准确性，不仅满足了信息使用者多样化、个性化的需求，而且在一定程度上减少了企业管理当局盈余管理的机会，提高了信息的透明度，解决了信息不对称的问题，实现了“受托责任观”与“决策有用观”的有机统一。但学者们也认识到，事项会计的应用主要存在以下的问题：一是“信息超载”，即事项会计会产生极大的数据量，容易造成信息过载；二是“可操作性差”，即当经济业务发生时，应收集哪些事项信息，以什么标准收集事项信息，没有可供参考的标准。

3. 数据库会计模型

数据库会计的思想最早由戈茨(Goetz)于 1939 年提出。最具代表性的概念当数“基本历史记录”或“基本货币记录”，其目的是以最原始的状态保存数据，以便按照最切合每一个用户需求的形式组织数据。20 世纪 60 年代末数据库管理系统产生后，许多学者对此进行了深入研究，主要的成果有以下三项：

(1) 克兰特尼(Colantoni)等提出了用货币与非货币特征对每个事项进行编码和用层次数据模型(树形结构)将通用会计科目表与已编码事项类型对应列示的方法。

(2) 利伯曼(Lieberman)等提出了一个事项会计信息系统的架构，其组成包括：

① 大容量数据库，包括以某种通用格式储存的所有事项的记录。该数据库采用树形结构，以特性矢量连接事项类型。

② 自定义结构，向每位信息使用者提供自身的事项概念架构以及集成程度。该结构不是固定的，可在任何时候进行动态修正。这一弹性使得每位信息使用者都要能定义自己的数据资料库概念观。

③ 自定义函数或运算，用于处理数据。信息使用者自行定义函数或运算指令，以此实现对数据库中数据的操作。

(3) 哈斯曼(Haseman)等设计了一个多维的会计系统，该系统实现了事项储存的多元化，能够满足多系统的数据查询需要。

从这些研究成果可以看出，数据库会计为事项会计提供了支持。按照数据库会计模型，用户由原来的被动接受会计信息的角色转变为按照自己的需求主动定制会计信息的角色。会计信息系统也由原来重数据处理的局面中扭转过来，转向重数据和用户，真正成为满足大多数信息使用者决策需求的“数据基础设施”。虽然数据库会计认识到提供原始数据的重要性，但对以什么样的标准采用原始数据没有进一步的研究，直到麦卡锡提出了 REA 会计模型，这个问题才算得到某种程度的解决。

4. REA 会计模型

针对传统会计信息系统不能支持非财务决策的弊端，美国会计学教授麦卡锡在 1982 年提出了一个在共享数据环境下建立会计信息系统的一般框架——REA 会计模型。在麦卡锡提出会计模型后，学者吉尔特等人和麦卡锡合作，通过增加构件的方

REA 会计模型的广泛应用

式，将 REA 会计模型的结构和概念不断扩展。到目前为止，它的建模粒度向上扩展到企业价值链、向下深入到业务事件，成为一种企业信息体系结构的概念模型。REA 会计模型在美国会计实务界受到广泛关注。

（二）与会计模型相关的假设

与会计模型相关的假设是会计核算的前提条件，是对会计模型的空间、时间范围进行界定；如果没有会计假设，会计信息的边界就会产生混乱。我国《企业会计准则——基本准则》中规定，企业会计核算必须遵循会计主体、持续经营、会计分期和货币计量四大假设。

二、与交易或事项相关的概念和原则

（一）与交易或事项相关的概念

交易或事项等同于我国会计实务中所使用的“经济业务”概念。经济业务，是指客观上能以货币计量并影响会计要素发生变化的经济活动。实质上，经济业务代表了企业经济活动中引起资金变动的所有经济事项。因此，无论是交易或事项，还是经济业务，都是指会计应当记录和报告的企业经济活动。

（二）与交易或事项相关的原则

客观性原则，是指在会计模型中应当以实际发生的交易或事项为依据，如实反映企业财务状况、经营成果和现金流量。客观性原则要求对于交易或事项的记录和报告，应当做到不偏不倚，以客观事实为依据，不受会计人员主观意志的左右，避免错误并减少偏差。交易或事项作为会计核算的起点，必须内容真实、数字准确和资料可靠。

三、与会计核算程序和会计流程相关的概念

（一）与会计核算程序相关的概念

根据会计信息系统论，企业应当先对交易或事项进行确认和计量，再采用科学的记账方法将结果在账户中完整地记录。

1. 会计确认

著名会计学家葛家澍教授认为，会计确认是指通过一定的标准，辨认应输入会计信息系统的经济数据，确定这些数据应加以记录的会计对象的要素，进一步还要确定已记录和加工的信息是否全部列入会计报表和如何列入会计报表。因此，会计确认是要明确某一经济业务涉及哪些会计要素的问题。某一经济事项一旦被确认，就要同时用文字和数据加以记录，其金额包括在报表总计中。

会计予以确认的交易或事项，必须符合下列基本标准：

(1) 可定义性，即确认的交易或事项必须符合某个会计要素的定义。

(2) 可计量性，即确认的交易或事项要能够以某种计量属性可靠地进行计量。

(3) 相关性,即确认的项目的有关信息,会使信息使用者的决策产生差别。

(4) 可靠性,即确认的项目的有关信息应如实反映、可验证和不偏不倚。

此外,会计确认基础需要符合会计假设,选择恰当的确认原则,我国《企业会计准则》规定,我国企业都采用权责发生制(即按照收益、费用是否归属本期为标准来确定本期收益、费用的一种方法)而不是收付实现制(即按照收益、费用是否在本期实际收到或付出为标准确定本期收益、费用的一种方法)。

2. 会计计量

在会计对有关的经济业务进行确认之后,就需要将符合确认条件的会计要素登记入账,列报于财务报表并确定其金额,这一过程称为会计计量。企业应当按照规定的计量属性进行会计计量。我国《企业会计准则——基本准则》规定了五种会计计量属性:历史成本、重置成本、可变现净值、现值和公允价值。

(1) 历史成本。

历史成本又称实际成本,是指取得或制造某项财产物资时所实际支付的现金或者其他等价物。在历史成本计量下,资产按照其购置时支付的现金或者现金等价物的金额,或者按照购置资产时所付出的对价的公允价值计量;负债按照因承担现时义务而实际收到的款项或者资产的金额,或者承担现时义务的合同金额,或者按照日常活动中为偿还负债预期需要支付的现金或者现金等价物的金额计量。例如,企业购入一台价值 500 000 元的机器设备,发生安装费用 20 000 元,则该机器设备的历史成本为 520 000 元。

(2) 重置成本。

重置成本又称现行成本,是指按照当前市场条件,重新取得同一项资产所需支付的现金或现金等价物金额。在重置成本计量下,资产按照现在购买相同或者相似资产所需支付的现金或者现金等价物的金额计量;负债按照现在偿付该项债务所需支付的现金或者现金等价物的金额计量。例如,甲企业在年末财产清查中,盘盈生产用设备一台,经技术人员评估,目前市场上重新购置相同设备一台需要 250 000 元,盘盈设备八成新。按照重置成本计量,盘盈设备的入账价值为 200 000 元(250 000×80%)。

(3) 可变现净值。

可变现净值,是指在正常生产经营过程中,以预计售价减去进一步加工成本和销售所必需的预计税金、费用后的净值。在可变现净值计量下,资产按照其正常对外销售所能收到的现金或者现金等价物的金额,扣减该资产至完工时估计将要发生的成本、估计的销售费用以及相关税费后的金额计量。例如,2019 年 12 月 31 日,M 企业库存的为生产 A 产品而采购的甲材料成本为 20 000 元,甲材料加工为 A 产品的加工成本为 25 000 元,A 产品的预计市场价格为 50 000 元,可能发生的销售费用及相关税费 3 000 元,则甲材料的可变现净值为 22 000 元(50 000－25 000－3 000)。

(4) 现值。

现值,是指把未来现金流量折算为基准时点的价值,用以反映投资的内在价值。在现值计量下,资产按照预计从其持续使用和最终处置中所产生的未来净现金流入量的折现金额计量;负债按照预计期限内需要偿还的未来净现金流出量的折现金额计量。

(5) 公允价值。

公允价值,是指市场参与者在计量的有序交易中,出售资产所能收到或者转移负债所需支付的价格。例如,甲企业欠乙企业购货款 350 000 元,经双方协商决定,甲企业以其实际成本为 300 000 元的产品来清偿负债,则在此债务重组交易中,用以清偿负债的产品的公允价值为 350 000 元。

在各种计量属性中,历史成本通常反映的是资产或者负债过去的价值,而重置成本、可变现净值、现值以及公允价值通常反映的是资产或者负债的实际成本或者现时价值,是与历史成本相对应的计量属性。但这种关系并不是绝对的,在不同类型的交易或事项中,对于资产或者负债的计量应该选择不同的计量属性。

3. 会计记录

会计记录,是指将经过会计确认、会计计量的体现经济业务情况的数据等用一定方法记录下来的过程。它需要设置和运用会计科目及账户,借助复式记账法来完成。

(1) 会计科目与账户。

会计科目,是指按一定标准对会计要素的内容进行分类的具体项目。例如,将资产进一步分类为库存现金、银行存款、应收账款等项目,即产生“库存现金”“银行存款”“应收账款”等会计科目。

账户就是根据会计科目开设的用来记录交易或事项所引起的会计要素具体内容变动情况的一种“工具”。例如,为了反映企业库存现金的增减变动及其现实持有数量,就要设置“库存现金”会计科目,并在“库存现金”账户中进行记录。

在会计实务中,作为会计记录的“工具”,账户具有特定的基本结构,具体如表 2-11 所示。

表 2-11　账户的基本结构

时间 (年　月　日)	交易或事项	增加	减少	余额

为了便于说明问题,账户的基本结构可简化为左右两方,即“T”字型账户结构,如图 2-6 所示。

账　户	
记录增加 (或减少)	记录减少 (或增加)
余额	(或余额)

图 2-6　“T”字型账户结构

就“T”字型账户结构来看,每一个账户分为左右两方,一方登记增加数,一方登记减少数。至于账户的哪一方登记增加数,哪一方登记减少数,则是由企业所采用的记账方法和所记录的经济内容所决定。

从理论上讲,会计科目与账户存在差别。会计科目是对会计要素的具体内容进行科学分类的项目名称,而账户作为一种用来记录会计要素的具体内容及其变化的“工具”,具有特定的结构和物质形式,而不仅仅是“分类的结果”。由于两者在反映的内容上具有一致性,在实务中,往往不去对两者作过于严格的区分。

(2) 复式记账法。

复式记账法,是指对每一项经济业务通过两个或两个以上有关账户相互联系起来进行登记的一种专门方法。其主要特点是:对每项经济业务都以相等的金额在两个或两个以上的相互联系的账户中进行记录;各账户之间客观上存在对应关系,对账户记录的结果可以进行试算平衡。复式记账法较好地体现了资金运动的内在规律,能够全面地、系统地反映资金增减变动的来龙去脉及经营成果,并有助于检查账户处理和保证账簿记录结果的正确性。

在我国,复式记账法曾包括借贷记账法、增减记账法、收付记账法三种。1992年,我国会计准则规定,企业会计核算采用借贷记账法。在借贷记账法下,账户的左方称为借方,右方称为贷方。至于哪一方记增加金额,哪一方记减少金额,则取决于账户的性质与所要反映的经济内容。

(二)与会计流程相关的概念

在企业的职能中,会计核算具有企业数据的天然垄断优势,会计流程本质上是数据识别、收集和存储的过程,也是将数据转换成信息并进行报告的流程。会计流程主要包括:采购到付款流程、销售到收款流程、总账到报表流程。

1. 采购到付款流程

采购到付款流程,是指与采购、支付产品及服务相关的一组业务活动及信息处理过程。在该过程中,主要的外部信息交换是与供应商发生的。采购到付款流程主要包括四项基本业务活动:①采购原材料、物料和服务;②收货:包括原材料、物料和服务;③审核供应商发票;④付款。采购到付款流程如图 2-7 所示。

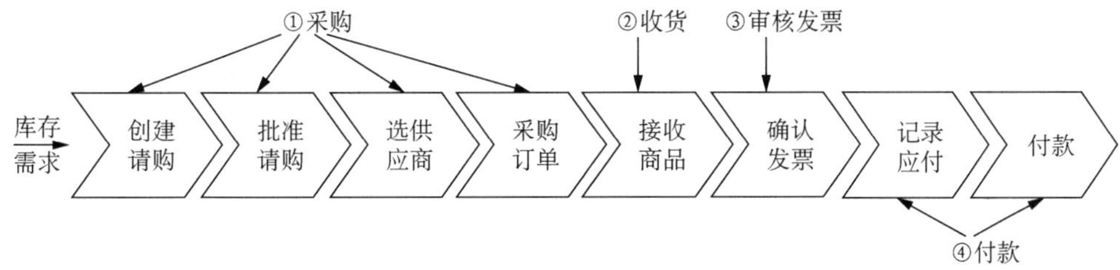

图 2-7 采购到付款流程

2. 销售到收款流程

销售到收款流程，是指与提供产品和服务并收回款项相关的一组业务活动及信息处理过程。销售到收款流程主要包括四项基本财务活动：①销售订单录入；②装运；③审核开具发票；④收款。销售到收款流程如图 2-8 所示。

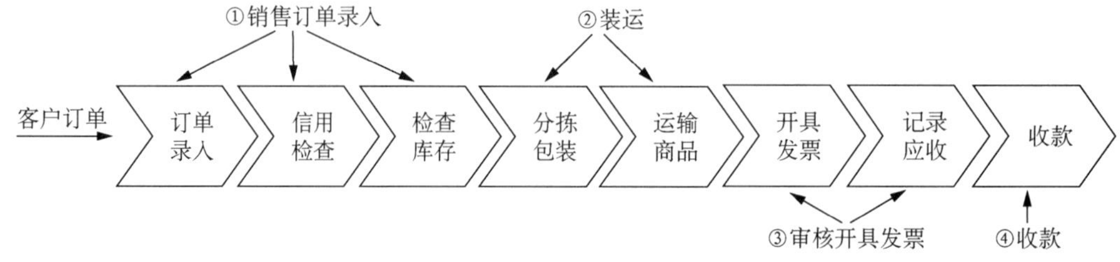

图 2-8　销售到收款流程

3. 总账到报表流程

总账到报表流程在整个会计流程中扮演着关键角色，信息采集过程中的数据最终流向总账到报表流程，按照既定的规则和步骤，生成财务报表。

总账到报表流程如图 2-9 所示。

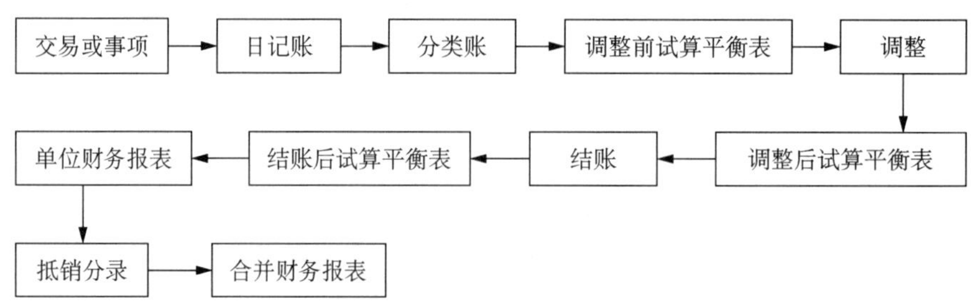

图 2-9　总账到报表流程

四、与财务报表相关的概念和原则

（一）与财务报表相关的概念

编制财务报表是会计核算程序中的最后一个步骤，是会计流程的最终产物，在会计期间终了时按信息使用者的要求披露给企业的利益相关者。我国会计准则规定企业财务报表体系是由资产负债表、利润表、现金流量表、所有者权益变动表和财务报表附注等构成。

1. 资产负债表

(1) 资产负债表的内容。

资产负债表是一张列示企业在某一时点的资产、负债和所有者权益状况的报表。资产负债表就好比企业财务状况的“快照”，凝固在某一特定的时点上。它反映企业在某一特定日期所拥有或控制的经济资源、所承担的现时义务和所有者对净资产的要求权。通过资产负债表,可以提供某一日期的资产总额及其结构,表明企业拥有或控制的资源及其分布状况;可以提供某一日期的负债总额及其结构,表明企业未来需要用多少资产或劳务清偿债务以及清偿时间;可以反映所有者拥有的权益,据以判断资本保值、增值的情况以及对负债的保障程度。

(2) 资产负债表的结构。

资产负债表的结构一般有两种:报告式资产负债表和账户式资产负债表。报告式资产负债表是上下结构,上半部分列示资产,下半部分列示负债和所有者权益。账户式资产负债表是左右结构,左边列示资产,右边列示负债和所有者权益。在我国,资产负债表采用账户式结构,报表左方列示资产各项目,反映全部资产的分布及存在形态;右方列示负债和所有者权益各项目,反映全部负债和所有者权益的内容及构成情况。资产负债表左右双方平衡,即"资产=负债+所有者权益"。

格力电器资产负债表

2. 利润表

(1) 利润表的内容。

利润表是一张列示企业某一会计期间的经营成果及其主要来源和构成的报表。利润表更像是一部电影而不是一张快照,它描绘了一段时期内所发生的各种活动的结果。通过利润表,可以反映企业一定会计期间的收入实现情况,如实现的营业收入有多少、实现的投资收益有多少、实现的营业外收入有多少;可以反映一定会计期间的费用支出情况,如发生的营业成本有多少,销售费用、管理费用、财务费用、研发费用各有多少,营业外支出有多少;可以反映企业生产经营活动的成果,即净利润的实现情况,据以判断资本保值、增值情况等。

格力电器利润表

(2) 利润表的结构。

常见的利润表结构主要有单步式和多步式两种。在我国,企业利润表采用的是多步式结构,即通过对当期的收入、费用、支出项目按性质加以归类,按利润形成的主要环节列示利润指标,分步计算当期净损益。

3. 所有者权益变动表

(1) 所有者权益变动表的内容。

所有者权益变动表,是指反映构成所有者权益各组成部分当期增减变动情况的报表。通过所有者权益变动表,既可以为报表使用者提供所有者权益总量增减变动的信息,也能为其提供所有者权益增减变动的结构性信息,特别是能够让报表使用者理解所有者权益增减变动的根源。在所有者权益变动表中,企业至少应单独列示反映下列信息的项目:①净利润;②其他综合收益;③会计政策变更和差错更正的累积影响金额;④所有者投入的资本和向所有者分配的利润;⑤提取的盈余公积;⑥实收资本或股本、资本公积、盈余公积、未分配利润的期初和期末余额及调节情况;⑦一般风险准备。

格力电器所有者权益变动表

(2) 所有者权益变动表的结构。

所有者权益变动表以矩阵的形式列示:一方面,列示导致所有者权益变动的交易或事项，即所有者权益变动的来源，对一定时期所有者权益的变动情况进行全面反映；另一方面，按照所有者权益各组成部分（即实收资本、资本公积、盈余公积、未分配利润和库存股）列示交易或事项对所有者权益各部分的影响。

4. 现金流量表

（1）现金流量表的内容。

现金流量表，是指反映企业在一定会计期间的现金和现金等价物流入和流出的报表。现金流量包括三类活动即经营活动、投资活动和筹资活动产生的现金流入和流出。

格力电器现金流量表

（2）现金流量表的结构。

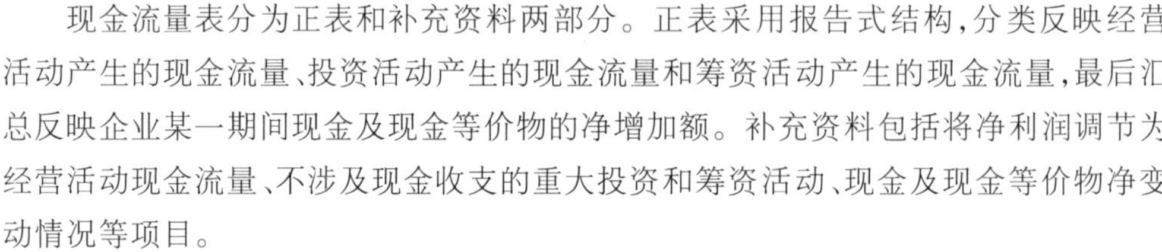

现金流量表分为正表和补充资料两部分。正表采用报告式结构，分类反映经营活动产生的现金流量、投资活动产生的现金流量和筹资活动产生的现金流量，最后汇总反映企业某一期间现金及现金等价物的净增加额。补充资料包括将净利润调节为经营活动现金流量、不涉及现金收支的重大投资和筹资活动、现金及现金等价物净变动情况等项目。

在现金流量表中，现金及现金等价物被视为一个整体，企业现金形式的转换不会产生现金的流入和流出。例如，企业从银行提取现金，是企业存放现金地点的转换，并未构成现金流量。

5. 财务报表附注

财务报表附注是对资产负债表、利润表、现金流量表和所有者权益变动表等报表中列示项目的文字描述或明细资料，以及对未能在这些报表中列示项目的说明等，可以使报表使用者全面了解企业的财务状况、经营成果和现金流量。财务报表附注的主要内容包括：①企业所采用的主要会计处理方法；②会计处理方法的变更情况、变更的原因及对财务状况和经营成果的影响；③发生的非经常性项目；④一些重要报表项目的明细情况；⑤或有事项；⑥期后事项；⑦其他对理解和分析财务报表重要的信息。

（二）与财务报表相关的原则

1. 一致性原则

一致性原则要求一个企业在不同时期采用相同的会计处理程序和方法。其目的，一是确保各期财务报表中各类数据的可比性，以提高会计信息的使用价值；二是可以制约和防止会计主体通过会计方法和程序的变更，在会计核算上弄虚作假，粉饰财务报表。在这一原则下，对特定类型的交易，企业不应随意变更会计方法，除非企业在财务报表或附注中详细披露了发生的变更及这种变更对财务报表的影响。

2. 充分披露原则

充分披露原则，是指财务报表和附注或解释项目中应当包括那些能够防止具有合理判断能力的报表使用者对报表产生误解的所有必要信息。这一原则有助于解决上市企业收购中的信息不对称问题，防止内幕交易和证券欺诈行为的发生，从而保护所有投资者的合法权益。信息披露应遵循真实性、准确性、完整性、及时性的原则。

3. 重要性原则

重要性原则，是指财务报表并不要求列示数字的绝对准确，在会计核算过程中对交易或事项应区别其重要性程度，采用不同的核算方式，对某些不重要的会计事项可以采取灵活的方法进行处理。

4. 谨慎性原则

谨慎性原则，是指在进行判断和作出估计时，应尽量选择低估收益和低估资产价值的方法，而不是选用那些高估收益和高估资产价值的方法。凡是可以预见的损失和费用都应予以记录和确认，而没有把握的收入则不能予以确认和入账。在市场经济条件下，企业不可避免地会遇到风险，实施谨慎性原则，就能在风险发生之前化解并防范，有利于企业作出正确的经营决策，有利于保护所有者和债权人的利益、提高企业的市场竞争力。

第三节　企业年报

年报是企业向股东公布的、包括本年度企业的财务报表及外部审计师对财务报表出具的审计报告在内的文件。一般包括：重要提示和释义；企业简介和主要财务指标；企业业务概要；经营情况讨论和分析；重要事项；股东变动和股东情况；优先股相关情况；董事、监事、高级管理人员和员工情况；企业治理；企业债券相关情况；财务报告；备查文件目录。

一、年报项目和信息披露

作为企业财务活动及经济活动信息的对外报告，企业年报担负着满足会计信息使用者需要、实现会计目标的“重任”，因此，学会读懂企业年报所披露的信息尤为重要。表 2-12 以格力电器 2019 年年报为例来说明年报项目披露信息。

表 2-12　格力电器 2019 年年报项目披露信息

年报项目	主要信息披露
重要提示和释义	(1) 年报中财务报告的真实性、准确性、完整性 (2) 2019 年度利润分配预案
企业简介和主要财务指标	(1) 企业信息、信息披露和备置地点以及注册变更情况 (2) 主要会计数据和财务指标(2019 年总资产为 282 972 157 415.28 元，较上年增长 12.63%；营业收入为 198 153 027 540.35 元，较上年增长 0.02%等) (3) 非经常性损益项目和金额(2019 年非流动资产处置损失 9 293 929.38 元等)

续　表

年报项目	主要信息披露
企业业务概要	(1) 报告期内企业从事的主要业务(格力电器是一家多元化、科技型的全球工业集团,产业覆盖空调、生活电器、高端装备、通信设备四大领域) (2) 企业核心竞争力(享誉全球的世界名牌、卓越的研发体系、行业领先的 PQAM 完美质量保证模式、自主管控、互利共赢的销售渠道模式、卓越的成本管控体系及稳健的财务模式等)
经营情况讨论和分析	(1) 报告期内企业经营状况(2019 年实现营业总收入 2 005.08 亿元,同比增长 0.24%;实现归母净利润 246.97 亿元,同比下降 5.75%) (2) 主营业务收入和成本构成 (3) 资产和负债情况 (4) 投资情况(2019 年共投资 7 192 756 039.01 元) (5) 企业未来发展的展望
重要事项	(1) 企业普通股利润分配和资本公积金转增股本情况 (2) 承诺事项履行情况 (3) 与上年度财务报告相比,会计政策、会计估计和核算方法发生变化的情况(重要会计政策变更、会计估计变更等)
股份变动和股东情况	(1) 股份变动情况 (2) 股东和实际控制人情况
优先股相关情况	报告期企业不存在优先股
董事、监事、高级管理人员和员工情况	(1) 董事、监事和高级管理人员持股变动 (2) 企业现任董事、监事、高级管理人员任职情况和报酬情况 (3) 企业员工情况(2019 年在职员工总计 88 846 人)
企业治理	(1) 报告期内召开的年度股东大会和临时股东大会的有关情况 (2) 内部控制情况
企业债券相关情况	2019 年不存在公开发行并在证券交易所上市,且在年报批准报出日未到期或到期未能全额兑付的企业债券
财务报告	(1) 审计报告 (2) 四大财务报表 (3) 财务报表的编制基础 (4) 主要会计政策、会计估计和前期差错(固定资产、无形资产的确认和计量等) (5) 企业纳税情况 (6) 合并财务报表项目附注 (7) 公允价值的披露 (8) 企业的子企业情况 (9) 关联方关系及其交易 (10) 应收款项情况
备查文件目录	备查文件情况

二、关键财务指标

从年报中的财务报表数据分析，可得出 2019 年格力电器经营过程的关键财务指标，如表 2-13 所示。

表 2-13　格力电器 2019 年与 2018 年关键财务指标　　金额：亿元

指标	2019 年	2018 年
货币资金	1 254.01	1 130.79
存货	240.85	200.12
资产合计	2 829.72	2 512.34
负债合计	1 709.25	1 585.19
净利润	246.97	262.03
营业总收入	2 005.08	2 000.24
研发费用	58.91	69.88
每股净资产	18.31	15.18
净资产收益率/%	25.72	33.36
资产负债比率/%	60.40	63.10
销售毛利率/%	27.58	30.23

三、总体分析

结合表 2-12 和格力电器 2019 年年报分析，格力电器 2019 年总营业收入为 2 005.08 亿元，同比增长 0.24%；净利润 46.97 亿元，同比下降 5.75%。从行业发展的维度来看，该公司以科技化稳固主业龙头地位，2019 年是其激流勇进的一年。已知 2019 年，空调市场遭遇寒流，空调产量及销量增速双双出现大幅下降，空调市场将由增量阶段向存量阶段过渡，“低增长”将成为常态，在此情况下，格力电器空调营业收入为 1 387 亿元，同比下降 10.93%，但没有影响其行业龙头地位。从创新的维度来看，2019 年格力电器研发费用为 58.91 亿元人民币，比上年减少 10.97 亿元，一方面格力电器以智能化抢占行业发展先机，推进智能化，发展制造业，着力推动互联网、大数据、人工智能和实体经济的深度融合；另一方面格力电器推出了“零碳健康家”和 GMV6 人工智能多联机，将物联网、大数据和人工智能融入其中，从多个场景维度为消费者带来智能化生活。从格力电器整体战略的维度来看，格力电器坚定自力更生，坚持自主创造，稳步拓展智能装备、精密模具、通信设备与新能源等新兴产业，迈向更具竞争力的多元化、科技型的全球工业集团。就 2019 年经营数据而言，格力电器的多元化势头正猛:智能装备下降31.12%,生活电器增长46.96%,多元化和科技化成果显著。从产业布局的维度来看,格力电器在加大投入。近年来,格力电器相继在南京、成都、洛阳布局生活电器生产基地,着力打造高度自动化、信息化的生产模式,加大力度发展冰洗产业。此前发布的“中国智能制造全产业链系统解决方案”平台,也将进一步推动智能装备的新发展。总的来说,2019年格力电器年报中展示了企业的超前战略、稳健发展和技术引领,从而成就了格力电器的工业集团梦想,为中国制造企业转型升级作出示范。

本章小结

交易或事项是从会计角度观察和把握企业经济活动的结果。财务报表是反映企业一定时期财务状况、经营成果和现金流信息的文字和表格文件。从交易或事项到产生财务报表过程被称为会计核算程序,又称会计循环。交易或事项可以被看作构建财务报表的基石,会计主体的财务报表是会计流程的最终产物。

财务报表包含资产负债表、利润表、现金流量表、所有者权益变动表等。收入表现为资产的增加,或者表现为负债的减少;费用表现为资产的减少,或者表现为负债的增加。收入、费用的增减变化与资产、负债的增减变化相联系,使得资产负债表与利润表相互联系。收入和费用的增减变化,产生利润波动;资产和负债的增减变化,引起所有者权益增减变化。因此,净利润成为所有者权益变化的因素之一。收入与现金流入、费用与现金流出可以通过资产负债表项目来调整,因此,现金流量表与利润表、资产负债表发生了关联。

我国《企业会计准则——基本准则》将会计要素分为六大类:资产、负债、所有者权益、收入、费用和利润。

资产负债表等式:资产=负债+所有者权益;利润表等式:收入-费用=利润;现金流量表的会计等式:现金及现金等价物的净增加额=经营活动产生的现金流量净额+筹资活动产生的现金流量净额+投资活动产生的现金流量净额+汇率变动对现金及现金等价物的影响。

作为披露企业财务活动及经济活动信息的对外报告,企业年报担负着满足会计信息使用者需要、实现会计目标的“重任”。企业年报一般包括:重要提示和释义;企业简介和主要财务指标;企业业务概要;经营情况讨论和分析;重要事项;股份变动和股东情况;优先股相关情况;董事、监事、高级管理人员和员工情况;企业治理;企业债券相关情况;财务报告;备查文件目录等项目。

关键术语

会计要素　财务报表　会计科目　会计账户　会计流程　会计模型

思考题

1. 数字货币是一项资产吗？如果是，应作为什么进行会计处理？

2. 企业的资产与其负债、所有者权益之间存在何种关系？

3. 企业的负债和所有者权益之间有何相同点和不同点？

4. 企业取得收入、发生费用时，如何影响企业资产的变动？试举例说明。

5. 如何理解“资产＝负债＋所有者权益”？

6. 如何描述交易或事项、会计要素、会计确认和计量、会计记录和财务报表之间的关系？

7. 简述会计凭证、会计账簿、财务报表之间的关系。

8. 分别举例说明四大财务报表可以提供的信息。

会计分录题

1. 南湖电器股份有限公司于2020年12月份发生下列经济交易与事项。

(1) 12月1日，收到黄家湖公司投入资本100 000元，款项通过银行划转。

(2) 12月1日，购入一套不需要安装的生产设备，价款50 000元以银行存款支付。

(3) 12月5日，以银行存款40 000元支付产品广告费。

(4) 12月10日，收到环保部门罚单，以银行存款支付罚款10 000元。

(5) 12月30日，用银行存款预付第二年度上半年房租租金60 000元。

要求：试根据以上交易事项编制相应的会计分录。

2. 2020年12月31日，根据第1题中的各项业务和会计分录，试用“T”字型账户归集货币资金情况。

案例讨论题

大学生刘新毕业后决心自己创业，筹资开设了一家机器人教育培训公司，主营机器人在线教育、线下课堂、课程开发和教育测评等业务。该公司已在市场监督管理部门登记注册，并已正式开业。刘新任总经理，并聘任张政和李蔷为员工。为顺利开业，该公司购置了10套机器人教学器具、5台联想电脑、3台会议平板、2台惠普激光打印机以及若干传真机、电话、网络连接设备等，并租用了面积为200平方米的商业用房作为营业场所。

要求：

(1) 假设你是刘新，请列示该公司开业时的资产、负债和所有者权益的详细情况

（各项目应注明具体内容和实际金额）以及资产总额、负债总额和所有者权益总额。

（2）假设该公司已经营业一个月，请列示其所发生的各项收入和费用（注明项目名称及其具体内容），并计算其利润。

（3）编制资产负债表和利润表。

第三章　财务报表数据的基本解释

学习目标

1.了解财务报表数据的优势与局限性

2.了解财务报表数据的主要使用者及其信息需求

3.掌握财务报表数据的分析方法

4.了解资产负债表和利润表的基本信息

第一节　财务报表数据的优势与需求者

一、财务报表数据的优势

在当今的信息社会，任何决策都离不开信息。财务报表是会计信息的主要载体，它所提供的数据信息是报表使用者据以决策必不可少的信息。虽然财务报表不是企业披露其会计信息的唯一途径，也不是信息使用者获取企业财务信息的唯一渠道，但是相对于从其他途径获取的会计信息，财务报表数据具有得天独厚的优势。

(一) 财务报表数据对企业未来具有预测价值

财务报表是以价值形式(货币计量)记载企业在一个会计时点或一个会计期间内全部交易或事项结果的总结性报告文件，是企业核心数据的浓缩。虽然财务报表记载的是企业过去的经历，但是由于财务报表数据是连续提供的，因此，将这些数据收集在一起进行比较与分析，就可以判断企业现在的经济活动的运行状况，并以此推断其未来的发展趋势，而这些对未来预测的信息正是进行经济决策所依赖的重要信息。另外，现行会计准则也明确规定，会计信息必须具有相关性，其中很重要的一点就是，会计信息应具有满足增强决策者对未来事项的预测能力的属性，这决定了财务报表数据具有非常大的预测价值。

（二）财务报表数据集众多独特性

1.信息真实、可靠度更高

真实可靠的信息是科学决策的基础。在会计法规中明确规定，财务报表中的各项数据必须真实可靠，如实地反映企业的财务状况、经营成果和现金流量，这也是对会计信息质量的基本要求。会计信息在生成的整个过程中都有制度监管，同时国家相关部门制定了严格的财务报表的审核制度、处罚条例，上市公司财务报表信息披露还需接受会计师事务所的审计。这些都足以防范企业财务数据的弄虚作假、玩数字游戏或隐瞒谎报等违法行为。相对于其他渠道搜集的信息而言，如未经过严格审核的报刊的文献、电视等媒体的新闻报道，企业财务报表所列示的信息更可靠、更真实。随着社会经济的发展，财务报表列报的监管措施越来越完善，使得财务报表信息质量进一步提升。

2. 信息集中度更高

企业财务报表的功能就是反映企业的会计信息，包括财务状况信息、经营成果信息和现金流量信息等几乎所有重要的会计信息都会定期地记录在财务报表之中，并依规披露。信息使用者虽然可以从其他途径获得企业相关的财务信息，但是只是一些零散的、片面的，可能还是未加证实的数据或消息，无法达到作为决策依据的信息质量要求。

3. 信息披露更及时

财务报表信息只有及时地传递给信息使用者，才能为使用者的决策提供依据。否则，即使是真实可靠和内容完整的财务报告，由于编制和报送不及时，对报告使用者来说，就大大降低了信息的使用价值。企业披露会计信息必须严格遵循法律规定，不得提前，也不得随便延后；上市公司只有在规定的时间、在指定的报刊、新闻媒体和官方网站上公开披露财务报告，广大的信息使用者才能得到企业的财务报表数据信息；企业的管理者和财务人员绝对不允许向外界提前透露财务报表信息，任何人或机构也根本不可能提前掌握企业的财务报表信息。

4. 信息内容更完整

财务报表应当全面反映企业的财务状况和经营成果，才能满足各方面对会计信息的需要。凡是国家要求提供的财务报表，各企业必须全部编制并报送，不得漏编和漏报。凡是国家统一要求披露的信息，都必须披露。近两年，我国财政部不断出台新的制度规范报表编制，如 2018 年 6 月 15 日发布了《关于修订印发 2018 年度一般企业财务报表格式的通知》及《关于 2018 年度一般企业财务报表格式有关问题的解读》。在此基础上，2019 年 4 月 30 日又发布了《关于修订印发 2019 年度一般企业财务报表格式的通知》。由此可见，我国企业财务报表列报制度更加健全，列报内容的深度不断完善，广度不断扩延，披露的信息更符合决策的需要。

5. *信息获取更便宜*

信息使用者之所以需要获得企业的会计信息,是因为这些信息有助于他们进行科学决策。从这个意义上说,这些会计信息是使用者的信息资本。同其他要素资本一样,信息资本也具有增值性、周转性等特征,因此,取得信息资本必须付出资本成本。但是人们要获得上市公司财务报表信息几乎不需要发生现金的支付。当上市公司披露定期或临时财务报告后,使用者可购买专业性报刊或直接从上交所和深交所官方网站上免费下载公司完整的财务报表和其他相关财务信息,而且信息量大,内容相对完整,可靠度较高。

6. *信息更直接关联利益相关者*

企业是由各方利益相关者共同作用下形成的集合体,所以企业的经营目标是努力维护各方的利益,从而实现企业价值最大化的目标。会计管理作为企业管理的重要组成部分,其目标定位必然建立在满足企业相关者利益的框架之下。因此,作为对企业经济活动结果阶段性总结的财务报表,自然承载着与各方利益相关的各种信息。企业财务报表列报的信息包括企业资产和负债的情况、所有者权益的增减变化、收入、费用、盈利以及现金流量状况等,这些信息是企业利益相关者最为关心的数据信息,而且财务报表主要提供货币计量的数据信息,直接与经济利益相关。此外,企业各方的利益相关者不可能都去全程参与企业经营管理,只能靠财务报表反映的信息来了解企业的经营状况,以保证各自的利益。

二、财务报表数据的需求者

会计界长期以来一直将会计信息视为信息系统的输出物,这使得对会计信息的研究局限在技术层面,而没有注意到会计信息是一种稀缺性的、有价值的信息资源。会计信息的稀缺性特征必然衍生出企业利益相关者对会计信息的交易行为(供求关系),于是会计的生产、消费、监管等就组成了会计信息市场。很显然,会计信息的质量不仅受会计信息生产者的影响,也受需求者的影响。会计信息需求者(或称会计信息使用者),也是财务报表数据的需求者,不同类型的信息使用者所关注的焦点不同,因此,他们对财务报表数据的需求是有差别的。

(一) 企业投资者及其信息需求

一般而言,投资者注重企业财务的安全性,最关心的是权益的风险。投资是否能够增值,投资报酬多少,能够有多大的投资收益,这些决定了投资者的投资决策。此外,在所有权与经营权相分离的情况下,投资者虽然不参与企业的日常经营管理,但作为企业委托代理关系中的委托者,需要根据会计信息对经营管理者进行分析评价。也就是说,投资者为了解决信息不对称问题,有两类基本的会计信息需求,即有关企业未来业绩和风险的信息,以及与经营管理者努力程度高度相关的业绩衡量信息。

(二) 债权人及其信息需求

通常来说,债权人主要关注企业偿还债务资金的能力,如企业是否有条件和能力支付利息、债权人提供的资金有无重大风险。债权人按偿还期限可以分为短期债权人和长期债权人。短期债权人主要关注企业的短期偿债能力和资产流动性，关注企业有多少资产作为偿付债务的保证，特别是有多少可以立即变现的资产作为偿付债务的保证；对长期债权人来说，他们关心的是企业连续支付利息和到期（若干年后）归还债务的能力，除了观察企业的偿债能力、企业的信用和违约风险，还关心企业的获利能力。因此，长期债权人既关心资产负债表，又关心利润表。

（三）政府和其他管理部门及其信息需求

一般而言，政府是国民经济宏观调控者和经济政策的制定者，需要企业提供符合国民经济核算要求的信息。具体而言，政府对财务信息的需求是基于其所具有的不同角色。国资委需要通过会计信息对国有资产的受托责任履行情况进行考核，除关注投资所产生的社会效应外，还必然对投资的经济效益予以考虑，在谋求资本保全的前提下，期望能够同时带来稳定增长的财政收入；证券监管部门无论是对公司上市资格的审查，还是进行公司上市后的监督，都离不开对公司财务报表数据的审核，在整个管理过程中，真实、可靠的会计信息是证券监管部门对证券市场实施有效监管的重要依据；税务部门监督企业是否合法纳税，制定税收及监管政策，获取企业与增值税、所得税等有关的财务信息；国家市场监督管理部门审核企业经营的合法性，并依法对企业产品实施质量监督与安全检查；审计部门等政府行政管理部门从各自的管理需要去收集并分析包括会计信息在内的相关信息，旨在充分、有效地行使其管理职能。

（四）企业管理者及其信息需求

企业管理者是会计信息的内部使用者。企业要完成既定的经营目标，就必须对经营过程中遇到的各种问题进行决策，而正确的决策以相关的、可靠的信息为依据。例如，在企业作出通过贷款来筹集资金的决策前，需要利用财务报表提供的信息对企业的负债偿还能力、资产结构及流动性进行分析。同时，企业是一个众多利益相关者的联结点，企业管理者必须处理并协调好各利益相关者之间的关系。因此，企业管理者的信息需求相对其他需求者更加全面，其既要关注与投资者、债权人相关的会计信息，也要关注与政府行政管理部门相关的会计信息，还要关注影响职工、客户、供应商等决策的会计信息。

（五）企业内部职工及其信息需求

按照有关法律规定，企业在研究决定生产经营的重大问题、制定重要的规章制度时，应当听取工会和职工的意见和建议；企业决定有关职工工资、福利、劳动保险等涉及职工切身利益问题时，也应当事先听取工会和职工的意见。职工在履行上述参与企业管理的权利和义务时，有必要阅读企业财务报表数据和相关资料，清楚地了解企业的会计信息，以更好地维护自己的合法权益。

（六）社会中介机构及其信息需求

社会中介机构通常包括会计师事务所、律师事务所、资产评估事务所、资信评估公司以及各类咨询机构。它们以独立第三方身份为企业提供服务,包括对企业相关事务作出客观公正的评价,提出中肯的意见和建议等。一方面,这些中介机构作为企业财务报表数据的需求者,根据自身的工作职责,通过对财务报表分析做出职业判断,给出分析评价结论。例如,会计师事务所全面审查企业财务报告后发表审计意见;资产评估事务所评估企业资产或某项资产的价值量;资信评估公司评定出企业的资信等级等。另一方面,这些中介机构的评价结论,又成为其他信息使用者决策的重要信息来源。

以上阐述了六类主要的会计信息使用者以及他们对财务报表数据的需求,但会计信息使用者十分广泛,还有企业客户、竞争对手、社会公众、财务分析师或相关分析机构等,并不局限于上述六类。

第二节　财务报表数据的分析方法

财务报表中列示了各种会计数据,这些数据之间有何关系,如何将它们转化为需求者决策可利用的有效信息,必须借助科学可行的方法。财务报表数据的分析方法众多,常用的有四种。

一、比率分析法

(一) 比率分析法的含义

比率分析法是以同一期财务报表上若干重要项目的相关数据相互比较,求出比率,用以分析和评价公司的经营活动以及公司目前和历史状况的一种方法,是财务报表数据分析最基本的工具。该工具的运用能帮助信息需求者理解财务报表中列示的各种数据的含义,从而为他们正确评价和判断一家企业的经营状况,并作出科学决策提供重要依据。

(二) 比率分析法的数据解读

企业进行财务报表数据分析的目的不同,因而各种分析者的侧重点也不同,选择与建立的指标体系也会有差异。目前在财务比率分析中比较常见的比率有三类,即获利能力比率、偿债能力比率和营运能力比率。

1. 获利能力比率

获利能力也称盈利能力,通常是指企业在一定时期内赚取利润的能力。企业是一个营利性组织,因此,企业追求的基本目标是利润,没有利润企业难以生存。获利能力是考核企业生存能力的一个非常重要的指标。获利能力是一个相对的概念,即利润相对于一定的资源投入、一定的收入而言。利润率越高,盈利能力越强;利润率越低,盈利能力越差。企业经营业绩最终可通过企业的盈利能力来反映。无论是企业的管理人员、债权人,还是股东(投资人)都非常关心企业的获利能力,并重视对利润率及其变动趋势的分析与预测。分析企业获利能力的比率主要有:资产报酬(收益)率、股东权益报酬率、销售利润率、成本费用利润率、每股利润、每股净资产等。

(1) 资产报酬(收益)率。

资产报酬率也称总资产报酬率,是指企业资产总额中平均每百元所能获得的息税前利润(净利润或者利润总额)。资产报酬率是用以衡量企业运用所有经济资源取得经营成果的指标,反映企业资产的综合利用效果,也是衡量企业利用债权人和所有者权益资金取得盈利的重要指标。其计算公式为:

$$\text{总资产报酬率} = \text{息税前利润} \div \text{平均资产总额} \times 100\%$$

息税前利润为净利润、利息费用和所得税费用三项之和;平均资产总额为年初资产总额与年末资产总额的平均数。该比率反映企业的全部贡献水平。

一般情况下,资产报酬率越高,表明公司越善于运用资产;反之,资产利用效果和企业管控资产的能力越差。通过对该指标的深入分析,可以增强各方面对企业资产经营的关注,促进企业提高单位资产的收益水平。

学术界也常常采用资产净利率和资产利润率评价资产运用的效果,计算公式如下:

$$\text{资产净利率} = \text{净利润} \div \text{平均资产总额} \times 100\%$$

$$\text{资产利润率} = \text{利润总额} \div \text{平均资产总额} \times 100\%$$

资产净利率计算公式中分子是净利润,即扣除利息和所得税影响,是一个企业经营的最终成果;资产利润率计算公式中分子是利润总额,即税前利润,它是衡量一个企业经营活动实现的财务成果。因此,前者说明企业运用全部资产创造新价值的能力,后者强调企业全部资产对经营业绩的贡献能力。以上三个计算公式各有侧重,分别从不同角度反映资产的管理效果。

(2) 股东权益报酬率。

股东权益报酬率又称净值报酬率或净资产收益率,是指企业普通股的投资者委托公司管理人员应用其资金获取投资的报酬率。股东权益是公司股本(实收资本)、资本公积金、留存收益等项目的总和。根据该指标值的高低,可以衡量普通股投资者所得报酬的高低,因而这一比率最为股票投资者所关注。其计算公式为:

$$\text{股东权益报酬率} = (\text{税后利润} - \text{优先股利}) \div \text{股东权益} \times 100\%$$

股东权益报酬率越高,说明经营(产品)所获利润越多;反之则表示经营(产品)的利润越少。

(3) 销售利润率。

销售利润率是企业营业利润与销售收入净额之间的比率,反映企业每元销售收入中，营业活动创造的新价值所占的份额。其计算公式为：

$$销售利润率=营业利润\div销售收入净额\times100\%$$

该指标反映企业核心业务的获利能力，因为营业收入才是公司持续发展的重要推手，影响企业通过营业活动获取利润的能力。销售利润率越高，表明企业正常经营活动为社会创造新价值越多，经营能力越强，效率越高，反之亦然。

(4) 成本费用利润率。

成本费用利润率是指企业营业利润与成本费用总额的比率。它是反映企业生产经营过程中发生的耗费与获得的收益之间关系的指标，体现了经营耗费所带来的经营成果。其计算公式为：

$$成本费用利润率=营业利润\div成本费用总额\times100\%$$

成本费用包括营业成本、税金及附加、管理费用、财务费用、销售费用和研发费用等。成本费用利润率是一个能直接反映增收节支、增产节约效益的指标，该比率越高，表明企业单位耗费所取得的收益越高，反之亦然。

(5) 每股利润。

每股利润又称每股税后利润、每股盈余，是指普通股每股税后利润。每股利润是测定股票投资价值的重要指标之一，是分析每股价值的一个基础性指标，也是综合衡量上市公司盈利能力最重要的财务指标。其计算公式为：

$$每股利润=净利润\div流通在外普通股数$$

如果企业发行了优先股还要扣除优先股应分配的股利，然后除以流通股数，即发行在外的普通股平均股数。

(6) 每股净资产。

每股净资产也称每股账面价值，是期末净资产(即所有者权益)与流通在外普通股数的比值。每股净资产反映了股东持有的股份在企业的理论价值，也就是“每股”在企业“享有”多少资产的价值，它决定着上市公司的经营实力，是支撑上市公司股票价格的重要基础。其计算公式为：

$$每股净资产=期末所有者权益总额\div期末流通在外普通股数$$

每股净资产越高，股东拥有的每股资产价值越多；每股净资产越少，股东拥有的每股资产价值越少。通常每股净资产越高越好。

2. 偿债能力比率

除了获利能力，企业还十分关心是否有足够的资金偿还到期债务，否则企业就会陷入危机。偿债能力，是指公司清偿各种到期债务的承受能力和保证程度，包括短期偿债能力和长期偿债能力两个方面。短期偿债能力是指企业流动资产对流动负债的偿付和保障的能力，其比率主要有流动比率、速动比率等。长期偿债能力是指企业资产对长期债务能力偿还和保障的能力，其比率主要有资产负债率、负债权益比率等。

(1) 流动比率。

流动比率也称营运资金比率，是衡量公司短期偿债能力的指标。其计算公式为：

流动比率＝流动资产÷流动负债

这一比率越大，表明企业短期偿债能力越强，并表明企业有充足的营运资金；反之，说明企业的短期偿债能力不强，营运资金不充足。通常，一个财务状况良好的企业，其流动资产应远高于流动负债，至少不低于 1∶1，经验认为大于 2∶1 较为合适。但是，对于企业和股东而言，并不是这一比率越高越好。流动比率过高，并不一定表示财务状况良好，尤其是因应收账款和存货余额过高而引起的流动比率过高。

(2) 速动比率。

速动比率又称酸性测试比率，是指速动资产同流动负债的比率，它反映企业短期内可变现资产偿还短期内到期债务的能力。其计算公式为：

速动比率＝速动资产÷流动负债

一般认为，如果速动比率保持在 1∶1，说明流动负债的安全性较有保障，即使企业资金周转发生困难，也不影响即时的偿债能力。

(3) 资产负债率。

资产负债率是企业负债总额占其资产总额的百分比。这个指标反映了在企业的全部资产中由债权人提供的资产所占比重、债权人向企业提供信贷资金的风险程度，还反映了企业举债经营的能力。其计算公式为：

资产负债率＝负债总额÷资产总额×100％

在企业管理中，资产负债率也不是一成不变的，要看从什么角度分析，企业债权人、投资者(或股东)和经营者对该指标的认识各不相同；也要看国际、国内经济大环境是顶峰回落期还是见底回升期；还要看管理层是激进者、中庸者还是保守者，所以资产负债率多年来也没有统一的评价标准。一般认为，资产负债率的适宜水平是 40％～60％，低于 40％通常认为企业过于保守，对财务杠杆的利用不足；高于 60％则认为企业过于激进，对财务杠杆的利用过度，风险过高。

(4) 负债权益比率。

负债权益比率是将负债比率与权益比率结合起来，用来考察企业的负债总额与所有者权益总额的比值。这个比率表明债权人与所有者提供的资金来源的相对关系以及企业基本财务结构的强弱。其计算公式为：

负债权益比率＝负债总额÷所有者权益总额

如果负债权益比率高，表明企业过度负债，对负债资本的保障程度较弱，容易削弱企业抵御外部冲击的能力；而负债权益比率低，意味着企业没有积极地利用财务杠杆作用来扩大经营规模，但其财务实力较强，对负债资本的保障程度较高。

3.营运能力比率

企业要取得较好的获利水平，有足够资金偿债，就得具有良好的营运效率，使资金能不断产生增值。营运能力比率主要是用来衡量企业资产使用效率的指标，其实就是企业资产管理的效率。企业资产管理效率的最直接表现就是运用资产取得收入的过程，在企业内部体现为资产形态的不断转化，从现金变成存货，存货出售形成应收款项，应收款项最终收回从而获得更多资金，然后再次循环往复，不断实现营业收入。在这个过程中，每一个环节的资产如果能尽快转化到下一个过程，则会大大缩短从投资到获得利润的效率。因此，在企业经营中，一种资产转化到下一种资产形态所用的时间称为资产的周转期（天数），某种资产的周转期越短，说明其周转速度越快，企业管理的效率越高。评价企业资产管理效率的比率主要有：总资产周转率、应收账款周转率、存货周转率等。

(1) 总资产周转率。

总资产周转率，是指企业一定时期的销售收入净额与平均资产总额之比，它是衡量资产投资规模与销售水平之间配比情况的指标。其计算公式为：

总资产周转率（次数）＝销售收入净额÷平均资产总额

总资产周转率是考察企业资产运营效率的一项重要指标，体现了企业经营期间全部资产从投入到产出的流转速度，反映了企业全部资产的管理质量和利用效率。一般情况下，该数值越高，表明企业总资产周转速度越快，销售能力越强，资产利用效率越高。总资产管理效率的高低，很大程度上受到具体资产构成项目管理效率的影响。

(2) 应收账款周转率。

应收账款周转率，是指企业在一定时期内赊销收入净额与平均应收款项余额之比。它是衡量企业应收账款周转速度及其管理效率的指标，是影响总资产周转率的一个重要资产项目。其计算公式为：

应收账款周转率（次数）＝赊销收入净额÷平均应收款项余额

应收账款周转期（天数）＝计算期天数÷应收账款周转率

应收账款包括应收账款和应收票据；平均应收款项余额为期初应收款项余额与期末应收款项余额的平均数。应收账款周转率可以用来估计应收账款变现的速度和管理的效率。应收款项回收迅速可以节约资金，也说明企业信用状况好，不易发生坏账损失。一般认为应收账款周转率越高越好。

在实务中，常以营业收入替代赊销收入净额；应收款项余额则是已扣除了坏账准备的净值。

(3) 存货周转率。

存货周转率,是指企业一定时期销售成本与平均存货余额的比率。它是衡量存货周转速度及其管理效率的指标,也是影响总资产周转率的一个重要资产项目。其计算公式为:

存货周转率(次数)=销售成本÷平均存货余额

存货周转期(天数)=计算期天数÷存货周转率

平均存货余额为期初存货余额与期末存货余额的平均数。从理论上说,存货周转率越高,存货周转期越短,表明企业存货资产变现能力越强,存货管理效率越高。

(三) 运用比率分析法的注意事项

比率分析法是一种十分有用的财务报表数据分析方法,运用时的注意事项如下:

(1) 对比的项目应具有相关性,如果将不相关的项目进行对比则没有意义。

(2) 对比的数据口径要具有一致性,即比率的分子项与分母项必须在时间、范围等方面保持口径一致。

(3) 选择比较的标准应具有科学性,注意行业、生产经营情况差异等因素,选择不同的评价标准,即便是分析同一问题,也会得出不同的结论。

(4) 注意将各种比率有机联系起来进行全面分析,不可孤立地分析某种或某类比率,要同时结合其他分析方法,这样才能对企业的历史、现状和将来有一个详尽和清楚的认识,才能得出正确的分析结论。

二、比较分析法

虽然财务比率明确了财务报表中各种数据之间的关系,但是大多数情况下,单一的比率并不能描述所研究企业的实际状况,要了解企业财务状况是变坏或改善,或准确判断其在同行业中的相应位置,仅仅建立财务比率还不够,需要进行数据的比较才能获得有意义的信息。

(一) 比较分析法的含义

比较分析法是指将两两相互联系的数据对比,来揭示比较对象之间的差异,如速度的快慢、规模的大小、水平的高低,借以了解企业经营管理的成效以及存在的问题的一种分析方法。例如,将某科目不同期的余额或预算额进行比较,将报表中的实际指标与预算指标或上年同期指标进行比较,分析其增减变化,判断其是否合情合理、是否存在问题。比如,如果发现销售收入增长8%,销售成本则增长了14%,成本比收入增加得更快,这是不合常理的,应对此进行深入分析研究;又如,某企业的销售利润率为5%,而竞争对手的为8%,说明企业产品销售的竞争力相对较弱。

根据分析的目的和要求不同，主要有四种数据对比形式：①实际指标与预算指标对比；②本期指标与行业平均指标对比；③本期指标与上期或历史最好指标对比；④本期指标与主要竞争对手相关指标对比。

（二）比较分析法的数据解读

运用数据比较时，可用绝对数，也可用相对数进行对比。信息使用者需根据其研究的问题及最终要达到的目的来选择数据对比方法。

1. 绝对数比较

绝对数比较是将各有关财务报表数据和指标与比较对象进行比较，根据差异进行分析。绝对数比较分析一般通过编制比较财务报表进行，包括比较资产负债表和比较利润表。

比较资产负债表可以将两期或两期以上的资产负债表项目的绝对数予以并列，以直接观察资产、负债及所有者权益每一项目增减变化的绝对数。

比较利润表可以将两期或两期以上的利润表各有关项目的绝对数予以并列，直接分析利润表内每一项目的增减变化情况。也可进行单独项目的比较，如本期净利润与上期净利润对比，判断企业经营成果是否提高，实施相关政策是否有效等。

2. 相对数比较

相对数比较是将同一企业两个不同时期或不同企业相同时期的同类重要财务指标进行对比，观察其变动差异及变动幅度，据此来判断企业的管理成效。相对数指标用于不同企业之间的对比可以消除规模的影响，准确反映企业之间的差异。假设A公司的销售利润率为20%，B公司销售利润率为15%，在数据可比的条件下，两家公司在产品营销绩效方面的差异则一目了然。

（三）运用比较分析法的注意事项

在运用比较分析法时，要特别注意比较对象之间的可比性，即两者在内容、期间、计算口径、计价基础、总体性质等各方面必须具有一致性。比较是为了发现差异，找出问题，因此，正确选择比较对象也十分重要，否则不仅比较的结果毫无意义，还可能误导企业，产生不良的后果。通过比较分析，可以及时了解和掌握企业经营管理具有的优势、存在的问题、与其他企业的差异、在行业中的地位等，但是非持续数据或比率的对比还是难以准确判断一家公司财务状况、经营成果以及现金流量的变化趋势和变化规律。

三、趋势分析法

财务报表数据的比较是一种有用的方法，但是财务比率或数据的一贯性（长期性）分析也非常重要[①]。在评价一个企业财务经营的变化情况、预测其未来发展方向

---

① 马歇尔，麦克马纳斯，维勒.会计学：数字意味着什么[M].9版.于长春，沈洁，译.北京：人民邮电出版社，2016.

时，可以将企业的财务指标在连续的时间序列内进行比较。只有通过对在较长时间内的一组同类指标值或数据进行观察，才能从中发现事物或经济发展的规模和未来走势，才能得到更有意义的结论。

（一）趋势分析法的含义

在数据可比的条件下，趋势分析法也是一种比较分析法，这种方法是对连续数期财务报表数据进行对比，确定其增减变动的方向、数量和幅度，以说明企业财务状况和经营成果变动趋势，也称动态分析法。这种方法既可用来对财务报表整体进行分析，也可以对某些影响企业发展趋势的主要财务指标进行重点分析。

（二）趋势分析法的数据解读

1. 编制比较财务报表

比较财务报表是将连续数期的财务报表的金额或百分比并列起来，比较其相同指标的增减变动金额和幅度，据以判断企业财务状况和经营成果发展变化的一种方法。常见的比较财务报表有比较资产负债表和比较利润表。

(1) 按金额（绝对值）编制的比较财务报表。

在趋势分析法中，比较财务报表是比较企业连续几期财务报表的数据，分析财务报表中各个项目增减变化的金额，以判断企业财务状况的发展趋势。比较财务报表分析法是将连续若干期的财务报表并列放在一起进行比较。

(2) 按百分比编制的比较财务报表。

百分比比较财务报表是将财务报表中的各项数据用百分比来表示，以此来判断企业财务状况的发展趋势和发展速度。

(3) 财务报表项目构成的比较。

这是在比较财务报表的基础上发展而来的。它是以财务报表中的某个总体指标为基础，计算其各组成项目占该总体指标的百分比，然后比较各个项目百分比的增减变动，以此来判断有关财务活动的变化趋势。

对较大规模的企业，不仅要按金额编制比较财务报表，反映有关项目的增减变动金额，还要按百分比编制比较财务报表，反映有关项目的增减变动百分比，这样有助于更全面、综合地认识和评价企业。

2. 重要财务比率（指标）的比较

重要财务比率（指标）的比较是将企业连续几期的重要财务比率（指标）进行对比，分析企业财务状况的发展趋势。这种方法实际上是比率分析法与趋势分析法的结合，将相关财务比率（指标）在连续两个及以上的财务报表期间内进行比较分析。

（三）运用趋势分析法的注意事项

在运用趋势分析法时，需要特别注意一些事项，否则数据分析得出的结论很可能不具有实际意义，甚至产生误导。具体注意事项如下：

(1) 进行对比的各个时期的指标,在计算口径上必须一致。

(2) 要剔除财务报表中受到偶然性或意外性因素影响的数据,使分析数据能反映正常的经营状况。

(3) 研究数据应放在一个较长的时间区间内进行跟踪和分析,从而准确地判断未来的发展趋势和发展规律。

(4) 重点分析在一定时期内有显著变动的财务指标,以提高财务分析的效率。

四、杜邦分析法

单独评价或分析任何一项财务指标,都难以全面反映、评价企业的财务状况和经营成果,只有运用财务报表数据分析方法将反映企业营运能力、偿债能力、盈利能力和发展能力等各方面的指标纳入一个有机的整体中,才能全面地对企业的财务状况、经营成果等多方面的状况进行揭示和披露,从而得出总体判断和综合结论。总体分析并得出综合性的结论是杜邦分析法具有的突出特点。

(一) 杜邦分析法的含义

杜邦分析法是基于股东权益最大化管理思维的财务报表数据分析方法,它是利用几种主要的财务比率之间的关系来综合地分析企业的财务状况。这种分析方法最早由美国杜邦公司使用,故被称为杜邦分析法。杜邦分析法有助于企业管理层更加清晰地看到权益收益率的决定因素,以及销售净利润与总资产周转率、财务杠杆比率之间的关联关系,给管理层提供了一张明晰的考察公司资产管理效率以及股东投资回报率是否最大化的路线图。

(二) 杜邦分析法的数据解读

1. 杜邦分析指标体系及其关系

(1) 净资产收益率,也称股东权益报酬率、权益净利率,是一个综合性最强的财务报表数据分析指标,是杜邦分析系统的核心。

(2) 总资产净利率是影响权益净利率的最重要的指标,具有很强的综合性,而总资产净利率又取决于销售净利率和总资产周转率。总资产周转率反映总资产的周转速度。对总资产周转率分析时,需要对影响资产周转的各因素进行分析,以判断影响资产周转的主要问题在哪里。销售净利率反映销售收入的收益水平。扩大销售收入,降低成本费用是提高企业销售利润率的根本途径,同时也是提高资产周转率的必要条件和途径。

(3) 权益乘数表示企业的负债程度,反映了企业利用财务杠杆进行经营活动的程度。资产负债率高,权益乘数就大,这说明企业负债程度高,企业会有较多的杠杆利益,但风险也高;反之,资产负债率低,权益乘数就小,这说明企业负债程度低,企业会有较少的杠杆利益,但相应所承担的风险也低。

由此,杜邦分析体系关系式为:

净资产收益率＝总资产净利率×权益乘数

其中：　　资产净利率＝销售净利率×总资产周转率

因此：　净资产收益率＝销售净利率×总资产周转率×权益乘数

杜邦分析体系如图 3-1 所示。

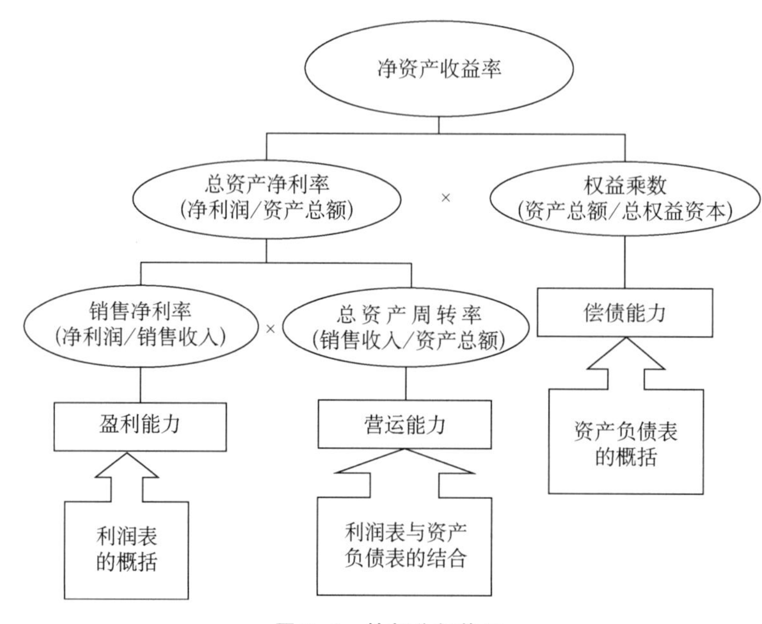

图 3-1　杜邦分析体系

2. 杜邦分析法的分析思路

杜邦分析体系中的三个关键指标实际上也是企业分析或改善净资产收益率的三条路径，这三个指标巧妙地将资产负债表和利润表紧密结合在一起进行分析；每条路径都是由上至下通过层层分解和分析，最后挖掘出影响该路径源头的基础性影响因素，然后对发现的问题提出针对性地改进措施，再由下至上层层推进，在未来的经营中不断优化管理，努力改善各指标数值，最终得到净资产收益率。如果这个净资产收益率较以前有所改善，说明企业的业绩有所提升，前期的经营管理战略实施是富有成效的。杜邦分析体系的建立为企业财务报表分析指明了方向，避免了财务管理的盲目性。杜邦分析体系及其分析路径如图 3-2 所示。

(三) 杜邦分析法运用的注意事项

杜邦分析法作为一种数据分析方法，使整体财务比率分析的层次更具条理性，不仅有助于财务分析者全面了解公司的经营业绩，而且有助于财务分析者更加清晰地分析净资产收益率的决定因素。但其缺陷也应引起分析者足够的重视，在运用杜邦分析法时，信息使用者应根据自身对数据信息的需求，在传统理论的基础上进一步完善分析体系，以提高数据分析结论的准确性。杜邦分析法运用的注意事项主要体现

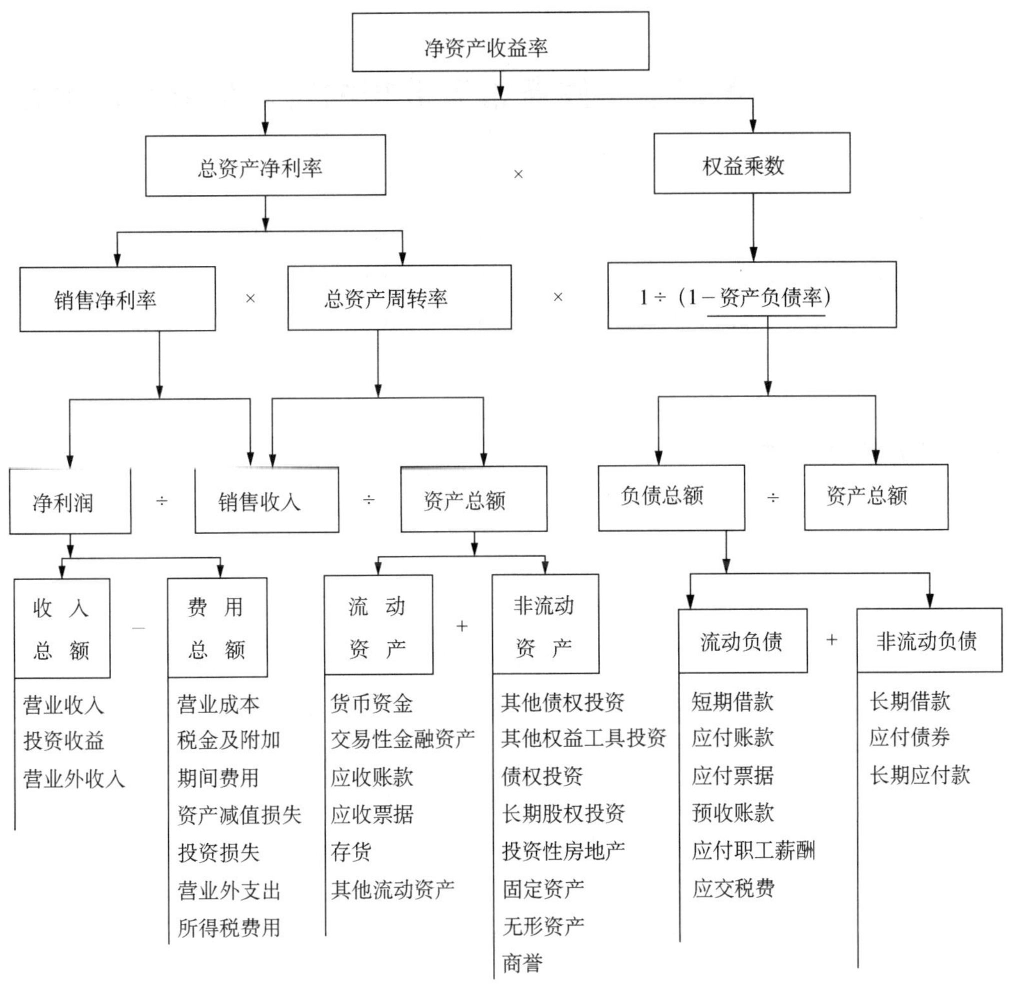

图 3-2 杜邦分析体系及其分析路径

以下四个方面：

（1）没有反映资产增长能力和企业发展能力。传统杜邦分析法关注的是企业的盈利能力、偿债能力和运营能力，并没有涉及发展能力相关评价。

（2）净利润和总资产指标不匹配。净利润是企业的各项收益扣除了成本费用后属于股东的部分，而总资产反映的不只是股东的，还有债权人等享有的权利，分子和分母口径不对等。

（3）销售净利率用于评价经营活动的获利能力，然而净利润不是全部由销售收入带来的，还包括非经营活动带来的利得。

（4）传统杜邦分析法的数据全部来自资产负债表和利润表，忽视了现金流量表中现金流量数据，而现金流量数据对于企业的财务分析是至关重要的。

第三节　财务报表数据的基本信息与局限性

财务报表主要包括资产负债表、利润表、现金流量表和所有者权益变动表，不同的财务报表承载着企业特定的财务数据，因而提供其特有的财务信息。在此仅对资产负债表和利润表所包含的信息进行简要阐述与说明，更多内容将在后续章节再作解释与分析。

一、资产负债表数据的基本信息

资产负债表列示的是资产、负债和所有者权益三个要素的数据信息，主要包括以下内容。

（一）企业资产规模和结构的信息

会计信息使用者根据资产负债表所提供的企业资产总额可以了解企业的资产规模，如是超大型企业，是大中型企业，还是小微企业；根据资产负债表提供的企业流动资产与非流动资产的数额及其各项资产的具体数额，可以分析和判断企业资产构成的合理性，如流动资产占全部资产的比重及其合理性、货币资金占流动资产的比重及其合理性。资产负债表中资产构成与分布体现了企业的行业特征，是企业经营活动过程中资源配置的结果，是企业经营发展战略的具体体现。

（二）企业权益构成和产权关系的信息

资产负债表提供各项负债、所有者权益的具体数额。通过这些信息，可以分析、判断企业融资结构与融资风险、资本结构与财务的稳定性（安全性）。比如，总负债占总资产的比例，反映了企业资产对债权人权益的保障程度；又如，流动负债占总负债的比例，反映了企业对流动负债的依赖程度，也说明了企业经营风险的大小；总负债与所有者权益之比，说明债权人的资本受到所有者权益的保障程度；而非流动负债与所有者权益的比例关系，则说明公司资本结构的风险及稳定性。

（三）企业偿债能力和财务风险的信息

利用资产负债表所提供的资产与负债的信息，可以分析、判断企业的偿债能力。企业的偿债能力包括长期偿债能力与短期偿债能力。比如，总负债与总资产之比，反映了企业偿还债务的能力，该比例越低，企业偿债能力强，财务风险越低，即破产的风险越低，反之则偿债能力越弱，财务风险越高，即破产风险越高；又如，流动资产与流动负债之比，反映了公司短期资产的流动性，该比例越大，说明流动资产的变现能力越强，短期债务的清偿有足够变现的资产作为保障。

二、利润表数据的信息含量

利润表列示的是收入、费用和利润三个会计要素的数据信息，主要包括以下内容。

（一）企业利润绝对指标及其构成信息

利润表直观地提供了企业在某一个会计期间各种经营的成效的绝对值指标，如营业利润、利润总额以及净利润额等信息，直接地反映企业财富增长的规模。通过净利润的实现情况，据以判断企业资本保值、增值情况；通过利润总额可以判断企业全部经营活动的成效；营业利润则是企业一定时期获得利润中最主要、最稳定的，通过该项目的数额可判断企业最基本经营活动的成果。同时，将相邻的若干期间的利润表提供的相关利润数据进行比较分析，可以预测企业利润的发展趋势，判断其获利能力。

（二）企业收入及其结构的信息

利润表提供企业在一定会计期间所取得的营业收入的数额，包括主营业务收入和其他业务收入数额。将营业收入与以前各期或与其他同类企业进行对比，可了解营业收入增长量及增长幅度，判断经营的状况与发展趋势。

（三）企业成本费用及其结构的信息

利润表提供企业在一定会计期间的营业成本、各种期间费用、损失等相关信息。信息使用者可以据此确定企业的费用水平，判断企业成本费用管理水平；将各项成本费用与以前各期或与其他同类企业比较，可了解成本费用变化及其变动幅度，以判断企业费用的变动趋势以及变动的合理性。

（四）企业经营成果的信息

将利润表提供的利润数额与其收入数额、成本费用比较，可判断经营成果和投入产出的效率。

将资产负债表与利润表结合起来还可提供如下信息：

（1）企业获利能力的信息。将利润表提供的利润与资产负债表提供的资产、净资产、实收资本等数据比较，可以更加全面地评价企业的经营业绩，准确地判断企业的获利能力。

（2）企业偿债能力的信息。企业的偿债能力不仅取决于资产的流动性和资本结构，也取决于获利能力。企业在个别年份获利能力不足，不一定影响偿债能力，但若一家企业长期丧失获利能力，则资产的流动性必然由好转坏，资本结构也将逐渐由优变劣，陷入资不抵债的困境。利润表本身并不提供偿债能力的信息，必须将利润表与资产负债表信息结合起来，如根据利润表计算的销售利润率、资产净利率等反映企业盈利能力水平的信息，以及资产负债表计算的流动比率、速动比率、资产负债率等反映企业长期和短期债务保障性的信息，综合分析判断企业的债务偿还能力。

三、财务报表数据的局限性

正确认识财务报表数据的局限性，有助于信息使用者采取有效的措施弥补报表数据的不足，增强决策的科学性，避免由于对财务报表数据过度依赖而造成的决策失误，以及由此导致的经济损失等不利事项发生。财务报表数据的局限性归纳起来主要有五个方面。

（一）财务数据披露不全面，缺乏非货币化信息

财务报表列示的是货币化的数据信息，不包含非货币以及其他数据信息。但是经济决策不仅需要货币化数据信息，也需要非货币化数据以及非数量化信息。例如，专业的管理团队和高科技人才对企业的价值没有反映在资产负债表上，因为他们无法被客观地衡量。随着知识经济的到来，人力资源投资的社会效益和预期收益远远高于物质投资。现有的财务报表是建立在传统的会计体制下，企业投资于人力方面的支出，不管金额多大，一律作为当期费用，而不是作为资产进行核算，使资产负债表和利润表的数字失真。这样很容易给报表使用者传递一种假象，越重视科技开发和人力资源的企业当期收益越少，获利能力越差，这显然不符合实际情况。

（二）主要反映历史事项，缺少前瞻性和预测性信息

财务报表报告的是企业已经发生的交易或事项，不包括企业现在和未来将要发生的交易或事项，因此，普遍缺少前瞻性信息和预测性信息，而许多信息使用者需要的恰恰是企业的前景状况。目前的财务报表历史信息虽然在一定程度上可以预示未来，但决不能等同于代表未来。财务报表列示的数据是按照会计准则要求形成的数据，通常称为会计数据，或者是账面价值，并不一定反映企业各种财产物资的实际或真实价值。例如，固定资产按历史成本计量，它始终记录的是该资产在过去某一时点购建时的成本，并不是其现实价值。虽然有些资产采用成本与市价孰低列示，或是对资产的市场价值进行附加说明，但资产的价值并没有增加以反映其当前的价值。因此必须基于历史数据的分析对企业未来各方面进行预测，信息使用者正是根据分析产生的一系列财务预测数据进行相关决策的。

（三）会计估计和人为判断，导致数据的主观性较强

由于会计核算方法的使用具有很大的选择性，会计业务的处理需要人为判断和估计，如固定资产的折旧方法的选择，折旧年限、折旧率、净残值率这些会计事项的处理都需要会计人员做出估计。一方面，这种特有的处理方式被某些企业管理层滥用，就会造成财务报表数据失真或造假；另一方面，选择和估计的准确性或是恰当性均受到财务人员业务素质及判断力的影响。无论是何种情形发生，都必将影响到企业财务报表数据的可靠性。

（四）未考虑通货膨胀因素，影响财务报表数据的可靠性

会计的货币计量属性使得财务报表数据在物价变动时，或发生通货膨胀时往往会导致会计信息失真，从而导致报表使用者决策失误。一是通货膨胀影响资产负债数据的可靠性。对货币性资产而言，当物价上涨时，其实际购买力下降；实物资产的情况则相反。从负债方面来看，货币性负债在物价上升时可为企业带来利润；而非货币性负债由于需要在将来以商品或劳务偿还，物价上涨时会给企业造成损失。二是通货膨胀影响着利润表数据的可靠性。在会计核算中，企业损益的确定是按照权责发生制原则，而不是收付实现制，这样损益也不可避免地会受到通货膨胀的影响。

（五）未反映机会成本，造成有效决策的财务信息不足

机会成本是一个经济学概念，指的是由于丧失了某种获取收益的机会而遭受的损失。机会成本是隐性成本，并没有发生实际的支出或费用，不能反映在财务报表上，它与会计记录核算的实际支出的显性成本相比，不易为人们所觉察。以货币计量的历史成本，不能反映非货币的财务信息，也没有将机会成本纳入报表中进行反映，而机会成本往往是财务报表使用者做出决策必须考虑的重要因素之一。

本章小结

财务报表数据具有得天独厚的优势。财务报表数据对未来具有预测价值、可靠度更高、集中度更高、信息披露更及时、信息内容更完整、信息获取更便宜、信息更直接关联利益相关者。财务报表数据也存在固有的缺陷：数据披露不全面；主要反映企业历史事项；提供的数据主要是账面价值；未反映机会成本，也未考虑通货膨胀因素；较多的会计估计和人为判断，因此数据的主观性较强，真实性受到影响。

会计信息需求者（或称会计信息使用者）众多，他们对会计信息的需求是有差别的。投资者为了解决信息不对称问题，有两类基本的会计信息需求，即有关企业未来业绩和风险的信息，以及与经理努力程度高度相关的业绩衡量信息。债权人主要关注企业偿还债务资金的能力，如企业是否有条件和能力支付利息、提供给企业的资金有无重大风险。政府是国民经济宏观调控者和经济政策的制定者，各管理部门都从各自的管理需要去收集并分析包括会计信息在内的相关信息，旨在充分、有效地行使其管理职能。企业管理者的信息需求相对其他需求者更加全面，其既要关注与投资者、债权人相关的会计信息，也要关注与政府行政管理部门相关的会计信息，还要关注影响职工、客户、供应商等决策的会计信息。企业内部职工需要清楚地了解企业的会计信息，以更好地维护自己的合法权益。社会中介机构通过对财务报表数据分析作出职业判断，给出分析评价结论。

常用的财务报表数据分析方法有四种：比率分析法、比较分析法、趋势分析法和杜邦分析法。数据分析方法各有优劣，方法的运用并没有约定俗成的规定。常见的

财务比率有三类：获利能力比率、偿债能力比率和营运能力比率。获利能力比率主要包括资产报酬(收益)率、股东权益报酬率、销售利润率、成本费用利润率、每股利润、每股净资产等。偿债能力比率主要包括流动比率、速动比率、资产负债率和负债权益比率等。营运能力比率主要包括总资产周转率、应收账款周转率和存货周转率。

财务报表主要由资产负债表、利润表、现金流量表和所有者权益变动表构成。不同的报表承载着企业特定的财务数据。资产负债表主要提供企业在一个会计时点企业资产规模和结构、权益构成和产权关系、偿债能力的信息；利润表主要提供企业在一个会计期间利润绝对指标及其构成信息、收入及其结构、成本费用及其结构，以及经营成果的信息。

关键术语

资产负债表　利润表　信息使用者　比率分析法　比较分析法　趋势分析法　比较财务报表　获利能力　偿债能力　营运能力　销售利润率　资产报酬率　股东权益报酬率　成本费用利润率　每股净资产　每股利润　流动比率　速动比率　资产负债率　负债权益比　应收账款周转率　存货周转率　总资产周转率　杜邦分析法

思考题

1. 财务报表数有何优势和局限性？了解财务报表数据局限性的意义何在？
2. 简述财务报表数据的主要需求者及其所需信息。
3. 什么是比率分析法？简述比率分析法的作用与不足。
4. 简要解释主要的财务比率的概念及运用。
5. 什么是比较分析法？为什么说有比较才有鉴别？请说明运用比较分析法的注意事项。
6. 什么是趋势分析法？为什么说数据的趋势分析往往比数据本身更具有意义？
7. 什么是杜邦分析法？简述杜邦分析法的基本功能和主要缺陷。
8. 资产负债表数据提供哪些基本的财务信息？
9. 利润表数据提供哪些基本的财务信息？
10. 财务报表能反映经济活动的全貌吗？请举例作出解释。

计算分析题

南湖电器股份有限公司 2020 年 12 月 31 日资产负债表(简表)如表 3-5 所示。

表 3-5 资产负债表(简表)

会企 01 表

编制单位:南湖电器股份有限公司　　2020 年 12 月 31 日　　单位:元

资产	期末数	负债及所有者权益	期末数
货币资金	25 000	应付账款	67 000
应收账款	43 000	应交税费	25 000
存货	70 000	长期借款	124 000
固定资产	294 000	实收资本	300 000
		未分配利润	−84 000
总计	432 000	总计	432 000

假设期初存货=期末存货,期初应收账款为 40 000 元,本期销售成本为 315 000 元,销售净收入为 425 000 元。

要求:根据上述资料,计算流动比率、速动比率、存货周转率及周转天数、应收账款周转率及周转天数、资产负债率、负债权益比和权益乘数。

案例讨论题

A 公司是一家上市 10 年的制造业公司,2020 年财务报表显示其财务状况良好,盈利能力较强。为了进一步加大对产品的研发力度,提高产品的科技含量,增强公司在国内外市场的竞争力,A 公司需要对外筹借资金。A 公司计划向当地工商银行借款 5 000 万元作为下一年度的研发投入,已于本月月初向工商银行提交贷款申请。如果你是工商银行信贷部门的工作人员并负责 A 公司借款审核事宜,请结合本章学习内容,试说明需要获取哪些信息以作出是否提供 A 公司贷款的决定。

第四章　企业经济活动与会计要素

学习目标

1. 了解企业经济活动与资金运动的关系
2. 理解制造业企业资金运动的基本过程和特点
3. 掌握会计要素的构成
4. 掌握交易或事项的含义、分类和记录
5. 了解交易或事项对财务报表的影响
6. 理解会计等式的恒等性

第一节　企业经济活动与资金运动

一、会计视角下的企业经济活动

(一) 企业经济活动的基本内容

企业的经济活动按其性质可以分为三类:经营活动、投资活动和筹资活动。

经营活动,是指企业所进行的原材料采购、产品的生产与销售或者商品的购进与销售以及与此相关的活动,包括生产产品、销售商品或提供劳务、购买材料或商品或者接受劳务、支付工资以及其他费用、缴纳各项税款等。

投资活动,是指为了获得预期收益或其他经营目的,将资金或实物直接或间接地投放于企业生产经营活动的一项重要的经济活动,主要指企业长期资产的购建活动,包括实物资产投资,也包括金融资产投资。前者是为了满足企业生产经营的需要在固定资产、无形资产、在建工程等方面的投资,后者是基于获利目的而持有其他企业的股权或债权等,如购买其他公司发行的股票或债券。

筹资活动，即为企业的融资活动，是指导致企业资本及债务规模和构成发生变化的活动，包括股权融资和债务融资。前者是指通过吸收投资、发行股票等方式吸纳投资者的资金，后者是指对外举债，如从银行取得贷款、发行企业债券等方式吸纳债权人的资金。当一个公司在本期实现的利润减少的情况下向投资者分配或者不分配利润，实际上就相当于在向投资者筹集资金，所以，利润的分配活动也属于公司的筹资活动。

以上三大经济活动中，经营活动是企业主要的经济活动，筹资活动是企业经营活动得以持续、有序进行的基本保证，投资活动则是企业整个生产经营活动得以展开的中心环节。

（二）制造业企业经济活动的基本特征

制造业企业，是指对采掘的自然物质和工农业生产的原材料进行加工和再加工，为国民经济其他部门提供生产资料，为全社会提供日用消费品的生产部门。简单地说，制造业企业的生产经营活动由相互关联的供应、生产和销售三个过程构成。在供应过程中，企业根据生产要求采购所需原材料等消耗性物资，通过挑选整理存放于仓库保存，以备产品生产使用。在生产过程中，企业根据所生产产品的品种、工艺及生产进度等要求领用原材料等物资投入生产，生产人员按照具体生产要求将原材料等物资在机器设备等生产工具中进行加工。当产品生产加工完成后，完工产品经过质检合格交存仓库，以待销售。在销售过程中，企业将仓库中的待售产品对外出售，收回成本，实现销售收入，获取必要的利润，从而实现生产经营目标。企业经营活动从供应过程，到生产过程，再到销售过程是一个不断循环往复的过程。制造业企业经营活动流程如图 4-1 所示。

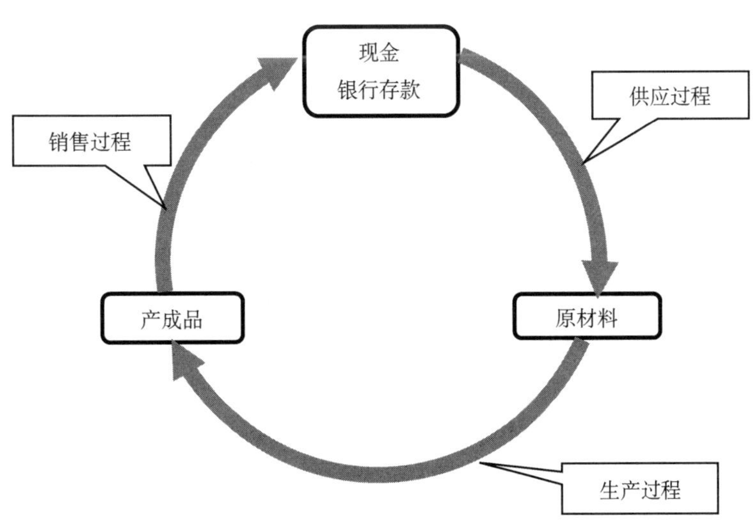

图 4-1　制造业企业经营活动流程

二、制造业企业的资金运动

（一）制造业企业资金运动的基本过程

对企业而言，其经营活动就是创造财富的过程，制造业企业也不例外。制造业企业创造财富是通过其生产经营活动来完成的。企业开展生产经营活动的最终目标是实现资源的增值，因而企业在整个生产经营过程中要优化资源的配置，提高各种资源（资金）的使用效率从而实现财富的创造。而这种财富的创造具体体现在制造业企业的供应过程、生产过程和销售过程等环节之中。企业的经营活动与资金运动相辅相成，在每一个生产经营环节中都伴随着资金形态的变化，即资金由一种形态转变为另一种形态，称作资金运动。例如，在供应过程中，为生产产品购买原材料，企业的资金由货币资金转变为储备资金（原材料）；在销售过程中，将产品出售，成品资金（产成品）转变为货币资金（银行存款）或应收账款（结算资金）。制造业企业生产经营过程与资金运动如图 4-2 所示。

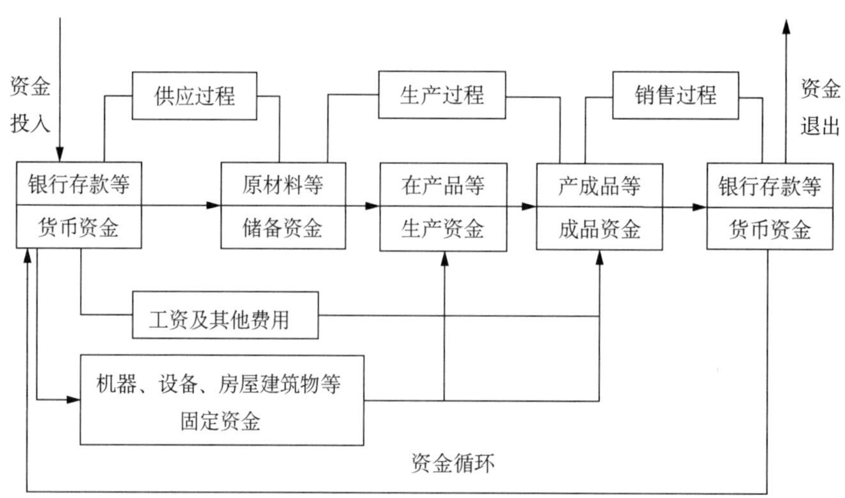

图 4-2　制造业企业生产经营活动与资金运动

（二）制造业企业资金运动的特点

制造业企业资金运动与其他类型的企业不同，其资金运动具有以下四方面的特点：

1. 资金运动具有明显的关联性

制造业企业资金运动的关联性的主要表现：

一是企业不同来源、不同功效的资金及其变动具有内在联系。比如，企业从投资者和债权人处获得的资金，可以同时流入企业的经营活动或投资活动，如一部分资金购买原材料，另一部分资金购买金融性资产；企业从经营活动收回的新资金也可以对外参与投资活动或者用来清偿各种到期债务。

二是企业不同性质与特征的资金，往往具有因果联系。企业的生产经营过程是随着经济活动顺序推进的，上一项经济活动未完成，就无法开展下一项经济活动，资金就始终保持原有的形态。比如，就企业生产经营过程而言，企业的货币资金（现金、银行存款等）随着采购业务的完成而转化为储备资金（原材料等），原材料、人工、机器等费用的发生导致生产资金（在产品）形成，随着在产品的完工，生产资金就转化为成品资金（产成品），最后将合格的产品对外销售取得收入，从而实现成品资金复归为货币资金，企业又开始下一轮的经营活动。

2. 资金流转（运动）具有既定的秩序

企业经济活动本身的内在联系决定了其资金流转的有序性。比如，随着制造业企业生产经营过程的不断推进，必然使得其资金流转按“货币资金—储备资金—生产资金—成品资金—货币资金”的次序进行，每一个运动节点均不可省略，顺序不可打乱，并且这一资金运动过程具有不可逆性。

3. 资金形态具有空间上的并存性和时间上的继起性

企业的资金不仅在空间上同时并存于货币资金、储备资金、生产资金、成品资金等资金形态，而且在时间上要求各种资金形态相继地通过各自的循环。每一种资金在同一时间里不能“身兼二职”，每一种资金只有完成一个阶段的职能，才能转变为下一种资金形态，而这种资金形态的转变是依次通过资金循环的各个阶段连续不断地进行的。如果全部资金都保持货币资金形态，企业生产经营过程就会中断；在生产经营过程中，如果货币资金不完成其职能，就不会出现新的资金形态，只有一种资金形态结束，另一种新的资金形态才会产生。因此，保持各种资金形态的合理配置和资金周转的顺畅，是企业生产经营活动持续进行的必要条件。

4. 企业资金运动具有持续增值性

企业经济活动本身的目的决定了其资金运动具有增值的特征。从企业生产经营过程看，企业从购入生产用原材料到销售完工产品，其目的在于使“产出”大于相应的“投入”，从而获得盈利；从企业投资活动看，企业外购股票、债券或基金后出售转让，也是期望卖出价高于买入价而获得投资收益。通常企业完成一次生产经营过程，资产就会产生一次增值，而企业的生产经营过程不断地周而复始，因此，企业资产的增值是在其持续的经营活动中、伴随着其资金循环往复的流转而实现的。

（三）制造业企业不同阶段经营及其核算的特点

不同的生产经营阶段有其特定的生产经营活动内容，对应着特定的资金运动形式和资金形态，由此也决定了企业各个经营阶段会计核算的特点。在企业依次完成了准备、生产和销售三个生产经营过程后，其实现的全部价值量首先用于弥补生产经营过程的生产耗费、支付借款利息、缴纳税金，最后剩余的净收益需要进行合理分配，企业可留存一部分用于其未来发展，还有一部分则可用于支付投资者股利或利润。可见，企业实现的全部价值量一部分继续参与企业的生产经营活动，以保障生产经营活动的持续进行，另一部分伴随资金对外支付而永久退出企业。净收益的分配也是企业经营活动的一个重要组成部分，被称为利润分配或分配过程。制造业企业各阶段经营活动、资金运动及其核算特点如表 4-1 所示。

表 4-1　制造业企业各阶段的经营活动、资金运动及其核算特点①

生产经营阶段	准备过程	生产过程	销售过程	分配过程
生产中的地位	生产准备	中心环节	价值实现	收益分配
经济活动的内容	购买物资形成储备	劳动者利用劳动资料对劳动对象进行加工	实现收入补偿耗费	利润形成与分配
资金运动表现形式	G—W	W—P—W′	W′—G′	退出
资金形态变化	货币资金—储备资金	生产资金—成品资金—产品资金	产品资金—货币资金	退出

第二节　会计要素

企业的资金运动是由其经济活动引起的，即经营、投资和筹资三大经济活动。会计核算的对象是企业的经济活动内含的资金运动。然而，企业的资金运动种类繁多，十分复杂，因此，为了更好地把握资金运动的基本规律，使看似复杂的内容条理化、系统化，需要对企业资金运动进行科学分类。会计要素就是根据企业资金运动的基本规律所作的一种基本分类。它是从会计角度对企业经济活动具体内容进行科学分类的一种结果。简而言之，会计要素是根据会计对象的经济特征所作的基本分类，是会计对象的具体化。

会计的基本目标是为信息使用者提供会计信息。企业向各方提供会计信息的工具或会计信息的载体主要是财务报表，企业编制财务报表的依据是日常会计核算资料，这就要求财务报表所反映的内容及其基本分类，应与企业日常会计核算保持一致；而日常会计核算对经济活动内容的分类，也应满足编制财务报表的要求。因此，会计要素既是会计核算内容的基本分类，也是财务报表的基本构成要素，所以会计上，会计要素也称作财务报表要素。

一、会计要素的形成

世界上任何事物的运动都有两种状态，一种是相对的静止，另一种是绝对的运动，企业资金运动也不例外。企业的资金在某一个时点瞬间以一种形态或数量存在，因此，“静止是相对的”。但是从一个接一个连续的时间过程来看，资金运动不会停止，它总是处于不断变化之中，企业资金运动是“绝对的”，即企业的资金在内容或形

① 胡玉明.会计学：经理人员视角[M].2 版.北京：中国人民大学出版社，2017.

态以及数量上都不断发生增减变化。

（一）资产、负债和所有者权益的形成

对一个特定制造业企业而言，其生产经营活动的开展必须具备一定量的资金，资金有不同的形态。这些形态各异的资金被称为“经济资源”，如现金、银行存款、存货、机器设备、厂房等固定资产，专利权、商标权等无形资产。这些不同形态的经济资源又被定义为“资产”，在企业未来经营期间，资产能给其带来经济利益。企业在一个特定时点拥有或控制一定的经济资源，这些经济资源都是有其明确来源的。通常企业的经济资源有两种来源渠道，一是投资者投入，二是通过举债取得。从理论上说，企业的经济资源首先由投资者投入，这部分投入资金的产权归属于投资者，投资者对其投入的资金具有要求权，这种要求权被称为“所有者权益”。除所有者投资外，企业还可通过举债获得资金，这部分资金的产权则归属于债权人，债权人对其也具有相应的权益，会计上称作“债权人权益”或“负债”。可见，资产、负债和所有者权益是说明特定日期资金状况的三个基本要素。由于它们始终是反映企业一个相对静止状态的经济资源、负债、所有者权益的数量及构成，因此，将这三个要素称为“静态会计要素”；如实反映企业在某个会计时点的财务状况是资产负债表的职能，因而资产、负债和所有者权益又被称为资产负债表要素。资产、负债和所有者权益的形成如图 4-3 所示。

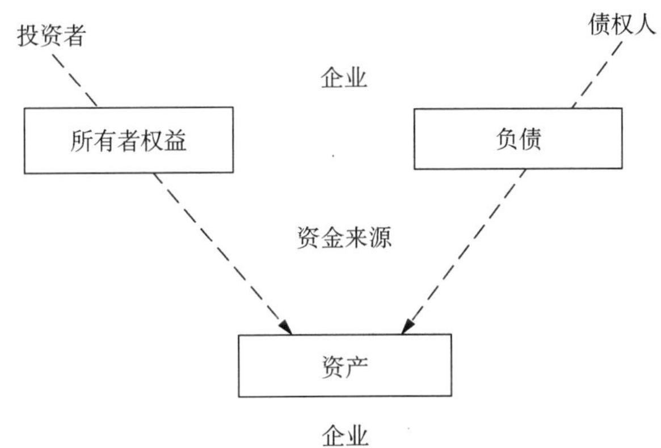

图 4-3　资产、负债和所有者权益的形成

（二）收入、费用和利润的形成

筹集了足够的资金，企业就可以开展生产经营活动。企业将资金投入生产经营活动后，资金的内容或形态以及数量都会随着各项具体的经营活动不断发生变化。如在企业经营活动过程中，货币资金从耗用开始，依次转化为原材料储备资金、生产资金和产品资金。这一过程的特点是，必须消耗一定数量的现金和非现金资产，才能生产出合格的产品。因此，产品生产过程，即在供应过程到生产过程中，企业以消耗“人力、物力和财力”为主，也称作“投入”。企业生产产品的目的，或者说“投入”的目的是满足广大消费者的生活需求，同时将产品销售出去获得回报。在产品销售过程

中，企业在耗用一定数量和价值的产品的基础上，以高于产品消耗的价格取得收入并收回相应的资产，这一过程也可称作企业“产出”过程。会计上，将企业基于获利目的而发生的现金、材料、产品等消耗称为“费用”；将在销售过程中通过销售产品等而获得的现金资产称为“收入”；将收入与费用的差额称为“利润”。因此，收入、费用和利润成为说明企业在一定期间经营过程及其结果的三个基本要素。由于这三个要素是反映企业在一个时期内的资源耗费、收入和经营成果的数量，因此，将这三个要素称为“动态会计要素”；如实反映企业在会计期间的经营成果是利润表的职能，因而收入、费用和利润又被称为利润表要素。收入、费用和利润的形成如图 4-4 所示。

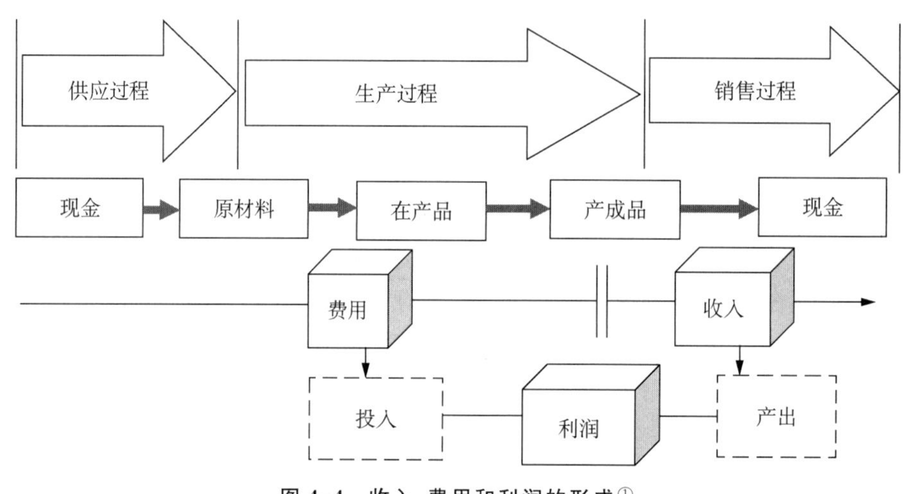

图 4-4 收入、费用和利润的形成①

二、资产负债表要素

资产负债表是根据三个静态会计要素的数据编制的，因此，资产、负债和所有者权益这三个要素，被称为资产负债表要素。

（一）资产的构成

资产是企业开展经营活动的必备资源，包括各种财产、债权和其他权利，如货币资金、应收账款、固定资产、无形资产。

在资产负债表中，资产按流动性排列，依次为货币资金、交易性金融资产、应收及预付款项、存货、长期股权投资、固定资产、无形资产和其他资产。通常的划分方法是将其按变现或耗用时间长短划分为流动资产和非流动资产。

1. 流动资产

流动资产，是指可以在 1 年内或者超过 1 年的一个营业周期内变现或者耗用的资产，包括库存现金、银行存款、交易性金融资产、应收及预付款项、存货等。

流动资产具有以特点：

① 唐国平.会计学原理[M].3 版.北京：中国财政经济出版社，2016.

(1) 占用形态具有变动性,数量具有波动性,来源具有灵活多样性。

(2) 预计在一个正常营业周期中变现、出售或耗用。

(3) 主要为交易目的而持有。

(4) 预计在资产负债表日起 1 年内(含 1 年,下同)变现。

2. 非流动资产

非流动资产,是指流动资产以外的资产,不能在 1 年或者超过 1 年的一个营业周期内变现、出售或者耗用的资产,主要包括债权投资、其他债权投资、长期应收款、长期股权投资、投资性房地产、固定资产、在建工程、无形资产、长期待摊费用等。

非流动资产是相对于流动资产而言的,它具有以下特点:

(1) 占用资金多,周转速度慢,变现能力相对较差。

(2) 多次参加企业的生产经营活动。

(3) 持有的主要目的不是交易。

(4) 其价值是通过折旧、摊销等形式分期进入各期的费用(不是一次性消耗和转移)。

流动资产相对非流动资产变现能力更强,周转更快,流动资产比例高的企业财务风险较低,但获利性较差,可见两者各有所长。但是流动资产与非流动资产的比例没有一个固定值,不同企业其比例关系不同,相同企业在不同时间点的比例也有差异。流动资产和非流动资产比例的确定与企业经营战略密切相关,资产负债表中形成的比例则是企业在经营过程中资源配置的结果。

资产的构成如图 4-5 所示。

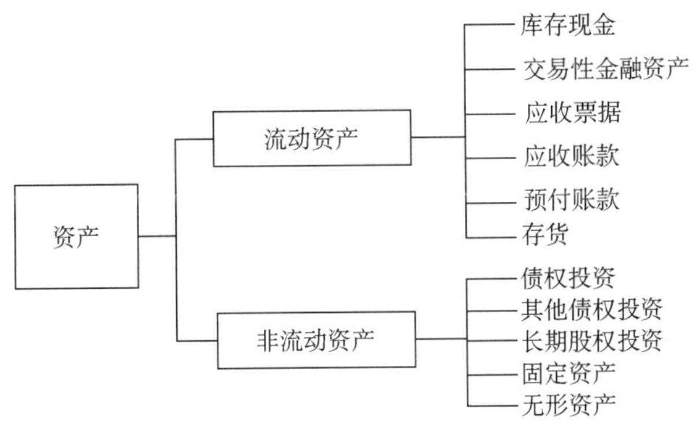

图 4-5 资产的构成

会计上能否确认一项资产,很重要的一个判断标准是看该项资源是否为本单位所拥有或能够控制,以划清自己的资产和别人的资产的界限。比如,以短期或低价值租赁方式租入的资产就不是本企业的资产,因为这不是本企业所拥有或控制的,但采取非短期租赁方式租入的固定资产则作为本企业的使用权资产列示在资产项目中,尽管本企业对该资产不拥有所有权,但是拥有控制权。另外,还要看该项资源能否为单位带来经济利益,凡不能带来经济利益的资源不能确认为资产。比如,已经报废的机器设备,已不能为单位带来经济利益,就不能在会计上确认为资产。

（二）负债的构成

负债是企业经济资源的来源之一，不同资金来源形成不同的产权关系，企业以举债方式形成的资产，其财产权利归属于企业债权人。

负债一般按其偿还速度或偿还时间的长短划分为流动负债和非流动负债两类：

1. 流动负债

流动负债，是指将在1年或超过1年的一个营业周期内偿还的债务，主要包括短期借款、应付票据、应付账款、预收账款、应付职工薪酬、应交税费、其他应付款等。

流动负债具有以下特点：

（1）偿还期短，预计在一个正常营业周期内清偿。

（2）举借的目的是满足经营周转资金或者临时性的需要。

（3）数额相对较小。

（4）通常需要以企业的流动资产来偿付。

2. 非流动负债

流动负债以外的负债为非流动负债，一般是指偿还期在1年或超过1年的一个营业周期以上的债务，包括长期借款、应付债券、长期应付款等。

非流动负债具有以下特点：

（1）偿还的期限较长，一般超过1年或者一个营业周期以上。

（2）举借是企业为筹集长期投资项目所需资金而发生的。

（3）数额相对较大。

（4）偿还方式多样化。

类似于流动资产和非流动资产的关系，流动负债和非流动负债之间的比例也没有一个固定值。相对非流动负债，流动负债偿还期短，流动负债占比高的企业经营压力和财务风险较大。流动负债与非流动负债之间的结构也与企业经济发展战略密切相关，资产负债表中形成的比例关系是企业整体经营战略实施的结果。

负债的构成如图4-6所示。

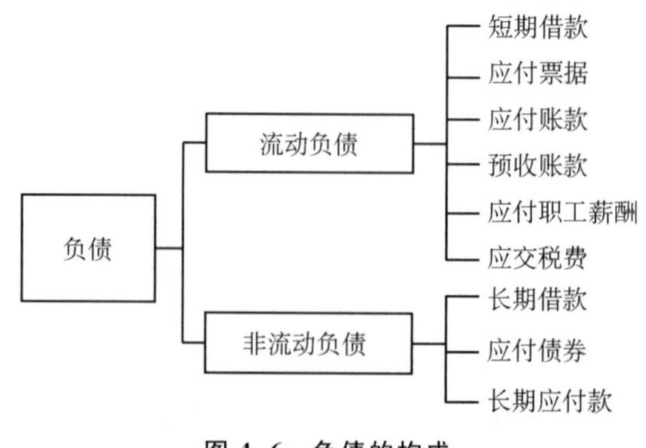

图4-6　负债的构成

（三）所有者权益的构成

所有者权益是企业获得资金的一种不可或缺的重要来源，它是一个会计主体在一定时期所拥有或可控制的具有未来经济利益的资源的净额。公司的所有者权益又称作股东权益，是所有者对企业资产的剩余索取权。这种剩余权益既可反映所有者投入资本的保值增值情况，又体现了保护债权人权益的理念。

所有者权益按其来源主要包括所有者投入的资本、直接计入所有者权益的利得和损失、留存收益等。

1. 所有者投入的资本

所有者投入的资本，是指所有者投入企业的资本部分，它既包括构成企业注册资本或者股本的金额，也包括投入资本超过注册资本或股本部分的金额，即资本溢价或股本溢价，这部分投入资本作为资本公积（资本溢价）反映。所有者投入资本由实收资本（或股本）和资本公积两个项目构成。

2. 直接计入所有者权益的利得和损失

直接计入所有者权益的利得和损失，是指企业根据会计准则未在当期损益中确认的各项利得和损失。与当期损益有关的各项利得和损失，属于直接计入当期损益的利得和损失，通常计入营业外收支项目。

3. 留存收益

留存收益，是指企业从历年实现的利润中提取或形成的留存于企业的内部积累，包括盈余公积和未分配利润两个项目。

所有者权益的构成如图 4-7 所示。

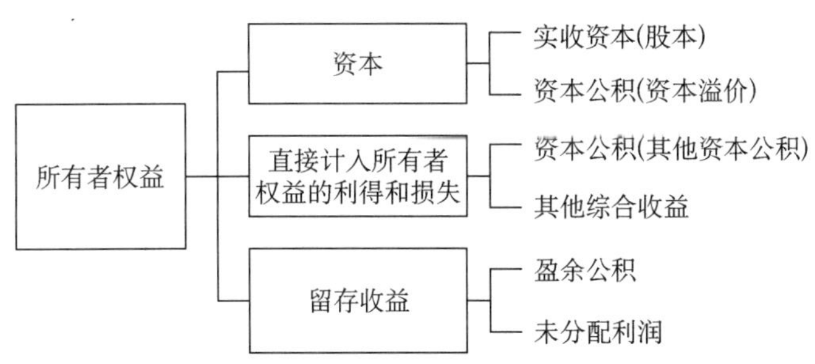

图 4-7　所有者权益的构成

负债与所有者权益是企业资金（资产）来源的两大途径，反映企业的融资结构。两者的比例关系同样没有一个固定值。对企业而言，两者都是企业可使用的资金，但负债意味着风险义务，所有者权益意味着法定责任，其结构关系与企业资产配置战略密切相关。例如，资产抵押的企业，其负债较多；拥有较多流动资产的企业，更多地依赖流动负债筹资。

三、利润表要素

利润表是根据收入、费用和利润三个动态会计要素的信息为重要基础编制的，因此，这三个要素也被称为利润表要素。但是值得注意的是，利润表中所列示的收入和费用比现行制度中定义的收入和费用涵盖的内容更广泛。利润表中的收入包含利得，即企业日常经营活动以外的经济活动带来的经济利益流入；费用则包含损失，即企业日常经营活动以外的经济活动导致的经济利益流出。

（一）收入的构成

收入是企业生产经营活动的结果。收入有广义和狭义之分，广义收入将企业日常活动和其他经济活动形成的经济利益流入均视为收入；狭义收入则将收入限定在企业日常活动所形成的经济利益总流入。广义收入与狭义收入的关系如图 4-8 所示。

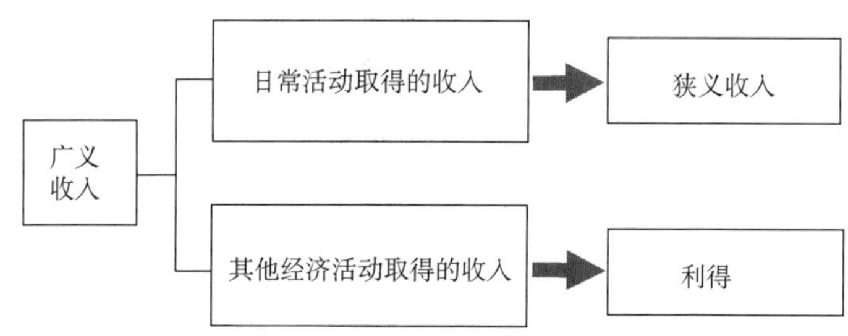

图 4-8　广义收入与狭义收入的关系

我国现行制度采用的是狭义的收入概念。收入按企业从事日常活动的性质不同，分为销售商品收入、提供劳务收入和让渡资产使用权收入。

收入按企业经营业务的主次不同，分为主营业务收入和其他业务收入。

主营业务收入，是指企业为完成其经营目标所从事的经常性活动所实现的收入。制造业企业主营业务收入就是销售产品和相关服务获得的营业额，如格力电器的主营业务收入包括空调、生活电器、智能装备和其他主营业务收入。

其他业务收入，是指企业为完成其经营目标所从事的与经常性活动相关的活动实现的收入，如制造业企业销售多余材料的收入、固定资产出租收入等。

主营业务收入与其他业务收入的区别就是企业经营收入的“主”与“次”之分，前者是企业主要经营目标实现的收入，其收入量在整个营业收入中占比较高，后者则是副业收入，虽与经营活动相关，但其收入量在整个营业收入中占比较低。因此，它们是相对的概念，不是一成不变的，在一定条件下可以相互转化。某一个企业，由于调整经营战略，原有的主业转变为副业，这样主营业务收入和其他业务收入核算的业务内容就会由此发生改变。

收入的构成如图 4-9 所示。

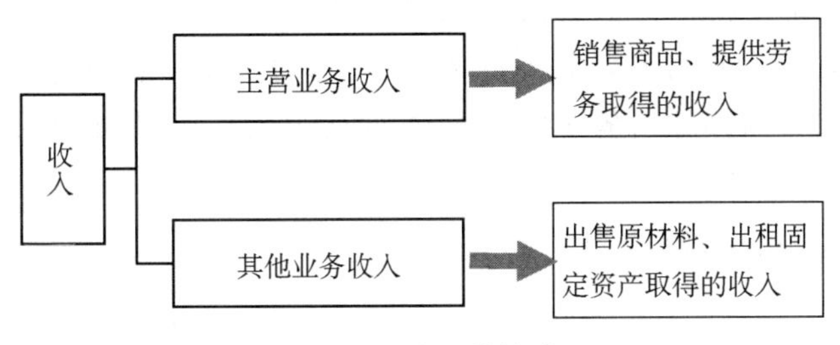

图 4-9　收入的构成

（二）费用的构成

费用是企业开展经营活动的耗费，即为取得收入所付出的“代价”。它与收入相对应，因此，费用也分广义与狭义的概念。广义的费用将企业日常活动和非日常活动所导致的经济利益流出均视为费用；狭义的费用则将费用限定在企业日常活动所导致的经济利益总流出。广义费用与狭义费用的关系如图 4-10 所示。

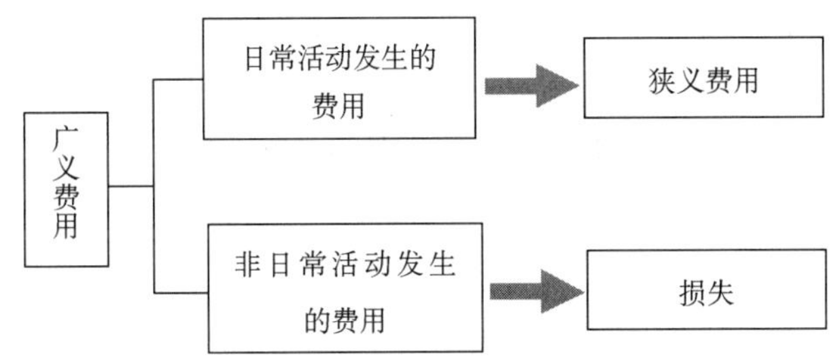

图 4-10　广义费用与狭义费用的关系

我国现行制度采用的是狭义的费用概念。从本质来看，费用包括企业在经营活动中基于获利目的而发生的全部资产的消耗。资产的这种消耗，会导致两种结果：一种是为获得收入而使含有经济利益的资产流出企业，另一种是为了在未来期间获得收入而形成另一种资产。第一种“消耗”可称作“损益性费用”，与当期收入具有一定关联性，应计入当期损益；第二种“消耗”则称作“成本性费用”，其构成相关资产的成本，不直接计入当期损益。

因此，费用要素在内容上可以分为两类，即损益性费用和成本性费用。

1. 损益性费用

损益性费用包括应当从当期收入中扣减的营业成本、税金及附加、销售费用、管理费用和财务费用等。

营业成本，是指企业对外销售商品、提供劳务等主营业务活动和销售材料的成本、出租固定资产的折旧额、出租无形资产的摊销额、出租包装物的成本或摊销额等其他经营活动所发生的实际成本，是主营业务成本和其他业务成本之和。

税金及附加，是指企业经营活动应负担的相关税费。

销售费用，是指企业在销售商品和材料、提供劳务的过程中发生的各种费用。

管理费用,是指企业行政管理部门为组织和管理生产经营活动而发生的各种费用。

财务费用,是指企业为筹集生产经营所需资金等而发生的费用。

销售费用、管理费用和财务费用合称“期间费用”。期间费用直接计入当期损益,从当期收入中获得补偿。

损益性费用的构成如图 4-11 所示。

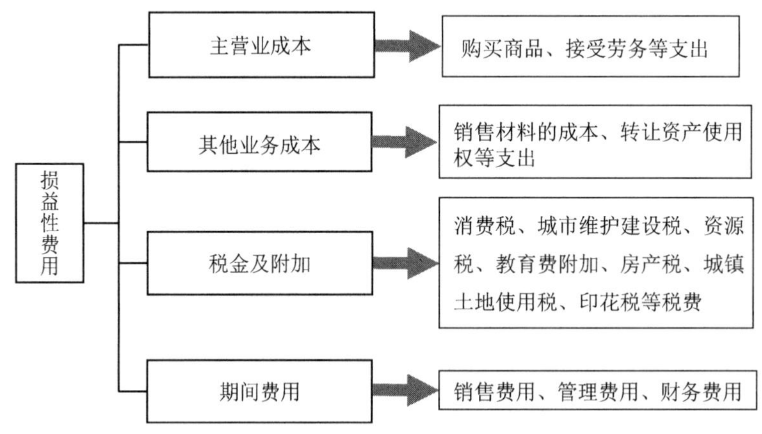

图 4-11　损益性费用的构成

2. 成本性费用

成本性费用的特点是,消耗现金、存货、固定资产等经济资源,形成新的资产,如支付货币资金购买原材料,形成材料采购成本;消耗原材料、固定资产等生产产品,形成产品生产成本。这些耗费不是为了即刻取得收入,但它是最终取得收入的一个必备环节。这些流出的“经济利益”首先形成新的资产,然后才可能转化成与收入相配比的费用。

与损益性费用不同的是,成本性费用不能给当期带来收入,因此,我国现行企业会计准则所界定的费用实际上仅指损益性费用。

(三) 利润的构成

利润是指企业在一定会计期间的经营成果。如果企业实现了利润,表明企业的所有者权益将增加,业绩得到了提升;反之,如果企业发生了亏损(即利润为负数),表明企业的所有者权益将减少,业绩下滑。

从数值上看,利润就是收入(利得)减去费用(损失)之后的净额。其中,收入减去费用后的净额反映的是企业日常活动的经营业绩,直接计入当期利润的利得和损失反映的是企业非日常活动的业绩。

按会计要素定义的利润计算公式为:

收入－费用＋利得－损失＝利润(或亏损)

利润包括收入减去费用后的净额、直接计入当期利润的利得和损失等。其中,直接计入当期利润的利得和损失，是指应当计入当期损益、最终会引起所有者权益发生增减变动的、与所有者投入资本或者向所有者分配利润无关的利得或者损失。企业应当严格区分收入和利得、费用和损失，以更加全面地、真实地反映企业的经营业绩。

1. 基于利润形成的分析

(1) 营业利润。

营业利润是指企业因从事日常经营活动而取得的利润。营业利润等于主营业务利润加上其他业务利润和投资收益，再减去销售费用、管理费用、研发费用和财务费用后的金额。它是企业最基本经营活动创造的成果，也是企业在一定会计期间获取的利润中最主要、最稳定的来源。可见，企业的营业利润取得主要与收入和费用相关。

(2) 利润总额。

利润总额是指企业在一定时期内通过日常经营活动所实现的最终财务成果。它是由营业利润和营业外收支两部分构成。可见，利润总额基于广义的收入概念，它的取得与收入、费用、利得和损失相关。

(3) 净利润。

净利润是指在企业利润总额中扣减按规定应缴纳的所得税费用后的余额，也称作税后利润或净收入。它是一个企业经营的最终成果，是衡量其总体经营效益的重要指标。

利润的构成如图 4-12 所示。

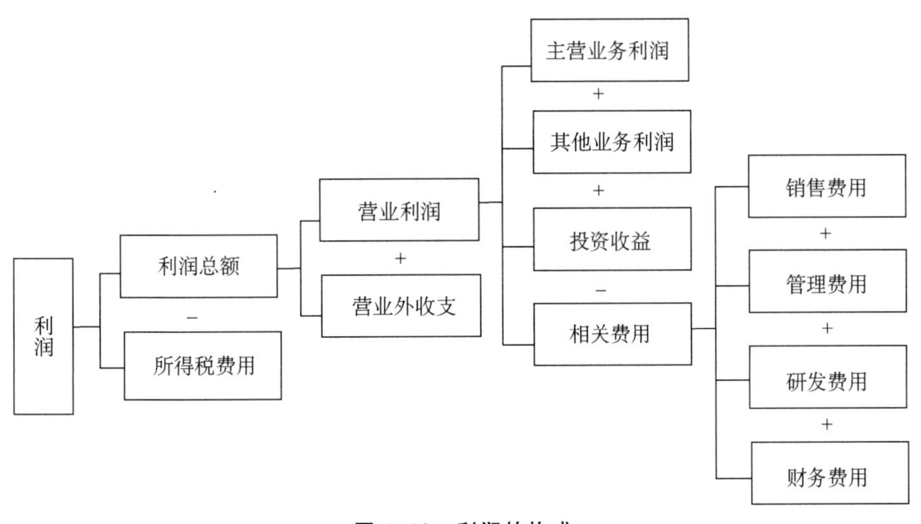

图 4-12 利润的构成

2. 基于利润与经营关系的分析

企业的利润(或亏损)来自于企业的经济活动。一般而言，企业的经济活动主要包括筹资活动、经营活动、投资活动等。因此根据利润与经营活动的关联程度，利润可划分为经营收益、投资收益和非经营收益。

经营收益是企业从事产品生产和销售活动所获得的收益，它与企业的经营活动具有直接关系。在我国，经营收益可分为主营业务利润和其他业务利润两大类。

投资收益是企业从事股票、债券及其他投资活动所获得的收益，如股利收入、债券利息收入、有价证券转让价差收入。

非经营收益是指企业获得的除经营收益和投资收益以外的偶发性的、与日常经营活动无直接关系的收益，如企业的罚款净收益、没收的押金，通常指营业外收支净额。

四、会计要素的基本关系

（一）资产负债表要素的关系

资产、负债和所有者权益三个要素的形成过程，已经清楚地说明了它们之间的逻辑关系：

资产＝负债＋所有者权益

资产负债表要素形成的关系式被称为“基本会计等式”或“会计基本恒等式”，它反映的是企业资金运动的相对静止状态。

根据基本会计等式可从以下三个方面理解资产负债表要素的关系：

(1) 基本会计等式体现了同一资金的两个不同侧面：资金存在形态与资金来源渠道。资金的存在形式就是资产，资金的来源就是借入和所有者投入，即负债和所有者权益。

(2) 当等式左边的资产与等式右边的负债和所有者权益都以货币计量时，会计等式双方金额应当相等。

(3) 资产会随负债、所有者权益的增减而增减。

（二）利润表要素的关系

收入、费用和利润三个要素的形成过程，已清楚地说明了它们之间的逻辑关系：

收入－费用＝营业利润（亏损）（狭义收入、费用）

但从企业整个经济活动过程以及利润表构成项目考虑，则：

收入－费用＝利润（亏损）（广义收入、费用）

利润表要素形成的关系式被称为“会计动态等式”，它们反映的是企业资金运动的显著变动状态，而这种变动的结果会增加资产和权益的数额。

根据会计动态等式可从以下三方面理解利润表要素的关系：

(1) 利润的实质是企业实现的收入减去相关费用以后的差额——收入大于费用

时，为利润；收入小于费用时，为亏损。

(2) 在假定费用不变的情况下，利润会随着收入的增加而增加，或反之。

(3) 在假定收入不变的情况下，利润会随着费用的增加而减少，或反之。

（三）会计要素的整体有机联系

实际中，静态会计要素和动态会计要素不是处于彼此分离状况，经营活动的运行规律将两者有机地结合在一起。财务会计的基本恒等式“资产＝负债＋所有者权益”奠定了财务会计的基础，也构成资产负债表的基本结构。财务会计的基本恒等式表明企业的一切经济业务最终将引起企业的资产、负债与所有者权益项目的增减变动。

资产、所有者权益不仅受所有者投资和盈利分配的影响，而且更主要的是它还受到由收入和费用决定的企业的经营成果的影响。企业获得收入，标志着资产和所有者权益增加，企业发生费用，则标志着资产和所有者权益减少。如果企业的收入大于费用，企业就盈利，所有者权益将根据所确定的利润数额增加相应的数额；如果企业的收入小于费用，企业就亏损，所有者权益将根据所确定的亏损数额减少相应的数额。

企业一定期间的经营成果（盈利或亏损）最终都将体现在一定期间的财务状况之中。由此，会计基本恒等式可以扩展为：

$$资产＝负债＋所有者权益＋（收入－费用）$$

左右移项，公式变形为：

$$资产＋费用＝负债＋所有者权益＋收入$$

上述公式称作扩展会计等式，是静态与动态会计等式的综合，也是企业经营活动的一种常态表现。

扩展会计等式形成过程有助于对扩展会计等式的理解①：

(1) 等式是从资金存在形态与资金来源渠道两个不同侧面的扩展。

(2) 等式两边在金额变动的基础上达到新的平衡（受收入与费用的影响）。

(3) 企业的财务状况与经营成果和谐统一，揭示了资产负债表与利润表的内在关系。

(4) 企业交易或事项引起的任何变化都发生于资产、负债、所有者权益、收入与费用之间。

(5) 在企业日常经营活动中，扩展会计等式是企业经济交易或事项分析的基础。

---

① 张捷，刘英明.基础会计[M].6版.北京：中国人民大学出版社，2019.

扩展会计等式形成过程如图 4-13 所示。

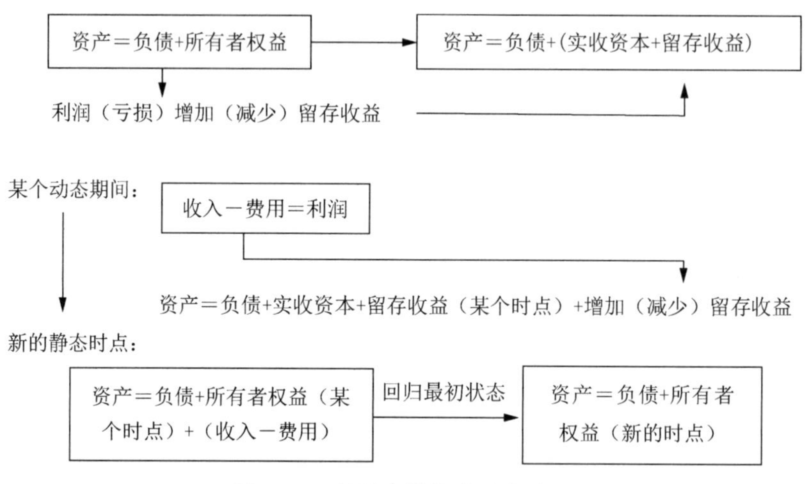

图 4-13　扩展会计等式形成过程

会计等式平衡原理深刻揭示了会计要素之间的内在联系及其平衡关系，为会计方法的建立提供了科学的理论依据；也成为会计确认、计量、记录和报告的基石。

第三节　交易或事项的含义、分类与记录

会计要素划分不仅为交易或事项的处理提供了基本依据，也为交易或事项的报告提供了基本框架。

一、交易或事项的含义

在会计中，能够采用会计的方法加以确认、计量、记录和报告的经济活动为业务或会计业务，否则为非会计业务。

（一）经济交易

经济交易，是指企业与其他经济实体之间发生的商品或劳务交换。经济交易的发生，涉及两个及以上的经济实体[①]。例如，企业外购材料就是一笔经济交易，该笔交易涉及本企业（购买方）和销售原材料的企业（供应方）两方的资金交换；又如，企业向银行借入短期借款也是一笔经济交易，该笔交易涉及本企业（借款方）和银行（贷款方）两方的资金交换。

① 唐国平. 会计学原理[M].3 版.北京：中国财政经济出版社，2016.

（二）会计事项

会计事项包括外部事项和内部事项，外部事项类似于经济交易。可见，会计事项包含的内容更为广泛。

1. 外部事项

外部事项，是指企业与外部经济实体之间所发生的经济交易。

2. 内部事项

内部事项，是指企业内部各部门之间发生的资源转移活动。例如，企业生产领用原材料就是一笔内部事项，该笔会计事项涉及的是同一企业内部原材料储备部门与生产车间之间的资源转移活动，企业的原材料从材料仓库转移到生产车间进行产品生产；又如，某企业员工出差预借差旅费也是一笔内部事项，该笔会计事项涉及企业与内部员工之间的债权与债务关系及资源的转移活动，从企业角度看，企出借资金给员工，导致其债权增加而货币资金减少。

无论是交易还是事项都会影响企业的财务报表。有时，财务会计将交易或事项统称为经济业务，泛指那些发生于不同会计主体之间以及会计主体内部各部门之间影响财务报表的经济活动。

二、交易或事项的分类

对企业的交易或事项按一定标准进行分类，有助于进一步认识企业经济活动的规律。

（一）从现金流转角度分类

企业的生产经营活动始于现金，终于现金，现金流量贯穿于企业经营活动、投资活动和筹资活动的全过程。因此，现金流量是企业资金运动的核心。会计上，按是否影响企业现金流转，将交易或事项划分为：收款交易或事项、付款交易或事项和转账交易或事项。

(1) 收款交易或事项，是指导致企业现金（指库存现金和银行存款）发生增加变动的交易或事项。例如，企业从银行取得借款，销售商品获得现金收入。

(2) 付款交易或事项，是指导致企业现金发生减少变动的交易或事项。例如，企业以现金购买原材料、固定资产，偿还银行借款，支付所得税，向投资者支付股利。

(3) 转账交易或事项，是指不影响现金发生变动的交易或事项。例如，赊购物资、赊销产品、计算本期应付税费。

收款与付款交易或事项属于现金流量的内容，因为这些交易或事项的发生会导致现金流量的变化。

（二）从会计要素角度分类

交易或事项的发生，必然影响会计要素发生变化。因此，通过会计要素的变化现象,可以认识交易或事项发生的基本规律,进而把握企业经济活动及其资金运动的本质。通过对企业经济活动发生的所有交易或事项进行分析,发现交易或事项对会计要素的影响可归纳为以下六个类别:

1. 资产增加、负债或所有者权益同时增加的交易或事项

该类交易或事项的发生,使得相应的资产与负债或所有者权益同时发生增加变动,变动金额相等。

(1) 资产增加,所有者权益增加。

【例 4-1】 2020 年 12 月 1 日,南湖电器股份有限公司收到投资人 A 投入现金 1 000 万元。该项交易使得企业的银行存款(资产)增加 1 000 万元,同时企业的实收资本(所有者权益)增加 1 000 万元。

(2) 资产增加,负债增加。

【例 4-2】 12 月 3 日,南湖电器股份有限公司向银行借入 2 年期借款 100 万元,借款已转入企业银行账户。该项交易使得企业的银行存款(资产)增加 100 万元,同时企业的长期借款(负债)也增加 100 万元。

【例 4-3】 12 月 4 日,南湖电器股份有限公司外购商品一批,买价 31 万元,款项暂欠。该项交易使得企业的库存商品(资产)增加 31 万元,同时企业的应付账款(负债)增加 31 万元。

2. 资产减少、负债或所有者权益同时减少的交易或事项

该类交易或事项的发生,使得相应的资产与负债或所有者权益同时发生减少变动,变动金额相等。

(1) 资产减少,负债减少。

【例 4-4】 12 月 7 日,南湖电器股份有限公司以银行存款偿还银行长期借款 20 万元。该交易使得企业的银行存款(资产)减少 20 万元,同时企业的长期借款(负债)减少 20 万元。

(2) 资产减少,所有者权益减少。

【例 4-5】 12 月 9 日,南湖电器股份有限公司决定减少注册资本 100 万元,以银行存款退还给投资者。该交易使得企业的银行存款(资产)减少 100 万元,同时企业的实收资本(所有者权益)减少 100 万元。

3. 资产内部有增有减变动的交易或事项

该类交易或事项的发生,使得资产内部不同的项目发生此增彼减的变动,并且增加与减少的金额相等。

【例 4-6】 12 月 15 日,南湖电器股份有限公司从银行提取现金 2 万元备用。该交易使得企业库存现金(资产)增加 2 万元,银行存款(资产)减少 2 万元。企业的一项资产转换为另一种资产(银行存款转换为库存现金),交易发生后企业的资产量不会发生变化。

4. 负债或所有者权益有增有减变动的交易或事项

该类交易或事项的发生,使得负债与所有者权益、负债内部或所有者权益内部项目发生此增彼减的变动,并且增加与减少的金额相等。

(1) 负债减少,所有者权益增加。

【例 4-7】 12 月 20 日,南湖电器股份有限公司将 50 万元长期借款转换为股权。该项交易使得企业的长期借款(负债)减少 50 万元,实收资本(所有者权益)增加 50 万元。

(2) 所有者权益内部一个项目增加,另一个项目等额减少。

【例 4-8】 12 月 31 日,南湖电器股份有限公司股东大会决定将盈余公积 250 万元转增资本。该交易使得企业盈余公积(所有者权益)减少 250 万元,同时企业的实收资本(所有者权益)增加 250 万元。

(3) 负债增加,所有者权益减少。

【例 4-9】 12 月 31 日,南湖电器股份有限公司拟向投资者分配 40 万元的利润。该项交易使得企业的应付利润(负债)增加 40 万元,同时企业的利润分配(所有者权益)减少 40 万元。

(4) 负债内部一个项目增加,另一个项目减少。

【例 4-10】 12 月 31 日,南湖电器股份有限公司将 5 万元到期应付票据,转为应付账款。该交易使得企业的应付票据(负债)减少 5 万元,同时企业的应付账款(负债)增加 5 万元。

该类交易或事项,无论是负债或是所有者权益内部项目的此增彼减,还是负债要素与所有者权益要素之间的转换,都呈现出一个共同的特点,即交易发生后企业的权益总额(负债与所有者权益之和)不会发生变化。

5. 收入增加、资产同时增加的交易或事项

该类交易或事项的发生,企业的收入与资产同时发生增加变动,变动金额相等。

【例 4-11】 12 月 31 日,南湖电器股份有限公司销售产品,售价 35 万元,款项已收存银行。该项交易的发生,使得企业的主营业务收入(收入)增加 35 万元,同时企业的银行存款(资产)增加 35 万元。收入能带来资产的增加,因而企业资产的增值(新增部分)是取得良好收入的结果。

6. 费用增加、资产同时减少的交易或事项

该类交易或事项的发生,使得企业的费用增加而资产同时减少,变动金额相等。

【例 4-12】 12 月 31 日,结转销售的产品的成本 30 万元。该项销售结转业务使得企业的主营业务成本(费用)增加 30 万元,同时企业的库存商品(资产)减少 30 万元。实际上,费用的发生是对资产的耗费,是一种资产的转化。

除了以上六大类型的交易或事项,企业交易或事项还有其他一些类型,在此不再赘述。企业主要经济业务类型及其对会计要素的影响,如表 4-2 所示。

表 4-2　企业主要经济业务类型及其对会计要素的影响

序号	经济业务类型	对应例题	资产	费用	负债	所有者权益	收入
1	资产与所有者权益同时增加	[例 4-1]	+			+	
2	资产与负债同时减少	[例 4-4]	−		−		
3	资产与负债同时增加	[例 4-2] [例 4-3]	+		+		
4	资产与所有者权益同时减少	[例 4-5]	−			−	
5	资产内部一增一减	[例 4-6]	+(−)				
6	负债与所有者权益一增(减)一减(增)	[例 4-7] [例 4-9]			+(−)	−(+)	
7	所有者权益内部一增一减	[例 4-8]				+(−)	
8	负债内部一增一减	[例 4-10]			+(−)		
9	资产与收入同时增加	[例 4-11]	+				+
10	资产与费用一减一增	[例 4-12]	−	+			

三、交易或事项的记录

经济业务发生会引起会计要素的增减变化,会计人员就必须将这些变化记录下来。按照会计核算的基本程序及要求,经济业务发生后,会计人员首先需要取得证明经济业务已完成或发生的原始凭证并对其进行合规合法性审核;然后根据审核无误的原始凭证进行分析;再基于分析的结果,根据借贷记账法的记账原理,确定相关账户及其应借应贷的金额,记入记账凭证。取得和填制会计凭证是会计循环极为重要的一个环节。

(一)会计分录的概念和类型

运用借贷记账法对每笔交易或事项进行记录时,在有关账户之间产生了应借、应贷的相互关系,账户之间的这种相互关系称作账户的对应关系,存在对应关系的账户称作对应账户。根据账户的对应关系可以了解经济业务的来龙去脉,检查账目的正确性和合法性,有利于加强对企业会计行为的监督。

1. 会计分录的概念

在实际工作中,经济业务一般较为复杂,如果直接根据业务登记账户,就容易产生错误。为了既保证账户记录的正确性,又减少工作量,在将经济业务登记入账前,应先运用账户的对应关系编制会计分录。所谓会计分录,就是标明某项经济业务的应借应贷账户及其金额的一种记录。在借贷记账法下,一笔会计分录主要包括三个要素:①会计科目;②记账符号(方向);③记账金额。

2. 会计分录的类型

根据会计分录借贷方涉及的账户数量,可将其分为简单分录和复合分录。简单分录是指一笔会计分录中只有一个借方账户和一个贷方账户,即形成一借一贷的对应关系(见例 4-13);复合分录是指一笔会计分录中有一借多贷或一贷多借或多借多贷对应关系的会计分录(见例 4-14 和例 4-15)。除了业务的需要,一般应尽量避免编制多借多贷的会计分录,特别是不允许为了简化核算手续,将不同业务的多笔简单分录合并为一笔多借多贷的复合分录。

【例 4-13】 2020 年 12 月 10 日,南湖电器股份有限公司支付办公费 1 000 元。会计分录为:

借:管理费用	1 000	
贷:银行存款		1 000

【例 4-14】 2020 年 12 月 15 日,南湖电器股份有限公司销售产品取得收入 100 000 元,增值税发票列示的销项税额为 13 000 元,款项未到。会计分录为:

借:应收账款	113 000	
贷:主营业务收入		100 000
应交税费——应交增值税(销项税额)		13 000

【例 4-15】 假设例 4-14 中销售收入中有 50 000 元已收存银行,其他资料不变,则会计分录为:

借:应收账款	63 000	
银行存款	50 000	
贷:主营业务收入		100 000
应交税费——应交增值税(销项税额)		13 000

(二) 会计分录书写要求和编制步骤

1. 会计分录书写要求

实际中,会计分录是写在记账凭证中的。在教学中,为了使会计分录清晰明了,书写会计分录时应注意以下两个方面的要求:

(1) 先借后贷,借贷分行列示,左右错开,即借项账户在上一行,贷项账户在借项账户下面一行,借贷符号及其账户左右错开一个字(见例 4-13、例 4-14 和例 4-15)。

(2) 金额分列错开,后面无须加元字。即借方账户和贷方账户后面的金额不能上下对齐,要左右错开列示(见例 4-13、例 4-14 和例 4-15)。

2. 会计分录编制步骤

为了正确编制会计分录,应遵循下面五个步骤:

(1) 确定经济业务涉及的会计科目(账户)。

(2) 确定账户的性质。确定经济业务是属于资产类账户,还是负债类、所有者权益类、收入类、费用类、成本类账户。

(3) 确定账户金额的增加或减少的具体数额。

(4) 根据账户的性质和结构,判断应记入的账户的借方或贷方。经济业务涉及资产类、费用类和成本类账户的增加记借方,减少记贷方;涉及负债类、所有者权益类、收入类账户的增加就记贷方,减少就记借方。

(5) 编制并验证会计分录。按照会计分录书写要求编写会计分录,编写完成后,再检查是否既有借方账户,也有贷方账户,借方账户金额是否与贷方账户金额相等。

第四节 交易或事项对财务报表的影响

为了理解财务报表的数据及其含义,必须首先明晰各种交易或事项对财务报表的影响。只有理解各种交易或事项对财务报表的影响,才能清楚财务报表数据的"来踪去迹"[①]。

一、交易或事项对资产负债表的影响

资产负债表是反映企业财务状况的报表,其编制的理论依据是会计基本恒等式。因此,影响资产负债表的交易也就是影响会计基本恒等式的交易或事项,即影响资产、负债及所有者权益的交易或事项。这类经济业务会使企业资产负债表相关项目发生增减变动。

(一) 经济交易分析

结合例 4-1 至例 4-7,来说明交易或事项对资产负债表(会计基本恒等式)的影响:

(1) 南湖电器股份有限公司收到投资人 A 企业投入现金 1 000 万元,结果如表 4-3 所示。

表 4-3 接受投资对资产负债表的影响

单位:万元

项目	资产	负债	所有者权益
	银行存款		实收资本
例 4-1	+1 000		+1 000
合计	1 000		1 000
总计	1 000	1 000	

① 胡玉明.会计学:经理人员视角[M].2 版.北京:中国人民大学出版社,2017.

该项交易使得企业的资产项目(银行存款)增加1 000万元,同时企业的所有者权益项目(实收资本)增加1 000万元。

这时,会计基本恒等式为:

资产总额(1 000)=负债总额(0)+所有者权益总额(1 000)

(2) 南湖电器股份有限公司从银行借入2年期借款100万元,款项已转入企业银行账户,结果如表4-4所示。

表4-4 从银行借款对资产负债表的影响

单位:万元

项目	资产	负债	所有者权益
	银行存款	长期借款	实收资本
例4-1	+1 000		+1 000
例4-2	+100	+100	
合计	1 100	100	1 000
总计	1 100	1 100	

该项交易使得企业的资产项目(银行存款)增加100万元,同时企业的负债项目(长期借款)增加100万元。这时,会计基本恒等式为:

资产总额(1 100)=负债总额(100)+所有者权益总额(1 000)

(3) 南湖电器股份有限公司外购商品一批,买价31万元,款项暂欠,结果如表4-5所示。

表4-5 赊购商品对资产负债表的影响

单位:万元

项目	资产		负债		所有者权益
	银行存款	库存商品	应付账款	长期借款	实收资本
例4-1	+1 000				+1 000
例4-2	+100			+100	
例4-3		+31	+31		
合计	1 100	31	31	100	1 000
总计	1 131		1 131		

该项交易使得企业的资产项目(库存商品)增加31万元,同时企业的负债项目(应付账款)增加31万元。

这时,会计基本恒等式为:

资产总额(1 131)=负债总额(131)+所有者权益总额(1 000)

(4) 南湖电器股份有限公司用银行存款偿还银行长期借款 20 万元,结果如表 4-6 所示。

表 4-6　偿还银行债务对资产负债表的影响

单位:万元

项目	资产		负债		所有者权益
	银行存款	库存商品	应付账款	长期借款	实收资本
例 4-1	+1 000				+1 000
例 4-2	+100			+100	
例 4-3		+31	+31		
例 4-4	-20			-20	
合计	1 080	31	31	80	1 000
总计	1 111		1 111		

该交易使得企业的资产项目(银行存款)减少 20 万元,同时企业的负债项目(长期借款)减少 20 万元。

这时,会计基本恒等式为:

资产总额(1 111)=负债总额(111)+所有者权益总额(1 000)

(5) 南湖电器股份有限公司决定减少注册资本 100 万元,以银行存款退还给投资者,结果如表 4-7 所示。

表 4-7　减少注册资本对资产负债表的影响

单位:万元

项目	资产		负债		所有者权益
	银行存款	库存商品	应付账款	长期借款	实收资本
例 4-1	+1 000				+1 000
例 4-2	+100			+100	
例 4-3		+31	+31		
例 4-4	-20			-20	
例 4-5	-100				-100
合计	980	31	31	80	900
总计	1 011		1 011		

该项交易使得企业的资产项目(银行存款)减少 100 万元,同时企业的所有者权益项目(实收资本)减少 100 万元。

这时,会计基本恒等式为:

资产总额(1 011)=负债总额(111)+所有者权益总额(900)

(6) 南湖电器股份有限公司从银行提取现金 2 万元备用,结果如表 4-8 所示。

表 4-8　从银行提取现金对资产负债表的影响　　单位:万元

项目	资产			负债		所有者权益
	银行存款	库存现金	库存商品	应付账款	长期借款	实收资本
例 4-1	+1 000					+1 000
例 4-2	+100				+100	
例 4-3			+31	+31		
例 4-4	−20				−20	
例 4-5	−100					−100
例 4-6	−2	+2				
合计	978	2	31	31	80	900
总计	1 011			1 011		

该交易使企业的资产项目(库存现金)增加 2 万元,而另一个资产项目(银行存款)减少 2 万元,说明企业库存现金的增加来源于银行存款的减少。该交易只是使企业的资产形式发生变化(从银行存款转变为库存现金),但资产总额并没有发生变化。

这时,会计基本恒等式为:

资产总额(1 011)=负债总额(111)+所有者权益总额(900)

(7) 南湖电器股份有限公司决定将 50 万元长期借款转换为企业股权,结果如表 4-9 所示。

表 4-9　债转股对资产负债表的影响　　单位:万元

项目	资产			负债		所有者权益
	银行存款	库存现金	库存商品	应付账款	长期借款	实收资本
例 4-1	+1 000					+1 000
例 4-2	+100				+100	
例 4-3			+31	+31		
例 4-4	−20				−20	
例 4-5	−100					−100
例 4-6	−2	+2				
例 4-7					−50	+50
合计	978	2	31	31	30	950
总计	1 011			1 011		

该项交易使得企业的负债项目(长期借款)减少 50 万元,同时企业的所有者权益项目(实收资本)增加 50 万元。该交易只是使企业的权益项目中的负债转化为所有者权益(从长期借款转为实收资本),但权益总额并没有发生变化。

这时,会计基本恒等式为:

资产总额(1 011)=负债总额(61)+所有者权益总额(950)

表 4-9 分析并汇总了南湖电器股份有限公司截至 2020 年 12 月 31 日的交易或事项对资产负债表的全部影响。根据该表编制的南湖电器股份有限公司资产负债表(简表)如表 4-10 所示。

表 4-10　资产负债表(简表)

编制单位:南湖电器股份有限公司　　2020 年 12 月 31 日　　单位:万元

资产	金额	负债与所有者权益	金额
货币资金	980	应付账款	31
存货	31	长期借款	30
		实收资本	950
资产总计	1 011	负债与所有权者益总计	1 011

(二) 分析结论

上述分析清楚地说明,企业是一个不断运转的主体,随着交易或事项的发生,资产负债表所列示的价值一直在变化,在每一笔交易发生后资产负债表的构成及其金额都会发生改变,资产负债表只是列示企业某个时点的价值。因此,资产负债表的数据(指标)只是时点数据(指标)。

交易或事项对资产负债表(会计基本恒等式)产生影响的具体业务种类较多,但是归纳起来可分为三大类型:

(1) 对资产负债表(会计基本恒等式)左边要素产生影响的交易或事项。交易或事项只影响会计等式左边的资产,其结果是资产中的两个具体项目有增有减,且增加金额等于减少金额。

(2) 对资产负债表(会计基本恒等式)右边要素产生影响的交易或事项。交易或事项只对会计等式右边要素的影响有两种情况:①影响负债或所有者权益,其结果必须会导致负债或所有者权益中的两个具体项目有增有减,且增加金额等于减少金额;②同时影响会计等式右边负债和所有者权益,其结果必然是一个负债项目增加(减少)和一个所有者权益项目减少(增加),且增加(减少)金额等于减少(增加)金额。

(3) 对资产负债表(会计基本恒等式)两边要素产生影响的交易或事项。交易或事项影响会计等式两边资产和负债或所有者权益,其结果必然是资产和负债同时增加(减少),或者资产和所有者权益增加(减少),或者资产增加(减少)额等于权益(负债和所有者权益)增加(减少)额。

交易或事项的类型决定了资产负债表(会计基本恒等式)资金的变动结果:

(1) 影响资产负债表左边资产的交易或事项,只会引起资产内部项目形态的转换及资金量的此增彼减,不会导致企业资产总额及资金总额的变化。

(2) 影响资产负债表右边负债或所有者权益的交易或事项,只会引起负债和所有者权益之间的转换,或者负债或所有者权益内部项目形态的转换及资金量的此增彼减,不会导致权益总额及资金总额的变化。

(3) 影响资产负债表左边资产和右边权益(负债和所有者权益)的交易或事项,会导致资产和权益金额的同增或同减变化,由此带来企业资金总额发生增加或减少的变化。

从上述结论,又可推导出一项非常重要的定律,即:企业发生的任何交易或事项,无论它是否能导致企业总资金的增减变化,最终都不会破坏资产负债表(会计基本恒等式)的平衡关系。从这个意义上看,资产负债表又被称为“资金平衡表”,它左右两边的资金总额始终相等。

二、交易或事项对资产负债表和利润表的综合影响

利润表是反映企业财务成果的报表,其编制的理论依据是会计动态等式。对利润表产生影响的交易或事项必定是影响收入和费用的业务,但是这些业务还影响资产负债表。收入、费用和利润的基本理论显示,企业获得收入,标志着所有者权益增加,企业发生费用,则标志着所有者权益减少;如果企业的收入大于费用,企业就盈利,所有者权益将根据所确定的利润数额增加相应的数额,当然,如果企业亏损,则所有者权益将根据所确定的亏损数额减少相应的数额。可见,对利润表产生影响的交易或事项,也会对资产负债表产生影响。这就使得涉及收入、费用和利润相关的交易或事项时,必定得将两张报表结合起来。对这些交易或事项进行分析是基于扩展的会计恒等式。

结合例 4-11、例 4-12,来说明经济交易与事项对资产负债表和利润表的综合影响。

(一) 影响收入要素的经济交易与事项

12 月 31 日,南湖电器股份有限公司销售产品,售价 35 万元,款项已收存银行。该项交易使得企业的主营业务收入(收入或所有者权益)增加 35 万元,同时企业的银行存款(资产)增加 35 万元。这说明南湖电器股份有限公司应收账款增加来源于销售收入增加而引起的留存收益增加。

(二) 影响费用要素的经济交易与事项

12 月 31 日,结转销售的产品成本为 30 万元。该项销售结转业务使得企业的主营业务成本(费用)增加 30 万元,或者说导致所有者权益减少,同时企业的库存商品(资产)减少 30 万元。这说明库存商品的减少来源于销售成本增加而引起的留存收

益减少。

根据配比原则，费用必须与相关联的收入在相同会计期间确认，以便确定利润。所以，南湖电器股份有限公司的销售收入(35 万元)大于其销售成本(30 万元)，两者的差异(5 万元)就是利润。由此，南湖电器股份有限公司的所有者权益项目(留存收益)增加了 5 万元，相应地，资产项目增加了 5 万元。

上述销售业务对南湖电器股份有限公司资产负债表的影响如表 4-11 所示。

表 4-11　销售业务对资产负债表的影响

单位:万元

项目	资产			负债		所有者权益	
	银行存款	库存现金	库存商品	应付账款	长期借款	实收资本	未分配利润
例 4-1	+1 000					+1 000	
例 4-2	+100				+100		
例 4-3			+31	+31			
例 4-4	-20				-20		
例 4-5	-100					-100	
例 4-6	-2	+2					
例 4-7					-50	+50	
例 4-11	+35						
例 4-12			-30				+5
合计	1 013	2	1	31	30	950	5
总计	1 016			1 016			

上述销售业务发生之后，南湖电器股份有限公司的资产总额为 1 016 万元，负债总额为 61 万元，所有者权益总额为 955 万元。如果企业不分配利润，则 5 万元利润为留存收益，归为所有者权益。

这时，会计基本恒等式为：

资产总额(1 016)=负债总额(61)+所有者权益总额(955)

表 4-11 的结果可以通过扩展会计等式验证如下：

(1) 2020 年 12 月 31 日，南湖电器股份有限公司完成例 4-7 的业务之后，会计基本恒等式为：

资产总额(1 011)=负债总额(61)+所有者权益总额(950)

(2) 2020 年 12 月 31 日，南湖电器股份有限公司完成例 4-11 和例 4-12 的业务之后，扩展会计等式为：

资产总额(1 016)=负债总额(61)+所有者权益总额(950)+[收入(35)-费用(30)]

与 2020 年 12 月 20 日相比,2020 年 12 月 31 日的资产总额和所有者权益总额都增加了 5 万元。而这 5 万元正是南湖电器股份有限公司 2020 年 12 月份的利润。

根据表 4-11,可以编制南湖电器股份有限公司 2020 年 12 月 31 日的资产负债表(简表)和 2020 年 12 月份利润表(简表),分别如表 4-12 和表 4-13 所示。

表 4-12 资产负债表(简表)

会企 01 表

编制单位:南湖电器股份有限公司　　2020 年 12 月 31 日　　单位:万元

资产	金额	负债与所有者权益	金额
货币资金	1 015	应付账款	31
存货	1	长期借款	30
		实收资本	955
资产总计	1 016	负债及所有者权益总计	1 016

表 4-13 利润表(简表)

会企 02 表

编制单位:南湖电器股份有限公司　　2020 年 12 月　　单位:万元

项　目	金额
营业收入	35
减:营业成本	30
利润	5

三、交易或事项对会计要素影响的基本规律

交易或事项对会计要素的影响具有规律性,这些规律可归纳为以下六个方面:

(1) 企业发生的各种业务活动,都不会破坏会计等式的平衡关系。

(2) 会计基本恒等式左边资产增加,等式右边的负债或者所有者权益必然会等额增加。

(3) 会计基本恒等式左边资产减少,等式右边的负债或者所有者权益必然会等额减少。

(4) 取得收入,意味着资产和所有者权益同时等额增加;发生费用意味着两者同时等额减少。

(5) 除资本项目(股东投资)外,如果所有者权益发生变动,就意味着企业产生了损益。

(6) 在会计期间开始,企业的资产与负债及所有者权益处于一种平衡状态,当会

计期间结束，企业的财务状况又回复到资产与负债及所有者权益的平衡状态，这时的平衡是在原有平衡基础上产生的新的平衡，新平衡状态中的资产、负债及所有者权益的构成形态和资金数量会产生变化，而这些变化都是源于企业发生的各项交易或事项的影响。

本章小结

企业的资金运动是由其开展的经济活动导致的，但不是所有的经济活动都能导致企业资金运动（增减变化）。

制造业企业的生产经营活动由相互关联的供应、生产和销售三个过程构成，其资金运动表现为供应过程中的货币资金转化为储备资金，生产过程中的储备资金转化为生产资金，再由生产资金转化为成品资金，最后进入销售过程由成品资金最终又转化为货币资金。其资金运动主要具有关联性、资金流转的有序性、资金形态在空间上的并存性和时间上的继起性及持续增值性四个方面的特点。

资产负债表要素包括资产、负债和所有者权益。利润表要素包括收入、费用和利润。资产由流动资产和非流动资产构成。负债由流动负债和非流动负债构成。所有者权益由投入资本和留存收益构成。收入包括主营业务收入和其他业务收入。费用包括营业成本、税金及附加、期间费用等。利润从其形成看，包括营业利润、利润总额与净利润三个层次；从其与企业经营活动的关联程度看，分为经营利润、投资收益和非经营利润三个方面。

交易或事项是指企业与其他经济实体之间发生的商品或劳务交换。基本类型可以从现金流转角度和会计要素角度划分。

不同交易或事项可分为对资产负债表影响的交易或事项，以及对利润表与资产负债表综合影响的事项或交易。前者实际上就是对“资产＝负债＋所有者权益”会计等式的影响；后者实际上是对“资产＋费用＝负债＋所有者权益＋收入”综合等式的影响。

企业任何交易或事项都不会破坏会计基本等式的恒等性。无论是影响会计基本等式还是会计综合等式的交易或事项，始终带来两个结果：①会计等式左边或右边会计要素的等额此增彼减；②会计等式左边和右边会计要素等额同增或同减。

关键术语

资金运动　会计要素　会计分录　资产负债表要素　资产　流动资产　非流动资产　负债　流动负债　非流动负债　所有者权益　实收资本　利润表要素　收入　主营业务收入　费用　主营业务成本　期间费用　利润　营业利润　会计基本恒等式　会计动态等式　扩展会计等式　交易或事项

思考题

1. 简述制造业企业资金运动的过程及其主要特征。

2. 会计要素有哪些？简要说明它们的形成过程。

3. 解释各项会计要素的构成。

4. 资产是企业“拥有或控制”的“经济资源”的真正含义是什么？

5. 人力资源是企业组织最宝贵的资产。可是，为什么它不包含在资产中呢？

6. 住宅、厂房等建筑物、汽车一定是企业的固定资产吗？

7. 请比较损益性费用与成本性费用的不同？

8. 请比较支出、损失、成本和费用的差异。

9. 解释债权人权益与所有者权益的异同。

10. 经济活动、经济交易、会计要素、资金运动之间有何关联？

11. 简要说明会计要素之间的关系。

12. 交易或事项有哪些类型？它们对会计基本恒等式有何影响？请举例说明。

13. 举例说明交易或事项对财务报表的影响。

14. 华尔街流传这样一句话：“除非企业组织破产清算，否则，不可能准确地确定其利润。”对此，你怎么看？

15. 经济业务发生后，企业为什么需要编制会计分录？

计算分析题

1. 资料：南湖电器股份有限公司投资300 000元开设一家服务中心，专门从事各种便民服务。该中心于2020年12月1日成立并开始营业，其发生的经济业务如下：

(1) 2020年12月1日，服务中心获得南湖电器股份有限公司300 000元，当即存入开户银行。

(2) 2020年12月3日，服务中心以银行存款购买修配材料一批，价值20 000元。

(3) 2020年12月8日，服务中心借入短期借款200 000元。

(4) 2020年12月10日，服务中心从海涛公司购进修配材料一批，价值30 000元，款项尚未支付。

(5) 2020年12月15日，服务中心以银行存款16 000元偿还12月10日所欠海涛公司部分货款。

(6) 2020年12月25日，服务中心开出票据一张交给海涛公司，约定3个月后归还所欠14 000元货款，并支付利息。

(7) 2020年12月27日，南湖电器股份有限公司代服务中心偿还160 000元的银行借款，以此作为对服务中心追加的投资，有关手续已办妥。

(8) 2020 年 12 月 28 日，南湖电器股份有限公司委托服务中心代还一笔30 000 元货款，以此作为对服务中心投资的减少，有关手续已办妥，服务中心尚未还款。

(9) 2020 年 12 月 29 日，在办理有关手续后，南湖电器股份有限公司从服务中心抽回投资 40 000 元，服务中心以银行存款支付。

(10) 2020 年 12 月 30 日，南湖电器股份有限公司将其对服务中心投资 80 000 元，转让给东方公司，手续已办妥。

(11) 本月份服务中心在营运中，用存款支付房屋租金 4 600 元，员工工资 16 200 元，水电费 940 元以及其他杂项费用 660 元，共计 22 400 元，耗用维修材料 18 000 元。

(12) 本月份服务中心收入 50 000 元，其中收到现金 38 000 元，已存入银行，余款尚未收到。

2. 要求：

(1) 逐笔分析上述 12 笔经济业务对会计等式和财务报表的影响。

(2) 请回答从 2020 年 12 月 1 日至 2020 年 12 月 31 日：①服务中心一个月经营的结果如何？是盈利还是亏损，金额多大？②截至 12 月 31 日，服务中心的资产、负债和所有者权益各是多少？与期初相比有哪些变化，为什么会带来这些变化？

(3) 对服务中心经营情况作出简要评价。

案例讨论题

地处中国四川省西南边陲攀枝花市盐边与米易两县交界处，处于雅砻江下游，坝址距雅砻江与金沙江的交汇口 33 千米，距攀枝花市区 46 千米，系雅砻江水电基地梯级开发的第一个水电站，上游为官地水电站，下游为桐子林水电站。二滩水电站的设计单位是国家电力公司成都勘测设计研究院，由二滩水电开发有限责任公司施工建设和运营，二滩水电站于 2000 年全面完工。在建设二滩水电站的同时建设有雅砻江流域木材水路过坝设施——过木建筑物，即为保证雅砻江流域木材水路运输畅通而构建的大型承重钢筋混凝土构筑物。1996 年，时任国务院副总理的朱镕基在攀枝花市视察时，面对着金沙江和雅砻江两岸光秃秃的群山，当即作出一项重要指示：少砍树，多栽树；把森老虎请下山。由于国家有关部门退耕还林政策的颁布与实施、禁伐令的执行及长江中上游自然生态屏障的保护，近 50 年内雅砻江上游不得砍伐木材，因此，二滩水电站过木机道难以发挥其设计作用。

要求：

1. 请解释过木机道是否应作为一项资产列示在二滩水电开发有限责任公司的资产负债表中？为什么？

2. 通过此案例，你对资产有了哪些新的认识？

第五章　资产数据的会计处理

学习目标

1. 了解资产和财务报表的关系
2. 掌握流动资产的具体内容和会计处理
3. 理解债权和存货的计价方法
4. 掌握非流动资产的具体内容和会计处理

第一节　流动资产及其会计处理

流动资产是指预计在一个正常营业周期中变现、出售或耗用，或者主要为交易目的而持有，或者预计在资产负债表日起1年内(含1年)变现的资产，以及自资产负债表日起1年内，交换其他资产或清偿负债的能力不受限制的现金或现金等价物等资产。在资产负债表中，资产项目按照流动性排序，因此流动资产排在非流动性资产项目前面。资产负债表中流动资产项目主要包括货币资金、交易性金融资产、衍生金融资产、应收票据、应收账款、应收款项融资、预付款项、其他应收款、存货、合同资产、持有待售资产、一年内到期的非流动资产和其他流动资产等。这些项目的数据是根据相关流动资产科目期末余额分析填列，具体填列方法详见第九章。本节只介绍制造业企业常见业务主要流动资产项目相关会计处理。资产负债表主要流动资产项目及其对应的会计科目如表5-1所示。

表5-1　资产负债表主要流动资产项目及其对应的会计科目

序号	流动资产项目	会计科目
1	货币资金	库存现金、银行存款、其他货币资金

续 表

序号	流动资产项目	会计科目
2	交易性金融资产	交易性金融资产
3	应收票据	应收票据、坏账准备
4	应收账款	应收账款、坏账准备
5	预付款项	预付账款
6	其他应收款	其他应收款、应收利息、应收股利、坏账准备
7	存货	原材料、在途物资、材料采购、材料成本差异、库存商品、生产成本、存货跌价准备等

一、货币资金

资产负债表中流动资产的首要组成项目是货币资金。货币资金是指企业生产经营过程中处于货币形态的资产,可以随时用作购买和支付手段。货币资金本质上属于金融资产范畴,根据存放地点及其用途不同,具体分为库存现金、银行存款和其他货币资金。

(一) 库存现金

现金是流动性最强的一种货币性资产,是通用的交换媒介和一般资产计量尺度,具有通用性和无限制可流通性。现金的概念有广义和狭义的区分。狭义的现金,是指存放于企业的库存现金,包括人民币现金和外币现金;广义的现金除了库存现金,还包括银行存款和其他可以符合现金定义的票证等。本章所指现金是指狭义的现金,即库存现金。库存现金,是指存放于企业财会部门、由出纳人员经管的货币。库存现金是企业流动性最强的资产,企业应当严格遵守《现金管理暂行条例》和《现金管理暂行条例实施细则》的规定,正确进行现金收支的核算,监督现金使用的合法性与合理性。

1. 库存现金日常业务的会计处理

企业库存现金通过设置“库存现金”科目核算,借方登记企业库存现金的增加,贷方登记企业库存现金的减少,期末余额在借方,反映期末企业实际持有的库存现金的金额。为了全面、连续地反映和监督库存现金的收支和结存情况,企业应当设置库存现金总账和库存现金日记账,分别进行库存现金的总分类核算和明细分类核算。对于同时存在不同币种现金业务的企业,只能选择一种记账本位币,但应该分别按币种设置库存现金日记账,进行明细分类核算。

【例 5-1】 南湖电器股份有限公司从银行提取现金 8 000 元,以备零星开支。会计处理如下:

借:库存现金	8 000	
贷:银行存款		8 000

【例 5-2】 南湖电器股份有限公司将现金 750 000 元存入银行。会计处理如下:

借:银行存款	750 000	
贷:库存现金		750 000

企业内部各部门周转使用的备用金,应在“其他应收款——备用金”科目核算,如果数额较大或备用金业务较多,也可以单独设置“备用金”科目进行核算,不在“库存现金”科目核算。

2. 库存现金清查的会计处理

为了保证库存现金的安全完整,企业应当按规定对库存现金进行定期和不定期清查。库存现金清查一般采用实地盘点法,通过对库存现金的实有数进行盘点,进而与现金日记账的余额进行核对,来查明账实是否相符,分为以下两种情况:

(1) 在日常工作中,由出纳员每日清点库存现金实有数额,并及时与库存现金日记账的余额相核对。这种清查实际上属于出纳员的日常工作职责。

(2) 由专门清查人员进行的清查。清查人员要认真审核收付凭证和账簿记录,检查经济业务的合理性和合法性,以及是否存在以白条或借据充抵现金的现象等。为了明确经济责任,出纳人员必须在场。清查之后应将清查结果填列到“库存现金盘点报告表”中,并由现金清查人员和出纳员签字盖章。

对现金清查中发现的长款(现金实际数额大于账面余额)、短款(现金实际数额小于账面余额),必须认真查明原因,及时报经有关部门批准,并按规定进行相关的会计处理。

如果账款不符,发现有待查明原因的现金长款或短款,应先通过“待处理财产损溢”科目核算:

(1) 如为现金长款,按照长款金额,借记“库存现金”科目,贷记“待处理财产损溢”科目。

(2) 如为现金短款,按照短款金额,借记“待处理财产损溢”科目,贷记“库存现金”科目。

待查明原因,经管理权限经批准后,分以下两种情况进行处理:

(1) 对于现金长款,属于应支付给有关人员或单位的,借记“待处理财产损溢”科目,贷记“其他应付款”科目;属于无法查明原因的,借记“待处理财产损溢”科目,贷记“营业外收入”科目。

(2) 对于现金短款,如果是应由责任人赔偿或由保险公司赔偿的,借记“其他应收款”或“库存现金”科目,贷记“待处理财产损溢”;如果无法查明原因,借记“管理费用”,贷记“待处理财产损溢”。

【例 5-3】 南湖电器股份有限公司在财产清查中发现现金长款 1 500 元。会计处理如下:

借：库存现金　　1 500
　　贷：待处理财产损溢　　1 500

(1) 该笔长款如果是由于计算错误而少支付给本单位员工，经批准，会计处理如下：

借：待处理财产损溢　　1 500
　　贷：其他应付款　　1 500

(2) 该笔长款如果无法查明原因，经批准，会计处理如下：

借：待处理财产损溢　　1 500
　　贷：营业外收入　　1 500

【例 5-4】 南湖电器股份有限公司在财产清查中发现现金短款 1 800 元。会计处理如下：

借：待处理财产损溢　　1 800
　　贷：库存现金　　1 800

(1) 该笔短款如果属于出纳员的责任，经批准，会计处理如下：

借：其他应收款　　1 800
　　贷：待处理财产损溢　　1 800

(2) 该笔短款如果无法查明原因，经批准，会计处理如下：

借：管理费用　　1 800
　　贷：待处理财产损溢　　1 800

(二) 银行存款

银行存款是企业存放在银行或其他金融机构的各种款项。企业应当根据业务需要，按照国家规定在当地银行开设账户，进行存款、取款以及各种收支转账业务的结算。企业与其他单位之间的一切收付款项，除规定可用现金支付的部分外，都必须通过银行办理转账结算。根据中国人民银行有关支付结算办法规定，目前企业可以采用的结算方式包括：银行汇票、银行本票、商业汇票、支票、汇兑、委托收款、托收承付、信用证等。其中，支票和汇兑结算都直接通过“银行存款”科目核算。

1. 银行存款日常业务的会计处理

企业银行存款通过设置“银行存款”科目核算，借方登记企业银行存款的增加，贷方登记企业银行存款的减少，期末余额在借方，反映期末企业实际持有的银行存款的金额。企业应当设置银行存款总账和银行存款日记账，分别进行银行存款的总分类核算和明细分类核算。有外币业务的企业，应按币种分别设置银行存款日记账进行明细分类核算。

(1) 支票。

支票是单位或个人签发的、委托办理支票存款业务的银行在见票时无条件支付确定的金额给收款人或者持票人的票据,包括现金支票、转账支票和普通支票。普通支票可以用于支取现金,也可以用于转账。现金支票在支票上印明“现金”字样,只能用作支取现金。转账支票在支票上印明“转账”字样,专门用于转账,不能用于支取现金。未印有“现金”或“转账”字样的为普通支票,可以用于支取现金,也可用于转账。在普通支票左上角划两条平行线的,为划线支票,划线支票只能用于转账,不能支取现金。

【例 5-5】 南湖电器股份有限公司开出转账支票支付前欠供应商的购货款 3 000 000 元。会计处理如下:

借:应付账款	3 000 000	
贷:银行存款		3 000 000

(2) 汇兑。

汇兑是汇款人委托银行将其款项支付给收款人的结算方式。单位和个人的各种款项的结算,均可使用汇兑结算方式。汇兑包括信汇和电汇,信汇是以邮寄方式将汇款凭证转给收款人指定的汇入行;电汇是以电报方式将汇款凭证转发给收款人指定的汇入行。

【例 5-6】 南湖电器股份有限公司收到客户电汇前欠购货款 1 000 000 元。会计处理如下:

借:银行存款	1 000 000	
贷:应收账款		1 000 000

2. 银行存款清查的会计处理

银行存款的清查一般采用将企业开设的银行存款日记账与开户银行的对账单相核对,并在此基础上编制“银行存款余额调节表”,确认两者之间是否相符的方法。核对前,首先把截至清查日所有银行存款的收、付业务登记入账,对发生的错账、漏账应及时查清更正。然后,再与开户银行的对账单逐笔核对,若两者余额相符,则说明无错误;若两者不相符,则可能存在着未达账项。所谓未达账项,是指在企业和银行之间,由于凭证的传递时间不同,而导致的记账时间不一致,即一方取得结算凭证已经登记入账,而另一方由于尚未取得结算凭证尚未入账的款项。未达账项有四种情形:①企业已经收款入账,银行尚未收款入账;②企业已经付款入账,银行尚未付款入账;③银行已经收款入账,企业尚未收款入账;④银行已经付款入账,企业尚未付款入账。

【例 5-7】 2020 年 12 月 31 日,南湖电器股份有限公司银行存款日记账的余额为 740 000 元,银行转来对账单的余额为 800 000 元。经逐笔核对,发现以下未达账项:

(1) 企业送存转账支票 60 000 元,并已登记银行存款增加,但银行尚未记账。

(2) 企业开出转账支票 45 000 元,并已登记银行存款减少,但持票单位尚未到银行办理转账，银行尚未记账。

（3）企业委托银行代收客户购货款 105 000 元，银行已收妥并登记入账，但企业未收到收款通知，尚未记账。

（4）银行代企业支付水费 30 000 元，银行已登记减少企业银行存款，但企业未收到银行付款通知，尚未记账。

根据上述资料，编制银行存款余额调节表，如表 5-2 所示。

表 5-2 银行存款余额调节表

单位：元

项目	金额	项目	金额
企业银行存款日记账余额	740 000	银行对账单余额	800 000
加：银行已收、企业未收款	105 000	加：企业已收、银行未收款	60 000
减：银行已付、企业未付款	30 000	减：企业已付、银行未付款	45 000
调节后的存款余额	815 000	调节后的存款余额	815 000

从表 5-2 可以看出，调节后左右两方金额相等，说明银行存款日记账基本正确，但不能排除不影响平衡性的错误。如果调节后的余额仍然不等，则说明有记账错误，应进一步查明原因，采取相应的方法进行更正。需要注意的是，编制银行存款余额调节表只是为了核对账目，不能将银行存款余额调节表作为调整企业银行存款账面记录的依据。

（三）其他货币资金

其他货币资金，是指除库存现金、银行存款以外的其他各种货币资金，主要包括企业的银行汇票存款、银行本票存款、信用卡存款、信用证保证金存款、存出投资款和外埠存款等。

银行汇票，是指由出票银行签发的，由其在见票时按照实际结算金额无条件支付给收款人或者持票人的票据。银行本票，是指银行签发的，承诺自己在见票时无条件支付确定的金额给收款人或持票人的票据。信用卡存款，是指企业为取得信用卡而存入银行信用卡专户的款项。信用证保证金存款，是指采用信用证结算方式的企业为开具信用证而存入银行信用证保证金专户的款项。存出投资款，是指企业为购买股票、债券、基金等根据有关规定存入企业在证券公司指定银行开立的投资款专户的款项。外埠存款，是指企业为了到外地进行临时或零星采购，而汇往采购地银行开立采购专户的款项。

为了反映和监督其他货币资金的收支和结存情况，企业应当设置“其他货币资金”科目，借方登记企业其他货币资金的增加，贷方登记企业其他货币资金的减少，期末余额在借方，反映企业实际持有的其他货币资金的金额。“其他货币资金”科目可按银行汇票或本票、信用证的收款单位，外埠存款的开户银行，相应设置“银行汇票”“银行本票”“信用卡”“信用证保证金”“存出投资款”“外埠存款”等明细科目，进行明细核算。另外,虽然第三方支付已经在会计实务中得到广泛应用,但政府监管部门尚未针对第三方支付行业的会计核算制定相关规定,理论界一般认为企业可以将注册在第三方支付平台虚拟账户中的资金作为“其他货币资金”进行核算,如“支付宝”账号中的资金[①]。

【例 5-8】 南湖电器股份有限公司向银行申请办理银行汇票用以购买原材料,将款项 232 000 元交存银行转作银行汇票存款。会计处理如下:

借:其他货币资金——银行汇票	232 000	
贷:银行存款		232 000

【例 5-9】 南湖电器股份有限公司购入原材料一批已验收入库,取得的增值税专用发票上注明的价款为 200 000 元,增值税税额为 26 000 元,已用银行汇票办理结算。会计处理如下:

借:原材料	200 000	
应交税费——应交增值税(进项税额)	26 000	
贷:其他货币资金——银行汇票		226 000

二、交易性金融资产

交易性金融资产项目在资产负债表项目中流动性仅次于货币资金项目。交易性金融资产是企业分类为以公允价值计量且其变动计入当期损益的金融资产。例如,股票(不考虑特殊指定的情况)、基金、可转换债券等企业常见的投资产品,是资产负债表流动资产的主要组成项目。

金融资产的概念

为了反映和监督交易性金融资产的取得、收取现金股利或利息、出售等情况,企业应当设置“交易性金融资产”“公允价值变动损益”和“投资收益”等科目进行核算。

“交易性金融资产”科目核算企业分类为以公允价值计量且其变动计入当期损益的金融资产,借方登记交易性金融资产的取得成本、资产负债表日其公允价值高于账面余额的差额,以及出售交易性金融资产时结转公允价值低于账面余额的变动金额;贷方登记资产负债表日其公允价值低于账面余额的差额,以及企业出售金融资产时结转的成本和公允价值高于账面余额的变动金额;期末借方余额反映企业交易性金融资产的公允价值。企业应当按照交易性金融资产的类别和品种,分别设置“成本”“公允价值变动”等明细科目进行核算。

“公允价值变动损益”科目核算企业交易性金融资产等的公允价值变动而形成的应计入当期损益的利得或损失,借方登记资产负债表日企业持有的交易性金融资产等的公允价值低于账面余额的差额;贷方登记资产负债表日企业持有的交易性金融

① 周国光,温丽艳.网联模式下第三方支付业务之会计处理——以支付宝为例[J].财会月刊,2018(5):77-81.

资产等的公允价值高于账面余额的差额；期末将本科目的余额转入“本年利润”科目，结转后本科目应当没有余额。

“投资收益”科目核算企业持有交易性金融资产等的期间内取得的投资收益以及出售交易性金融资产等实现的投资收益或投资损失，借方登记企业取得交易性金融资产时支付的交易费用、出售交易性金融资产等发生的投资损失；贷方登记企业持有交易性金融资产等的期间内取得的投资收益以及出售交易性金融资产等实现的投资收益；期末将本科目的余额转入“本年利润”科目，结转后本科目应当没有余额。

【例 5-10】 2020 年 5 月 11 日，南湖电器股份有限公司从上海证券交易所购入武汉西湖股份有限公司股票 100 000 股，该笔股票投资在购买日的公允价值为 1 000 000 元，另支付相关交易费用 2 500 元。

(1) 购买武汉西湖股份有限公司股票时，会计处理如下：

借：交易性金融资产——成本	1 000 000	
贷：其他货币资金——存出投资款		1 000 000

(2) 支付相关交易费用时，会计处理如下：

借：投资收益	2 500	
贷：其他货币资金——存出投资款		2 500

(3) 假定 2021 年 3 月 20 日，武汉西湖股份有限公司宣告发放 2020 年现金股利，南湖电器股份有限公司按其持有该上市公司股份计算确定的应分得的现金股利为 800 000 元。假定不考虑相关税费。会计处理如下：

借：应收股利	800 000	
贷：投资收益		800 000

(4) 假定 2021 年 6 月 30 日，南湖电器股份有限公司持有武汉西湖股份有限公司股票的公允价值为 2 000 000 元。会计处理如下：

借：交易性金融资产——公允价值变动	1 000 000	
贷：公允价值变动损益		1 000 000

(5) 假定 2021 年 7 月 30 日，南湖电器股份有限公司出售了所持有的全部武汉西湖股份有限公司股票，价款为 2 700 000 元。不考虑相关税费和其他因素。会计处理如下：

借：其他货币资金——存出投资款	2 700 000	
贷：交易性金融资产——成本		1 000 000
——公允价值变动		1 000 000
投资收益		700 000

三、应收款项

应收款项，是指企业应向其他单位或个人收取的款项，包括应收票据、应收账款、预付款项和其他应收款等，是资产负债表流动资产的主要组成项目。其中，其他应收款、应收股利和应收利息又是资产负债表其他应收款项目的主要组成内容。

(一) 应收票据

应收票据，是指企业因销售商品、提供劳务等收到的商业汇票；商业汇票是一种由出票人签发的，委托付款人在指定日期无条件支付确定金额给收款人或者持票人的票据。根据承兑人不同，商业汇票分为商业承兑汇票和银行承兑汇票。商业承兑汇票，是指由付款人签发并承兑，或由收款人签发交由付款人承兑的汇票；银行承兑汇票，是指由在承兑银行开立存款账户的存款人(这里也是出票人)签发，由承兑银行承兑的票据。

为了反映和监督应收票据取得、票款收回等情况，企业应当设置"应收票据"科目，借方登记取得的应收票据的面值，贷方登记到期收回票款或到期前向银行贴现的应收票据的票面余额，期末余额在借方，反映企业持有的商业汇票的票面余额。企业可按照开出、承兑商业汇票的单位对该科目进行明细核算。

1. 应收票据取得的会计处理

企业收到承兑的商业汇票时，应按票面金额借记"应收票据"科目，并根据不同的业务内容分别贷记"主营业务收入""应交税费——应交增值税(销项税额)""应收账款"等科目。

2. 应收票据转让的会计处理

企业可以将自己持有的商业汇票背书转让。背书，是指在票据背面或者粘单上记载有关事项并签章的票据行为。企业将持有的商业汇票背书转让给其他企业获取物资时，应借记"材料采购"或"原材料""库存商品""应交税费——应交增值税(进项税额)"等科目，按商业汇票的票面金额，贷记"应收票据"科目，如有差额，借记或贷记"银行存款"等科目。背书转让给银行，即贴现，也就是贴现银行作为受让方买入未到期的票据，从票据中扣除按银行贴现率计算确定的贴现利息后将余额付给贴现者的一种交易行为。持未到期的商业汇票向银行贴现，应按实际收到的金额(即减去贴现息后的净额)，借记"银行存款"等科目，按商业汇票的票面金额，贷记"应收票据"科目，按照其差额，借记或贷记"财务费用"等科目。

3. 应收票据到期的会计处理

商业汇票到期收回款项时，应按实际收到的金额，借记"银行存款"科目，贷记"应收票据"科目。

【例 5-11】 南湖电器股份有限公司销售一批产品，开具的增值税专用发票上注明的价款为 1 000 000 元，增值税税额为 130 000 元，对方开出商业汇票抵付货款。

(1) 收到票据时，会计处理如下：

借：应收票据	1 130 000	
贷：主营业务收入		1 000 000
应交税费——应交增值税(销项税额)		130 000

(2) 假定将上述商业汇票背书转让,以取得生产经营所需的A材料,该材料价款为1 000 000元,适用的增值税税率为13%。会计处理如下:

借:原材料　　1 000 000
　应交税费——应交增值税(进项税额)　　130 000
　贷:应收票据　　1 130 000

(3) 假定上述商业汇票到期收回款项,存入银行。会计处理如下:

借:银行存款　　1 130 000
　贷:应收票据　　1 130 000

(二) 应收账款

应收账款,是指企业因销售商品、提供劳务等经营活动,应向购货单位或接受劳务单位收取的款项,主要包括企业销售商品或提供劳务等应向有关债务人收取的价款及代购货单位垫付的包装费、运杂费等。

为了反映和监督应收账款的增减变动及其结存情况,企业应设置"应收账款"科目,借方登记应收账款的增加,贷方登记应收账款的收回及确认的坏账损失,期末余额一般在借方,反映企业尚未收回的应收账款金额;如果期末余额在贷方,则反映企业预收账款的金额。企业可按照按债务人对该科目进行明细核算。

企业发生应收账款时,按应收金额,借记"应收账款"科目,贷记"主营业务收入""应交税费——应交增值税(销项税额)"等科目;收回应收账款时,借记"银行存款"等科目,贷记"应收账款"科目;企业代购货单位垫付包装费、运杂费时,借记"应收账款"科目,贷记"银行存款"等科目;收回代垫费用时,借记"银行存款"科目,贷记"应收账款"科目。

【例5-12】 南湖电器股份有限公司采用托收承付结算方式向武汉北湖有限责任公司销售商品一批,开具的增值税专用发票上注明的价款为2 000 000元,增值税税额为260 000元,已办理托收手续。

(1) 收到相关票据时,会计处理如下:

借:应收账款　　2 260 000
　贷:主营业务收入　　2 000 000
　　应交税费——应交增值税(销项税额)　　260 000

(2) 假定上述应收账款到期收回款项,存入银行,会计处理如下:

借:银行存款　　2 260 000
　贷:应收账款　　2 260 000

(3) 假定收到武汉北湖有限责任公司承兑的商业汇票,面值2 260 000元,用以偿还其前欠货款,会计处理如下:

借：应收票据　　2 260 000
　　贷：应收账款　　2 260 000

(三) 预付款项

预付款项，是指企业按照合同规定预付的款项，如预付材料和商品的采购款、预付在建工程款。为了反映和监督预付款项的增减变动及其结存情况，企业应当设置"预付账款"科目，借方登记预付的款项及补付的款项，贷方登记收到所购物资时根据有关发票账单确认的金额及收回多付款项的金额，如果期末余额在借方，反映企业实际预付的款项；如果期末余额在贷方，反映企业应付或应补付的款项。预付款项情况不多的企业，可以不设置"预付账款"科目，而将预付的款项通过"应付账款"科目核算。

企业根据购货合同的规定向供应单位预付款项时，按照预付款项的金额，借记"预付账款"科目，贷记"银行存款"科目；企业收到所购物资，按所需支付的款项，借记"材料采购""原材料""库存商品""应交税费——应交增值税(进项税额)"等科目，贷记"预付账款"科目；当预付价款小于采购货物所需支付的款项时，应将不足部分补付，借记"预付账款"科目，贷记"银行存款"科目；当预付价款大于采购货物所需支付的款项时，对收回的多余款项，应借记"银行存款"科目，贷记"预付账款"科目。

【例 5-13】 南湖电器股份有限公司向武汉北湖有限责任公司采购材料 50 000 元。

(1) 按照合同规定向武汉北湖有限责任公司预付价款的 50%，验收货物后补付其余款项。会计处理如下：

借：预付账款　　25 000
　　贷：银行存款　　25 000

(2) 收到武汉北湖有限责任公司发来的材料，验收无误，取得的增值税专用发票上注明的价款为 50 000 元，增值税税额为 6 500 元，以银行存款补付所欠款项 31 500 元。会计处理如下：

借：原材料　　50 000
　　应交税费——应交增值税(进项税额)　　6 500
　　贷：预付账款　　56 500
借：预付账款　　31 500
　　贷：银行存款　　31 500

(四) 其他应收款

资产负债表流动资产项目中的其他应收款项目主要包括"其他应收款""应收利息"和"应收股利"等科目。

1. “其他应收款”科目

其他应收款，是指企业除应收票据、应收账款、预付账款、应收股利、应收利息等以外的其他各种应收及暂付款项。其主要内容包括：①应收的各种赔款、罚款，如因企业财产等遭受意外损失而应向有关保险公司收取的赔款；②应收的出租包装物租金；③应向职工收取的各种垫付款项，如为职工垫付的水电费、应由职工负担的医药费、房租费；④存出保证金，如租入包装物支付的押金；⑤其他各种应收、暂付款项。

为了反映和监督其他应收账款的增减变动及其结存情况，企业应当设置“其他应收款”科目，借方登记其他应收款的增加，贷方登记其他应收款的收回，期末余额一般在借方，反映企业尚未收回的其他应收款项。企业可按对方单位(或个人)对该科目进行明细核算。

【例 5-14】 南湖电器股份有限公司某职工预借差旅费 3 000 元，付给现金。会计处理如下：

借：其他应收款	3 000	
贷：库存现金		3 000

【例 5-15】 南湖电器股份有限公司发生火灾，导致库存材料毁损。

(1) 假定按保险合同规定，应由保险公司赔偿损失 30 000 元，赔款尚未收到。会计处理如下：

借：其他应收款	30 000	
贷：原材料		30 000

(2) 假定南湖电器股份有限公司收到上述保险公司的赔款 30 000 元，存入银行。会计处理如下：

借：银行存款	30 000	
贷：其他应收款		30 000

2. “应收利息”科目

应收利息，是指企业根据合同或协议规定应向债务人收取的利息。为了反映和监督应收利息的增减变动及其结存情况，企业应设置“应收利息”科目进行核算，借方登记应收利息的增加，贷方登记收到的利息，期末余额一般在借方，反映企业尚未收回的利息。

3. “应收股利”科目

应收股利，是指企业应收取的现金股利和应收取其他单位分配的利润。为了反映和监督应收股利的增减变动及其结存情况，企业应设置“应收股利”科目，借方登记应收股利的增加，贷方登记收到的现金股利或利润，期末余额一般在借方，反映企业尚未收到的现金股利或利润。

（五）债权计价和坏账损失

1. 债权计价的理论基础

企业的债权理论上应该按照未来可得现金的现值入账，但企业的各项应收款项转化为现金的期限一般不会超过 1 年，其现值与交易发生日确定的金额不会有很大的差别，所以在实际工作中，遵循重要性原则，对应收款项都是以其成交价格计量，即按照交易日的实际发生额作为入账价值。

企业的各项应收款项，可能会因购货人拒付、破产、死亡等原因而无法收回，从而形成坏账。核算坏账损失的方法有两种，即直接转销法和备抵法。直接转销法是在实际发生坏账时，坏账作为一种损失直接计入期间费用，同时冲销应收款项；备抵法是按照一定的方法按期估计坏账损失，计入当期损益，同时建立坏账准备金，待实际发生坏账时，冲销已经计提的坏账准备金和相应的应收款项。我国《企业会计准则》规定，企业单位应该采用备抵法核算坏账损失。

采用备抵法核算坏账，将预计未来不能收回的应收账款作为坏账损失计入当期损益，既符合权责发生制原则，也遵循了收入和费用的配比原则，避免虚盈实亏，又在一定程度上消除或减少了坏账损失给企业带来的风险，符合谨慎性原则。另外，在财务报表上列示应收款项净额，使企业应收款项可能发生的坏账损失得到及时反映，有助于会计信息使用者更加清楚地了解企业真实的财务状况和经营成果。

2. 坏账损失的估计方法

根据目前我国会计准则的规定，不含重大融资成分（包括不考虑不超过 1 年的合同中融资成分的情况）的应收账款应当始终按照整个存续期内预期信用损失的金额计量其损失准备，即按照预期信用损失法计量其损失准备。实务中，按照预期信用损失法计量损失准备主要有两种方法，即个别认定法和账龄减值矩阵模型法。

(1) 个别认定法。

个别认定法，是指会计期末对有客观证据表明其已发生减值的应收款项单独进行减值测试，根据其预计未来现金流量现值低于其账面价值的差额，确认减值损失，计提坏账准备。

【例 5-16】 南湖电器股份有限公司经分析发现，年末应收北湖有限公司账款余额为 100 000 元，但该公司已经进入破产程序，预计有 80%的应收账款无法收回。计算过程如下：

$$应计提坏账损失 = 100\ 000 \times 80\% = 80\ 000(元)$$

(2) 账龄减值矩阵模型法。

账龄减值矩阵模型法是在账龄分析的基础上，利用迁徙率对历史损失率进行估计，并在考虑前瞻信息后对信用损失进行预测的方法。此方法适用于应收账款、合同资产等预期信用损失的计量，具体步骤如下：①统计近期较为稳定的经营周期内应收账款账龄；②计算该周期内应收账款迁徙率及其平均值；③计算历史损失率；④前瞻性信息调整；⑤计算预期信用损失。

【例5-17】 南湖电器股份有限公司将某一地区具有类似风险特征的客户划分为一个单独的组合，并单独计量该组合的预期信用损失。根据南湖电器股份有限公司的历史经验，该地区不同细分客户群体发生损失的情况没有显著差异。

（1）统计近四年应收账款账龄情况。应收账款账龄分布表如表5-3所示。

表5-3 应收账款账龄分布表

单位：元

账龄	2017年12月31日	2018年12月31日	2019年12月31日	2020年12月31日
1年以内（含1年）	200 000	300 000	400 000	500 000
1～2年（含2年）	5 000	10 000	20 000	50 000
2～3年（含3年）	1 000	1 200	3 000	4 000
3年以上	500	800	1 000	2 000
其中：上年年末账龄为3年以上，本年继续迁徙部分		500	800	1 000
合计	206 500	312 000	424 000	556 000

（2）计算该周期内应收账款迁徙率及其平均值。应收账款迁徙率计算表如表5-4所示。

表5-4 应收账款迁徙率计算表

账龄	2017年至2018年迁徙率	2018年至2019年迁徙率	2019年至2020年迁徙率	三年平均迁徙率
1年以内（含1年）	5%①	6.67%	12.5%	8.06%(A)
1～2年（含2年）	24%	30%	20%	24.67%(B)
2～3年（含3年）	30%	16.67%	33.33%	26.67%(C)
3年以上	100.00%②	100.00%	100.00%	100.00%(D)

注：①当年迁徙率，为上年年末该账龄余额至下年末仍未收回的金额占上年末该账龄余额的比重。例如，2017年12月31日，1年以内（含1年）应收账款余额为200 000元，至2018年12月31日仍未收回的部分会迁徙至1～2年（含2年）期间，为10 000元，可计算得出迁徙率为5%（10 000/200 000），其余期间迁徙率也以此方法推算。

②在本例中，3年以上迁徙率为100%，是因为对该组合近四年应收账款的账龄分布情况进行统计时，发现2017年12月31日3年以上金额，至2018年12月31日均未回收，全部迁徙至2018年12月31日的3年以上。

最长账龄期间的迁徙率实际是在基于历史回收情况下的一种主观估计，而该因素直接影响各个账龄区间的违约损失率。实务中也会存在“3年以上”的损失率低于100%的情况。例如，账龄超过3年的应收账款通过诉讼追讨等方式最终能收回其中的20%，其余的80%最终核销，在这种情况下，如能获取充分适当的证据，3年以上历史违约损失率可以确定为80%。

(3) 计算历史损失率。应收账款历史损失率计算表如表5-5所示。

表5-5 应收账款历史损失率计算表

账龄	历史损失率	公式
1年以内(含1年)	0.53%	E=A×B×C×D
1～2年(含2年)	6.58%	F=B×C×D
2～3年(含3年)	26.67%	G=C×D
3年以上	100.00%	H=D

(4) 确定前瞻性调整。

通过回归分析确定经济指标历史上与损失率之间的关系,并通过预测未来经济指标确定调整。具体计算时,可参考以下信息:评价企业选择的用于前瞻性调整的经济指标;通过回归分析确定经济指标历史上与损失率之间的关系;取得预测的未来经济指标;回归方程计算确定前瞻性调整数值。

本例中,南湖电器股份有限公司通过历史数据分析,识别出影响各资产组合的信用风险及预期信用损失的关键经济指标,包括国内生产总值(GDP)增长率、广义货币(M2)增长率、利率等;通过回归分析确定这些经济指标历史上与预期信用损失率变动之间的关系;对未来经济指标做出预测,确定预期的预期信用损失率变动;通过获取历史期间关键经济指标数据并使用回归分析求取回归方程,可得出未来1年前瞻性调整数值,假定计算得出预计3年以下账龄的预期损失率比历史损失率高2%。

(5) 计算该组合资产负债表日的坏账准备(预期信用损失)。坏账准备计算表如表5-6所示。

表5-6 坏账准备计算表

单位:元

账龄	2020年12月31日余额	预期损失率	坏账准备(预期信用损失)
	①	②=历史损失率×(1+2%)	③=①×②
1年以内(含1年)	500 000	0.54%	2 700
1～2年(含2年)	50 000	6.71%	3 355
2～3年(含3年)	4 000	27.20%	1 088
3年以上	2 000	100.00%	2 000
合计	556 000		9 143

3. 坏账损失的核算

为了核算坏账准备金的提取和实际转销情况,企业需要设置"坏账准备"科目,借方登记实际发生的坏账损失金额和冲减的坏账准备金额,贷方登记提取的坏账准备、收回已转销的应收账款而恢复的坏账准备,期末余额如在借方,表示实际发生的坏账损失大于已提取的坏账准备的差额,期末余额如在贷方,表示已经提取但未使用的坏账准备。

提取坏账准备时，借记“信用减值损失”科目，贷记“坏账准备”科目；冲销多提的坏账准备时，借记“坏账准备”科目，贷记“信用减值损失”科目；实际发生坏账冲销坏账准备金时，借记“坏账准备”科目，贷记“应收账款”科目；已经转销的坏账如果又收回，应首先借记“应收账款”科目，贷记“坏账准备”科目，然后再借记“银行存款”科目，贷记“应收账款”科目。

【例 5-18】 2019 年 12 月 31 日，南湖电器股份有限公司计提坏账准备金 35 000 元。会计处理如下：

借：信用减值损失	35 000	
贷：坏账准备		35 000

【例 5-19】 2020 年 6 月 1 日，南湖电器股份有限公司应收账款实际发生坏账损失 30 000 元。会计处理如下：

借：坏账准备	30 000	
贷：应收账款		30 000

【例 5-20】 2020 年 6 月 5 日，南湖电器股份有限公司收回已作坏账转销的应收账款 200 000 元，已存入银行。会计处理如下：

借：应收账款	200 000	
贷：坏账准备		200 000
借：银行存款	200 000	
贷：应收账款		200 000

采用预期信用损失法时，各期估计的坏账损失应同账面上原有的坏账准备进行比较，并调整“坏账准备”科目余额，使之与估计坏账损失数额一致。计算公式如下：

$$\text{当期应计提的坏账准备} = \text{当期按应收账款应提坏账准备金额} - (\text{或}+) \text{“坏账准备”科目的贷方（或借方）期初余额}$$

【例 5-21】 南湖电器股份有限公司坏账准备金期初贷方余额 35 000 元，假定根据账龄减值矩阵模型法计算出本期应该计提 50 000 元。

（1）计算过程如下：

当期应计提的坏账准备＝50 000－35 000＝15 000（元）

（2）会计处理如下：

借：信用减值损失	15 000	
贷：坏账准备		15 000

四、存货

存货，是指企业在日常活动中持有以备出售的产品或商品、处在生产过程中的在产品、在生产过程或提供劳务过程中耗用的材料或物料等，包括各类原材料、在产品、半成品、产成品、商品以及包装物、低值易耗品、委托代销商品等，是资产负债表流动资产的主要组成项目。

（一）存货的计价

存货成本包括采购成本、加工成本和其他成本等。不同的方式(途径)形成的存货，其成本的构成内容也不同。采购成本，是指在存货采购过程中形成的成本，包括购买价款、相关税费、运输费、装卸费、保险费以及其他可归属于存货采购成本的费用；加工成本，是指在存货的加工过程中发生的追加费用，包括直接人工以及按照一定方法分配的制造费用；存货的其他成本是指除采购成本、加工成本以外的，使存货达到目前场所和状态所发生的其他支出。

只有正确区分计入存货的费用和计入当期损益的费用，才能正确反映企业的财务状况和当期费用，从而正确在资产负债表和利润表中列示。

1. 购入存货的计价方法

存货的采购成本，包括购买价款、相关税费、运输费、装卸费、保险费以及其他可归属于存货采购成本的费用。

其中，存货的购买价款是指企业购入的材料或商品的发票账单上列明的价款，但不包括按照规定可以抵扣的增值税进项税额。存货的相关税费是指企业购买存货发生的进口关税、消费税、资源税和不能抵扣的增值税进项税额以及相应的教育费附加等应计入存货采购成本的税费。其他可归属于存货采购成本的费用是指采购成本中除上述各项外的可归属于存货采购的费用，如在存货采购过程中发生的仓储费、包装费、运输途中的合理损耗、入库前的挑选整理费用。运输途中的合理损耗是指商品在运输过程中，因商品性质、自然条件及技术设备等因素，所发生的自然的或不可避免的损耗。例如，汽车在运输煤炭、化肥等的过程中自然散落以及易挥发产品在运输过程中的自然挥发。入库前的整理挑选费用是指购入的存货在入库前需要挑选整理而发生的费用，包括挑选过程中所发生的工资、费用支出和必要的损耗，但要扣除可回收残次品的价值。

以上各项费用若能由某种存货负担，可以直接计入该种存货的采购成本，不能分清的，应采用一定的方法分配计入各种存货的采购成本。

【例 5-22】 南湖电器股份有限公司通过银行支付了购入的 A 材料、B 材料和 C 材料的运杂费 30 000 元(按材料的重量分配)，材料已验收入库。A 材料重量为 3 000 千克，B 材料重量为 2 000 千克，C 材料重量为 1 000 千克。南湖电器股份有限公司采用实际成本进行材料运杂费分配处理如下：

运杂费分配率＝30 000÷(3 000＋2 000＋1 000)＝5(元/千克)

A 材料应分配的运杂费＝3 000×5＝15 000(元)

B 材料应分配的运杂费＝2 000×5＝10 000(元)

C 材料应分配的运杂费＝1 000×5＝5 000(元)

2. 发出存货的计价方法

企业应当根据存货实物的流转方式、企业管理的要求、存货的性质等实际情况，合理地确定发出存货成本的计算方法，从而确定当期发出存货的成本。对于性质和用途相同的存货，应当采用相同的成本计算方法确定发出存货的成本。

实务中，企业发出的存货可以按实际成本核算，也可以按计划成本核算。

(1) 按实际成本核算发出存货。

在按实际成本核算方式下，发出存货成本的计价方法可采用个别计价法、先进先出法、月末一次加权平均法和移动加权平均法等。

① 个别计价法。

个别计价法，亦称个别认定法、具体辨认法、分批实际法，采用这一方法是假设存货具体项目的实物流转与成本流转相一致，按照各种存货逐一辨认各批发出存货和期末存货所属的购进批别或生产批别，分别按其购入或生产时所确定的单位成本计算各批发出存货和期末存货成本。

个别计价法的成本计算准确，符合实际情况，但在存货收发频繁情况下，其发出成本分辨的工作量较大。因此，这种方法通常适用于一般不能替代使用的存货、为特定项目专门购入或制造的存货以及提供的劳务，如珠宝、名画、游艇等贵重物品。

② 先进先出法。

先进先出法，是指以先购入的存货应先发出(即用于销售或耗用)这样一种存货实物流动假设为前提，对发出存货进行计价的一种方法。

先进先出法可以随时结转存货发出成本，但如果存货收发业务较多，且存货单价不稳定时，其工作量较大。在物价持续上升时，期末存货成本偏高，而发出成本偏低，会高估企业当期利润和库存存货价值；反之，会低估企业存货价值和当期利润。

③ 月末一次加权平均法。

月末一次加权平均法，是指以本月全部进货数量加上月初存货数量作为权数，去除本月全部进货成本加上月初存货成本，计算出存货的加权平均单位成本，以此为基础计算本月发出存货的成本和期末结存存货的成本的一种方法。计算公式如下：

$$\begin{matrix}\text{存货加权}\\\text{平均单位成本}\end{matrix}=\left(\begin{matrix}\text{月初结存}\\\text{存货实际成本}\end{matrix}+\begin{matrix}\text{本月收入}\\\text{存货实际成本}\end{matrix}\right)\div\left(\begin{matrix}\text{月初结存}\\\text{存货数量}\end{matrix}+\begin{matrix}\text{本月收入}\\\text{存货数量}\end{matrix}\right)$$

$$\text{本月发出存货成本}=\text{本月发出存货数量}\times\text{存货加权平均单位成本}$$

$$\text{月末库存存货成本}=\text{月末库存存货数量}\times\text{存货加权平均单位成本}$$

采用月末一次加权平均法只在月末一次计算加权平均单价，有利于简化成本计算工作。但由于平时无法从账上提供发出和结存存货的单价及金额，不利于存货成本的日常管理与控制。

④ 移动加权平均法。

移动加权平均法，是指以每次进货的成本加上原有结存存货的成本的合计额，除以每次进货数量加上原有结存存货的数量的合计数，据以计算加权平均单位成本，作为在下次进货前计算各次发出存货成本依据的一种方法。计算公式如下：

$$\text{新加权平均单位成本}=\left(\text{原结存存货成本}+\text{新入库存货成本}\right)\div\left(\text{原结存存货数量}+\text{新入库存货数量}\right)$$

本次发出存货成本＝本次发出存货数量×新加权平均单位成本

本次发出后结存存货成本＝本次发出后结存存货数量×新加权平均单位成本

采用移动加权平均法能够使企业管理层及时了解存货的结存情况，计算的平均单位成本以及发出和结存的存货成本比较客观。但由于每次收货都要计算一次平均单位成本，计算工作量较大，对收发货较频繁的企业不太适用。

(2) 按计划成本核算发出存货。

在按计划成本核算方式下，企业应在会计期末结转应负担的成本差异，从而将发出存货的计划成本调整为实际成本。发出存货应负担的成本差异应当按期（月）分摊，不得在季末或年末一次计算。发出存货应当负担的成本差异计算公式如下：

$$\text{本期存货成本差异率}=\left(\text{期初结存的存货成本差异}+\text{本期存货的成本差异}\right)\div\left(\text{期初结存的存货计划成本}+\text{本期存货的计划成本}\right)\times100\%$$

发出存货应当负担的成本差异＝发出存货的计划成本×本期存货成本差异率

如果企业的存货成本差异率各期之间是比较均衡的，也可以采用期初存货成本差异率分摊本期的存货成本差异。年度终了，应对存货成本差异率进行核实调整。发出存货应当负担的成本差异计算公式如下：

$$\text{期初存货成本差异率}=\text{期初结存的存货成本差异}\div\text{期初结存的存货计划成本}\times100\%$$

$$\text{发出存货应当负担的成本差异}=\text{发出存货的计划成本}\times\text{期初存货成本差异率}$$

【例 5-23】 南湖电器股份有限公司月初结存材料的计划成本为 1 000 000 元，成本差异为超支 300 000 元；当月入库材料的计划成本 4 000 000 元，成本差异为节约 200 000 元。本月发出材料的计划成本为 3 000 000 元，全部用于生产产品。南湖电器股份有限公司采用计划成本进行材料日常核算。会计处理如下：

材料成本差异率＝(300 000－200 000)÷(1 000 000＋4 000 000)×100%＝2%

本月发出材料应负担的材料成本差异＝3 000 000×2%＝60 000(元)

借：生产成本	60 000	
贷：材料成本差异		60 000

【例 5-24】 南湖电器股份有限公司 2020 年 6 月 A 商品的期初结存和本期购销情况如表 5-7 所示。

表 5-7　A 商品购销明细账

金额单位：元

2020 年		摘要	收入			发出			结存		
月	日		数量	单价	金额	数量	单价	金额	数量	单价	金额
6	1	期初结存							150	60	9 000
	8	销售				70					
	15	购进	100	62	6 200						
	20	销售				50					
	24	销售				90					
	28	购进	200	68	13 600						
	30	销售				60					
		本期销售成本				270					

（1）采用先进先出法计价，库存商品明细分类账的登记结果如表 5-8 所示。

表 5-8　A 商品购销明细账（先进先出法）

金额单位：元

2020 年		摘要	收入			发出			结存		
月	日		数量	单价	金额	数量	单价	金额	数量	单价	金额
6	1	期初结存							150	60	9 000
	8	销售				70	60	4 200	80	60	4 800
	15	购进	100	62	6 200				80 100	60 62	11 000
	20	销售				50	60	3 000	30 100	60 62	8 000
	24	销售				30 60	60 62	1 800 3 720	40	62	2 480
	28	购进	200	68	13 600				40 200	62 68	16 080
	30	销售				40 20	62 68	2 480 1 360	180	68	12 240
		本期销售成本				270		16 560			

（2）采用月末一次加权平均法计算期末库存商品成本和本期销售成本，以及库存商品明细账的登记结果，如表 5-9 所示。

表 5-9　A 商品购销明细账(月末一次加权平均法)

金额单位:元

2020 年		摘要	收入			发出			结存		
月	日		数量	单价	金额	数量	单价	金额	数量	单价	金额
6	1	期初结存							150	60	9 000
	8	销售				70			80		
	15	购进	100	62	6 200				180		
	20	销售				50			130		
	24	销售				90			40		
	28	购进	200	68	13 600				240		
	30	销售				60			180		11 520
		本期销售成本				270	64	17 280			

其中:加权平均单价=(9 000+6 200+13 600)÷(150+100+200)=64(元)

(3) 采用移动加权平均法计算本期各批商品销售成本和结存成本,以及库存商品明细账的登记结果,如表 5-10 所示。

表 5-10　A 商品购销明细账(移动加权平均法)

金额单位:元

2020 年		摘要	收入			发出			结存		
月	日		数量	单价	金额	数量	单价	金额	数量	单价	金额
6	1	期初结存							150	60	9 000
	8	销售				70	60	4 200	80	60	4 800
	15	购进	100	62	6 200				180	61.11	11 000
	20	销售				50	61.11	3 056	130	61.11	7 944
	24	销售				90	61.11	5 500	40	61.11	2 444
	28	购进	200	68	13 600				240	66.85	16 044
	30	销售				60	66.85	4 011	180	66.85	12 033
		本期销售成本				270		16 767			

其中:

第一批购入后的平均单价为:

移动加权平均单价=(4 800+6 200)÷(80+100)=61.11(元)

第二批购入后的平均单价为:

移动加权平均单价=(2 444+13 600)÷(40+200)=66.85(元)

（二）原材料

原材料，是指企业在生产过程中经过加工改变其形态或性质并构成产品主要实体的各种原料、主要材料和外购半成品，以及不构成产品实体但有助于产品形成的辅助材料。原材料具体包括原料及主要材料、辅助材料、外购半成品（外购件）、修理用备件（备品备件）、包装材料、燃料等。

原材料的日常收入、发出及结存可以采用实际成本核算，也可以采用计划成本核算。

1. 采用实际成本核算

材料采用实际成本核算时，材料的收入、发出及结存，无论总分类核算还是明细分类核算，均按照实际成本计价。企业采用实际成本法核算原材料，需要设置“原材料”和“在途物资”科目。

“原材料”科目核算企业库存各种材料的收入、发出与结存情况。在原材料按实际成本核算时，借方登记入库材料的实际成本，贷方登记发出材料的实际成本，期末余额在借方，反映企业库存材料的实际成本。

“在途物资”科目核算企业采用实际成本（或进价）进行材料、商品等物资的日常核算、货款已付尚未验收入库的在途物资的采购成本。借方登记企业购入的在途物资的实际成本，贷方登记验收入库的在途物资的实际成本，期末余额在借方，反映企业在途物资的采购成本。

由于支付方式不同，原材料入库的时间与付款的时间可能一致，也可能不一致，在会计处理上也有所不同。

（1）购入材料的会计处理。

① 货款已经支付或开出承兑商业汇票，同时材料已验收入库的情况下，借记“原材料”“应交税费——应交增值税（进项税额）”等科目，贷记“银行存款”“应付票据”等科目。

【例 5-25】 南湖电器股份有限公司购入材料一批，取得的增值税专用发票上注明的价款为 1 000 000 元，增值税税额为 130 000 元，款项已用转账支票付讫，材料已验收入库。南湖电器股份有限公司采用实际成本进行材料日常核算。会计处理如下：

借：原材料　　1 000 000
　　应交税费——应交增值税（进项税额）　　130 000
　贷：银行存款　　1 130 000

② 货款已经支付或已开出承兑商业汇票，材料尚未到达或尚未验收入库的情况下，借记“在途物资”“应交税费——应交增值税（进项税额）”等科目，贷记“银行存款”“应付票据”等科目。

【例 5-26】 南湖电器股份有限公司购入材料一批，取得的增值税专用发票上注明的价款为 1 000 000 元，增值税税额为 130 000 元，款项已用转账支票付讫，材料尚未到。南湖电器股份有限公司采用实际成本进行材料日常核算。

（1）收到相关采购发票时，会计处理如下：

借：在途物资　　1 000 000
　应交税费——应交增值税（进项税额）　　130 000
　贷：银行存款　　1 130 000

（2）材料验收入库时，会计处理如下：

借：原材料　　1 000 000
　贷：在途物资　　1 000 000

③ 货款尚未支付，材料已经验收入库的情况下，借记“原材料”“应交税费——应交增值税（进项税额）”等科目，贷记“应付账款”科目。

【例 5-27】 南湖电器股份有限公司采用托收承付结算方式购入材料一批，取得的增值税专用发票上注明的价款为 1 000 000 元，增值税税额为 130 000 元。银行转来的结算凭证已到，款项尚未支付，材料已验收入库。南湖电器股份有限公司采用实际成本进行材料日常核算。会计处理如下：

借：原材料　　1 000 000
　应交税费——应交增值税（进项税额）　　130 000
　贷：应付账款　　1 130 000

如果材料已经验收入库，发票账单未到也无法确定实际成本，期末应按照暂估价值先入账，在下月初，用红字冲销原暂估入账金额，待收到发票账单后再按照实际金额记账。

【例 5-28】 南湖电器股份有限公司购入材料一批，材料已验收入库，月末发票账单尚未收到也无法确定其实际成本，暂估价值为 30 000 元。南湖电器股份有限公司采用实际成本进行材料日常核算。

（1）期末暂估入账时，会计处理如下：

借：原材料　　30 000
　贷：应付账款——暂估应付账款　　30 000

（2）下月月初，用红字冲销原暂估入账金额，会计处理如下：

借：原材料　　[30 000]
　贷：应付账款——暂估应付账款　　[30 000]

（3）上述购入的材料于次月收到发票账单，取得的增值税专用发票上注明的价款为 30 000 元，增值税税额为 3 900 元，已用银行存款付讫，会计处理如下：

借：原材料	30 000	
应交税费——应交增值税（进项税额）	3 900	
贷：银行存款		33 900

④ 货款已经预付，材料尚未验收入库的情况下，借记“预付账款”科目，贷记“银行存款”科目，材料验收入库后，借记“在途物资”“应交税费——应交增值税（进项税额）”等科目，贷记“预付账款”科目。如果预先支付材料款小于实际材料款，需要补差价，借记“预付账款”科目，贷记“银行存款”科目；如果预先支付材料款大于实际材料款，需要退回差价，借记“银行存款”科目，贷记“预付账款”科目。

【例 5-29】 南湖电器股份有限公司根据与武汉北湖有限责任公司的购销合同规定，为购买材料向武汉北湖有限责任公司预付价款的 80%，共计 80 000 元，已通过汇兑方式汇出。南湖电器股份有限公司采用实际成本进行材料日常核算。

（1）预付货款时，会计处理如下：

借：预付账款	80 000	
贷：银行存款		80 000

（2）材料已验收入库，取得的增值税专用发票上注明的价款为 100 000 元，增值税税额为 13 000 元，所欠款项以银行存款付讫，会计处理如下：

借：原材料	100 000	
应交税费——应交增值税（进项税额）	13 000	
贷：预付账款		113 000
借：预付账款	33 000	
贷：银行存款		33 000

（2）发出材料的会计处理。

企业生产经营领用材料，根据材料实际成本，借记“生产成本”“制造费用”“管理费用”等科目，贷记”原材料”科目。

【例 5-30】 南湖电器股份有限公司本月领用材料情况如下，生产产品领用原材料 160 000 元，车间一般性消耗原材料 40 000 元。南湖电器股份有限公司采用实际成本进行材料日常核算。会计处理如下：

借：生产成本	160 000	
制造费用	40 000	
贷：原材料		200 000

2. 采用计划成本核算

材料采用计划成本核算时，材料的收入、发出及结存，无论总分类核算还是明细分类核算，均按照计划成本计价。企业采用计划成本核算时，需要设置“原材料”“材料采购”和“材料成本差异”等科目。

“原材料”科目的借方登记入库材料的计划成本,贷方登记发出材料的计划成本,期末余额在借方,反映企业库存材料的计划成本。

“材料采购”科目借方登记采购材料的实际成本,贷方登记入库材料的计划成本。如借方大于贷方表示超支,从“材料采购”科目贷方转入“材料成本差异“科目的借方;如贷方大于借方表示节约,从“材料采购”科目借方转入“材料成本差异“科目的贷方;期末为借方余额,反映企业在途材料的采购成本。

“材料成本差异”科目反映企业已入库各种材料的实际成本与计划成本的差异,借方登记超支差异及发出材料应负担的节约差异,贷方登记节约差异及发出材料应负担的超支差异。如果期末余额在借方,反映企业库存材料的实际成本大于计划成本的差异(即超支差异);如果期末余额在贷方,反映企业库存材料实际成本小于计划成本的差异(即节约差异)。

(1) 购入材料的会计处理。

在计划成本法下,购入的材料无论是否验收入库,都要先通过“材料采购”科目进行核算,以反映企业所购材料的实际成本,入库后再与计划成本相比较,计算确定材料差异成本。

【例 5-31】 南湖电器股份有限公司购入材料一批,增值税专用发票上注明的价款为 1 000 000 元,增值税税额为 130 000 元,发票账单已收到,计划成本为 1 200 000 元,已验收入库,全部款项以银行存款支付。南湖电器股份有限公司采用计划成本进行材料日常核算。会计处理如下:

借:材料采购	1 000 000	
应交税费——应交增值税(进项税额)	130 000	
贷:银行存款		1 130 000
借:原材料	1 200 000	
贷:材料采购		1 000 000
材料成本差异		200 000

(2) 发出材料的会计处理。

企业生产经营领用材料,根据材料计划成本,借记“生产成本”“制造费用”“管理费用”等科目,贷记”原材料”科目。在月末时应将计划成本调整为实际成本,按不同用途存货的计划成本结合成本差异率计算确定各自应负担的差异额,如果是超支差异额,则借记“生产成本”“制造费用”“管理费用”等有关科目,贷记“材料成本差异”科目;如果是节约差异额,则借记“材料成本差异”科目,贷记“生产成本”“制造费用”“管理费用”等有关科目。

(三) 在产品

在产品,是指企业正在制造尚未完工的生产物,包括正在各个生产工序加工的产品和已加工完毕但尚未检验或已检验但尚未办理入库手续的产品。在产品成本与完工产品成本之和就是产品的生产费用总额。

在产品的生产过程中，生产费用通过转化和归集构成了产品的生产成本。生产成本是对象化了的生产费用，是指企业在一定会计期间生产某种产品所发生的直接费用和间接费用的总和。生产费用在计入产品成本时，不仅要按照一定的产品品种等核算对象归集，而且要按照一定的成本组成项目进行归集，这些项目在会计上称为成本项目。制造业成本项目一般包括直接材料、直接人工和制造费用三个项目。直接材料，是指企业在产品生产中消耗并构成产品实体的原料、主要材料以及有助于产品形成的辅助材料、设备配件和外购的半成品等。直接人工，是指直接参加产品生产的工人的工资和福利费用。制造费用，是指直接用于产品生产，但不便于直接计入产品成本的费用，以及间接用于产品生产的各项费用。如生产部门管理人员的工资及职工福利费、生产部门固定资产的折旧费、物料消耗、办公费、水电费、保险费、劳动保护费等。

为了核算企业进行工业性生产发生的各项生产成本，企业应设置“生产成本”科目，借方反映所发生的各项生产费用，贷方反映完工转出的产品成本，期末借方余额反映尚未加工完成的各项在产品的成本。应按产品品种等成本核算对象设置“基本生产成本”和“辅助生产成本”明细科目。

为了核算企业生产车间（部门）为生产产品和提供劳务而发生的各项间接费用，企业应设置“制造费用”科目，借方反映归集和分配的为生产产品和提供劳务而发生的各项间接费用，贷方反映完工转出的制造费用，期末余额在借方，反映尚未分配的制造费用。

1. 发生直接材料的会计处理

对于直接用于产品生产、构成产品实体的材料，一般分产品领用，应直接记入相应“生产成本”科目；对于不能分产品领用的材料，如化工生产中为几种产品共同耗用的材料，需要采用适当的分配方法，分配记入“生产成本”科目；对于产品生产车间进行设备维修所利用的材料，通常被称为一般性材料消耗，这些材料消耗不是直接发生在产品生产上的，因而不能直接记入“生产成本”科目，而应记入“制造费用”科目。企业外购燃料和动力的，应当根据实际耗用数量或者合理的分配标准对燃料和动力费用进行归集分配，生产部门直接用于生产的燃料和动力，直接记入“生产成本”科目；生产部门间接用于生产（如照明、取暖）的燃料和动力，记入“制造费用”科目。

【例 5-32】 南湖电器股份有限公司生产 A 产品耗用材料 45 000 元，生产 B 产品耗用材料 38 000 元，车间一般性材料消耗 3 000 元。会计处理如下：

借：生产成本——A 产品	45 000	
——B 产品	38 000	
制造费用	3 000	
贷：原材料		86 000

2. 发生直接人工的会计处理

职工薪酬是企业在生产产品或提供劳务活动过程中所发生的各种直接和间接人工费用的总和。对于直接进行产品生产的生产工人的职工薪酬,直接记入“生产成本”科目;对于不能直接计入产品成本的职工薪酬,按工时、产品产量、产值比例等方式进行合理分配,记入“生产成本”科目。对于其他类别的职工的职工薪酬应根据其所从事业务活动的不同性质,构成企业的其他成本费用。例如,车间生产管理的人员的职工薪酬应记入“制造费用”科目;企业管理工作的人员的职工薪酬应记入“管理费用”科目;专设销售机构人员的职工薪酬应记入“销售费用”科目等。

【例 5-33】 南湖电器股份有限公司计算出本月应付各类员工薪酬明细为:生产 A 产品工人工资 30 000 元,生产 B 产品工人工资 24 000 元;生产车间管理人员工资 8 000 元。会计处理如下:

借:生产成本——A 产品	30 000	
——B 产品	24 000	
制造费用	8 000	
贷:应付职工薪酬		62 000

3. 发生制造费用的会计处理

制造费用的内容比较复杂,包括物料消耗,车间管理人员的薪酬,车间管理用房屋和设备的折旧费、租赁费和保险费,车间管理用具摊销,车间管理用的照明费、水费、取暖费、劳动保护费、设计制图费、试验检验费、差旅费、办公费以及季节性及修理期间停工损失等。这些费用发生时不能直接计入产品生产成本,应先归集到“制造费用”科目,然后按照合理的分配标准按月分配计入各成本核算对象的生产成本。

制造费用分配方法很多,通常采用生产工人工时比例法(或生产工时比例法)、生产工人工资比例法(或生产工资比例法)、机器工时比例法和按年度计划分配率分配法等。企业自行决定分配方法,分配方法一经确定,不得随意变更。如需变更,应当在报表附注中予以说明。

分配制造费用的计算公式如下:

制造费用分配率=制造费用总额÷各产品分配标准之和

某种产品应分配的制造费用=该种产品分配标准×制造费用分配率

【例 5-34】 南湖电器股份有限公司计提本月生产车间固定资产折旧 30 000 元。会计处理如下:

借:制造费用	30 000	
贷:累计折旧		30 000

【例 5-35】 南湖电器股份有限公司将生产车间本月发生的制造费用 18 900 元,以生产工人工资为标准分配计入 A、B 两种产品的生产成本。生产 A 产品的工人工

资为 30 000 元,生产 B 产品的工人工资为 24 000 元。会计处理如下:

制造费用分配率＝18 900÷(30 000＋24 000)＝0.35

A 产品应分配制造费用＝30 000×0.35＝10 500(元)

B 产品应分配制造费用＝24 000×0.35＝8 400(元)

借:生产成本——A 产品	10 500	
——B 产品	8 400	
贷:制造费用		18 900

(四) 产成品

产成品,是指已经完成了规定的生产工序,并且已经具备了对外销售条件的各种产品。企业对于已经完工的产品应及时办理验收入库手续,并在计算出本期完工产品成本以后,结转其生产成本。完工产品成本的结转就是将已经完工产品的成本从“生产成本”科目结转入反映企业产成品的“库存商品”科目的过程。

“库存商品”科目核算企业库存的各种商品的实际成本(或进价)或计划成本(或售价),包括库存产成品、外购商品、存放在门市部准备出售的商品、发出展览的商品以及寄存在外的商品等。“库存商品”科目,借方登记完工转入的产成品成本,贷方登记发出的产成品成本,期末余额在借方,反映企业库存产成品的成本。

【例 5-36】 南湖电器股份有限公司将本月生产完工的 A 产品 100 件、B 产品 50 件验收入库,完工产品的生产成本分别为 80 000 元和 60 000 元。会计处理如下:

借:库存商品——A 产品	80 000	
——B 产品	60 000	
贷:生产成本——A 产品		80 000
——B 产品		60 000

(五) 存货清查的会计处理

企业在进行存货的日常收发及保管过程中,由于收发错误、保管不善或非常事项等原因,可能造成存货实际结存数量与账面结存数量不符。为了确保账实相符,企业应定期或不定期进行存货盘点。发生存货盘盈(实际结存数量大于账面结存数量)、盘亏(实际结存数量小于账面结存数量)及毁损(非常性事项造成的存货损失)时,应及时查明原因,并进行会计处理,以保证账实一致。

为核算企业在清查财产过程中查明的各种财产盘盈、盘亏和毁损的价值,应设置“待处理财产损溢”科目,借方登记清查时存货的盘亏数、毁损数及报经批准后存货盘盈的转销数,贷方登记清查时的存货盘盈数及报经批准后存货盘亏的转销数,在期末该科目应无余额。

企业发生存货盘盈时,借记“原材料”“库存商品”等科目,贷记“待处理财产损溢”

科目;查明原因,按管理权限报经批准后,借记“待处理财产损溢”科目,贷记“管理费用”科目。

企业发生存货盘亏、毁损时,借记“待处理财产损溢”科目,贷记“原材料”“库存商品”等科目;查明原因,按管理、权限报经批准后,借记“管理费用”“其他应收款”“营业外支出”等科目,贷记“待处理财产损溢”科目。

如果存货采用计划成本(或售价)核算的,还应同时结转成本差异(或商品进销差价)。涉及增值税的,还应进行相应处理。

【例 5-37】 南湖电器股份有限公司在财产清查中盘盈材料 500 千克,材料每千克成本 30 元。经查属于材料收发计量方面的错误。

(1) 批准处理前,确定材料盘盈数,会计处理如下:

借:原材料	15 000	
贷:待处理财产损溢		15 000

(2) 批准处理后,转销材料盘盈,会计处理如下:

借:待处理财产损溢	15 000	
贷:管理费用		15 000

【例 5-38】 南湖电器股份有限公司在财产清查中盘亏材料 500 千克,实际成本为 100 000 元,相关增值税专用发票上注明的增值税税额为 13 000 元。经查系管理不善而造成的丢失,属于一般经营损失。

(1) 批准处理前,确定材料盘亏数,会计处理如下:

借:待处理财产损溢	113 000	
贷:原材料		100 000
应交税费——应交增值税(进项税额转出)		13 000

(2) 批准处理后,转销材料盘亏,会计处理如下:

借:管理费用	113 000	
贷:待处理财产损溢		113 000

第二节 非流动资产及其会计处理

非流动资产是指流动资产以外的资产。资产负债表中,非流动资产项目主要包括债权投资、其他债权投资、长期应收款、长期股权投资、其他权益工具投资、其他非流动金融资产、投资性房地产、固定资产、在建工程、生产性生物资产、油气资产 、使用权资产、无形资产、开发支出、商誉、长期待摊费用、递延所得税资产和其他非流动资产等。这些项目数据是根据相关流动资产科目期末余额分析填列，具体填列方法详见第九章。本节只介绍制造业企业常见业务主要非流动资产项目相关会计处理，资产负债表主要非流动资产项目及其对应的会计科目如表5-11所示。

表5-11 资产负债表主要非流动资产项目及其对应的会计科目

序号	非流动资产项目	会计科目
1	固定资产	固定资产、累计折旧、固定资产清理、固定资产减值准备
2	在建工程	在建工程、在建工程减值准备、工程物资、工程物资减值准备
3	无形资产	无形资产、累计摊销、无形资产减值准备

一、固定资产

（一）固定资产的概念和特征

固定资产，是指为生产商品、提供劳务、出租或经营管理而持有，且使用寿命超过一个会计年度的有形资产。固定资产是资产负债表中非流动资产的主要组成项目。

从固定资产的概念中，我们可以看出作为企业的固定资产应具备以下三个特征：

(1) 企业持有固定资产，是为了生产商品、提供劳务、出租或经营管理的需要，而不像存货是为了对外出售。其中，“出租”的固定资产，是指以经营租赁方式出租的机器设备类资产，不包括以经营租赁方式出租的建筑物，后者属于企业的投资性房地产，不属于固定资产。

(2) 企业使用固定资产的期限较长，使用寿命一般超过一个会计年度。这一特征表明企业固定资产属于非流动资产，其给企业带来的收益期超过1年，能在1年以上的时间里为企业创造经济利益。

(3) 固定资产具有实物形态，这一特征将固定资产与无形资产区别开来。

（二）固定资产的会计处理

为了反映和监督固定资产的取得、计提折旧和处置等情况，企业需要设置“固定资产”“累计折旧”“在建工程”“固定资产清理”等科目。

“固定资产”科目核算企业固定资产的原价，借方登记企业增加的固定资产原价，贷方登记企业减少的固定资产原价，期末余额在借方，反映企业期末固定资产的账面原价。

“累计折旧”科目属于“固定资产”的调整科目，核算企业固定资产的累计折旧，借方登记处置固定资产转出的累计折旧，贷方登记企业计提的固定资产折旧，期末余额在贷方，反映企业固定资产的累计折旧额。

“在建工程”科目核算企业基建、更新改造等在建工程发生的支出，借方登记企业各项在建工程的实际支出，贷方登记完工工程转出的成本，期末余额在借方，反映企业尚未达到预定可使用状态的在建工程的成本。

“固定资产清理”科目核算企业因出售、报废、毁损、对外投资、非货币性资产交换、债务重组等转入清理的固定资产价值以及在清理过程中发生的清理费用和清理收益，借方登记转出的固定资产账面价值、清理过程中应支付的相关税费及其他费用，贷方登记出售固定资产取得的价款、残料价值和变价收入。如果期末余额在借方，反映企业尚未清理完毕的固定资产清理净损失；如果期末余额在贷方，反映企业尚未清理完毕的固定资产清理净收益。

1. 固定资产购入

企业外购的固定资产取得成本包括：按实际支付的购买价款、相关税费、使固定资产达到预定可使用状态前所发生的可归属于该项资产的运输费、装卸费、安装费和专业人员服务费等。其中，按照现行增值税制度规定，如果企业按照一般计税方法计算缴纳增值税，可以从销项税额中抵扣的增值税进项税额，购入固定资产增值税发生的进项税额不计入固定资产成本；如果企业按照简易计税方法计算缴纳增值税，购入固定资产发生的增值税进项税额应计入固定资产成本(本教材不涉及)。

企业购入不需要安装的固定资产时，应按外购的固定资产取得成本，借记“固定资产”“应交税费——应交增值税(进项税额)”等科目，贷记“银行存款”“应付账款”等科目。

企业购入需要安装的固定资产时，应在购入的固定资产取得成本的基础上加上安装调试成本作为入账成本。按照购入需安装的固定资产的取得成本，借记“在建工程”“应交税费——应交增值税(进项税额)”等科目，贷记“银行存款”“应付账款”等科目；按照发生的安装调试成本，借记“在建工程”“应交税费——应交增值税(进项税额)”等科目，贷记“银行存款”“应付账款”等科目；安装过程中耗用了本单位的材料或人工的，按应承担的成本金额，借记“在建工程”科目，贷记”原材料”“应付职工薪酬”等科目。安装完成达到预定可使用状态时，借记“固定资产”科目，贷记”在建工程”科目。

【例 5-39】 南湖电器股份有限公司购入一台不需要安装即可投入使用的设备，取得的增值税专用发票上注明的价款为 30 000 元，增值税税额为 3 900 元，另支付包装费并取得增值税专用发票，注明包装费 700 元，增值税税额 42 元，款项均以银行存款支付。会计处理如下：

科目	借方	贷方
借：固定资产	30 700	
应交税费——应交增值税(进项税额)	3 942	
贷：银行存款		34 642

2. 固定资产折旧

(1) 固定资产折旧的概念。

固定资产折旧，是指固定资产的使用寿命内，按照确定的方法对应计折旧额进行系统分摊。应计折旧额，是指应当计提折旧的固定资产原价扣除其预计净残值后的金额。

影响固定资产折旧的主要因素有：

① 固定资产原价，是指固定资产的成本。

② 固定资产的使用寿命，是指企业使用固定资产的预计期间，或者该固定资产所能生产产品或提供劳务的数量。企业确定固定资产使用寿命时，应当考虑下列因素：该项资产预计生产能力或实物产量；该项资产预计有形损耗，如设备使用中发生磨损、房屋建筑物受到自然侵蚀；该项资产预计无形损耗，如因新技术的出现而使现有的资产技术水平相对陈旧、市场需求变化使产品过时；法律或者类似规定对该项资产使用的限制。

③ 预计净残值，是指假定固定资产预计使用寿命已满并处于使用寿命终了时的预期状态，企业目前从该项资产处置中获得的扣除预计处置费用后的金额。

(2) 固定资产折旧方法。

① 年限平均法。采用年限平均法计提固定资产折旧，其特点是将固定资产的应计折旧额平均分摊到固定资产预计使用寿命内，采用这种方法计算的每期折旧额是相等的。计算公式如下：

预计净残值率＝(预计收回残值金额－预计清理费用金额)÷固定资产原价×100%

年折旧率＝(1－预计净残值率)÷预计使用寿命(年)

月折旧率＝年折旧率÷12

月折旧额＝固定资产原价×月折旧率

【例 5-40】 南湖电器股份有限公司一台机器设备的原价为 1 000 000 元，预计使用年限为 5 年，预计净残值为 40 000 元。按年限平均法计提折旧，该台机器设备的年折旧额计算如下：

预计净残值率＝40 000÷1 000 000×100%＝4%

年折旧率＝(1－4%)÷5＝19.2%

年折旧额＝1 000 000×19.2%＝192 000(元)

② 工作量法。工作量法是指根据实际工作量计算固定资产每期应计提折旧额的一种方法，计算公式如下：

预计净残值率＝(预计收回残值金额－预计清理费用金额)÷固定资产原价×100%

单位工作量折旧额＝固定资产原价×(1－预计净残值率)÷预计总工作量

月折旧额＝固定资产当月工作量×单位工作量折旧额

【例 5-41】 南湖电器股份有限公司的一辆运货卡车的原价为 600 000 元，预计总行驶里程为 500 000 千米，预计报废时的净残值率为 5%，本月行驶 4 000 千米。按工作量法计提折旧该辆汽车的月折旧额计算如下：

单位里程折旧额＝600 000×(1－5%)÷500 000＝1.14(元/千米)

本月折旧额＝4 000×1.14＝4 560(元)

③ 双倍余额递减法。双倍余额递减法是指在不考虑固定资产预计净残值的情况下，根据每期期初固定资产原价减去累计折旧后的余额(即固定资产账面净值)和双倍的直线法折旧率计算固定资产折旧的一种方法，计算公式如下：

年折旧率＝2÷预计使用寿命(年)×100%

年折旧额＝期初固定资产账面净值×年折旧率

月折旧额＝年折旧额÷12

采用双倍余额递减法计提固定资产折旧，必须注意不能使固定资产净值降到其预计净残值以下，应在固定资产使用寿命到期前两年内，将固定资产账面净值扣除预计净残值后的余额平均摊销。

【例5-42】 南湖电器股份有限公司一台机器设备的原价为1 000 000元，预计使用年限为5年，预计净残值为4 000元。按双倍余额递减法计提折旧，该台机器设备的年折旧额计算如下：

年折旧率＝2÷5×100%＝40%

第1年应计提的折旧额＝1 000 000×40%＝400 000(元)

第2年应计提的折旧额＝(1 000 000－400 000)×40%＝240 000(元)

第3年应计提的折旧额＝(1 000 000－400 000－240 000)×40%＝144 000(元)

从第4年起改用年限平均法计提折旧：

第4年、第5年应计提的折旧额＝(1 000 000－400 000－240 000－144 000－4 000)÷2

＝106 000(元)

④ 年数总和法。年数总和法又称年限合计法，是指将固定资产的原价减去预计净残值后的余额，乘以一个以固定资产尚可使用寿命为分子、以固定资产预计使用寿命的年数总和为分母的分数计算每年的折旧额的一种方法，计算公式如下：

预计使用寿命的年数总和＝预计使用寿命×(预计使用寿命＋1)÷2

年折旧率＝尚可使用寿命÷预计使用寿命的年数总和×100%

年折旧额＝(固定资产原价－预计净残值)×年折旧率

月折旧额＝年折旧额÷12

【例5-43】 南湖电器股份有限公司一台机器设备的原价为1 000 000元，预计使用年限为5年，预计净残值为4 000元。按年数总和法计提折旧，该台机器设备的年折旧额计算如下：

预计使用寿命的年数总和＝5×(5＋1)÷2＝15

第1年应计提的折旧额＝(1 000 000－4 000)×(5÷15)＝332 000(元)

第2年应计提的折旧额＝(1 000 000－4 000)×(4÷15)＝265 600(元)

第3年应计提的折旧额＝(1 000 000－4 000)×(3÷15)＝199 200(元)

第 4 年应计提的折旧额 =(1 000 000 − 4 000) ×(2 ÷ 15) = 132 800(元)

第 5 年应计提的折旧额 =(1 000 000 − 4 000) ×(1 ÷ 15) = 66 400(元)

(3) 固定资产折旧的会计处理。

固定资产应当按月计提折旧,计提的折旧费应当记入“累计折旧”科目,并根据固定资产的用途计入相关资产的成本或者当期损益。当月增加的固定资产,当月不计提折旧,从下月起计提折旧;当月减少的固定资产,当月仍计提折旧,从下月起不计提折旧。固定资产提足折旧后,不论能否继续使用,均不再计提折旧;提前报废的固定资产,也不再补提折旧。

企业基本生产车间所使用的固定资产,其计提的折旧应计入制造费用;管理部门所使用的固定资产,其计提的折旧应计入管理费用;销售部门所使用的固定资产,其计提的折旧应计入销售费用;经营租出的固定资产,其计提的折旧应计入其他业务成本。

【例 5-44】 南湖电器股份有限公司本月计提固定资产折旧为 12 500 元。其中,企业生产车间使用的固定资产计提折旧 10 000 元;企业管理部门使用的固定资产提取折旧 2 500 元。会计处理如下:

借:制造费用	10 000	
管理费用	2 500	
贷:累计折旧		12 500

3. 固定资产处置

企业在生产经营过程中,可能将不适用或不需用的固定资产对外出售转让或因进行报废,对毁损的固定资产进行处理。对于上述事项在进行会计处理时,应当按照规定程序办理有关手续,结转固定资产的账面价值,计算有关的清理收入、清理费用及残料价值等。具体包括以下几个步骤:

(1) 固定资产转入清理。固定资产转入清理时,应按固定资产账面价值借记“固定资产清理”科目;按已计提的累计折旧,借记“累计折旧” 科目,按固定资产面余额贷记“固定资产”科目。

(2) 发生的清理费用。在固定资产清理过程中发生的其他有关费用以及应支付的相关税费,借记“固定资产清理”“应交税费——应交增值税(进项税额)”科目,并贷记“银行存款”等科目。

(3) 收回出售固定资产的价款和税款以及残料入库取得变价收入等的处理。收回出售固定资产的价款和税款,借记“银行存款”等科目,贷记“固定资产清理”“应交税费——应交增值税(销项税额)” 等科目。残料入库,按残料价值,借记“原材料”等科目,贷记“固定资产清理”科目。

(4) 确认保险赔偿等的处理。应由保险公司或过失人赔偿的损失,借记“其他应收款”等科目,贷记“固定资产清理”科目。

(5) 结转清理净损益的处理。如果“固定资产清理”科目为借方余额,属于正常转让、出售所产生的损失,借记“资产处置损益”科目,贷记“固定资产清理”科目;属于生产经营期间正常的报废损失、自然灾害等非正常原因产生的损失,借记“营业外支出”科目,贷记“固定资产清理”科目。如果“固定资产清理”科目为贷方余额,属于正常转让、出售所产生的利得,借记“固定资产清理”科目,贷记“资产处置损益”科目;属于生产经营期间正常的报废损失、自然灾害等非正常原因产生的利得,借记“固定资产清理”科目,贷记“营业外收入”科目。

二、无形资产

(一) 无形资产的概念和特征

无形资产,是指企业拥有或者控制的没有实物形态的可辨认非货币性资产,主要包括专利权、非专利技术、商标权、著作权、土地使用权和特许权等。无形资产是资产负债表中非流动资产的主要组成项目。

从无形资产的概念中,我们看出作为企业的无形资产应具备以下三个特征:

1. 不具有实物形态

无形资产是不具有实物形态的非货币性资产,通常表现为某种权利、某种技术或是某种获取超额利润的综合能力,如土地使用权、专利权、非专利技术。但某些无形资产的存在是有赖于实物载体的,如存在光盘中的计算机软件。具体判断标准在于要素的重要程度,如果某设备离开特定计算机软件无法运行,则该软件作为固定资产处理,反之则作为无形资产处理。

2. 具有可辨认性

作为无形资产核算,必须是能够区别于其他资产可单独辨认的。按照相关会计准则的规定,满足下列条件之一的,符合无形资产定义中的可辨认性标准:

(1) 能够从企业中分离或者划分出来,并能单独或者与相关合同、资产或负债一起,用于出售、转让、授予许可、租赁或者交换。

(2) 源自合同性权利或其他法定权利,无论这些权利是否可以从企业或其他权利和义务中转移或者分离,如通过签订特许权合同而获得的特许使用权。

3. 属于非货币性长期资产

非货币性资产,是指企业持有的货币资金和将以固定或可确定的金额收取的资产以外的其他资产。无形资产由于没有发达的交易市场,一般不容易转化成现金,在持有过程中为企业带来未来经济利益的情况不确定,不属于以固定或可确定的金额收取的货币性资产。无形资产的使用年限在 1 年以上,其价值将在各个受益期间逐渐摊销。

(二) 无形资产的会计处理

为了反映和监督无形资产的取得、摊销和处置等情况,企业应当设置“无形资产”

“累计摊销”等科目进行核算。

“无形资产”科目核算企业持有的无形资产成本,借方登记取得无形资产的成本,贷方登记处置无形资产转出无形资产的账面余额,期末余额在借方,反映企业无形资产的成本。

“累计摊销”科目属于“无形资产”的调整科目,核算企业对使用寿命有限的无形资产计提的累计摊销,借方登记处置无形资产转出无形资产的累计摊销,贷方登记企业计提的无形资产摊销,期末余额在贷方,反映企业无形资产的累计摊销额。

1. 无形资产购入

外购无形资产的成本包括购买价款、相关税费以及直接归属于使该项资产达到预定用途所发生的其他支出。其中,按照现行增值税制度规定,外购无形资产,取得增值税专用发票的,按注明的增值税进项税额,不作为无形资产的成本,其进项税额可以抵扣;取得增值税普通发票的,按照注明的价税合计金额作为无形资产的成本,其进项税额不可抵扣。

企业购入无形资产,应按外购无形资产取得成本,借记“无形资产”“应交税费——应交增值税(进项税额)”等科目,贷记“银行存款”“应付账款”等科目。

【例 5-45】 南湖电器股份有限公司购入一项非专利技术,取得的增值税专用发票上注明的价款为 900 000 元,增值税税额为 54 000 元,以银行存款支付。会计处理如下:

借:无形资产	900 000	
应交税费——应交增值税(进项税额)	54 000	
贷:银行存款		954 000

2. 无形资产摊销

企业应当对使用寿命有限的无形资产应进行摊销。使用寿命不确定的无形资产不应摊销。

使用寿命有限的无形资产,通常其残值视为零,按月对无形资产进行摊销,自可供使用(即其达到预定用途)当月起开始摊销,处置当月不再摊销。无形资产摊销方法包括年限平均法(即直线法)、生产总量法等。

企业管理用的无形资产,其摊销金额计入管理费用;出租的无形资产,其摊销金额计入其他业务成本;某项无形资产包含的经济利益通过所生产的产品或其他资产实现的,其摊销金额应当计入相关资产成本。

企业对无形资产进行摊销时,借记“管理费用”“其他业务成本”“制造费用”等科目,贷记“累计摊销”科目。

【例 5-46】 南湖电器股份有限公司的一项管理用特许权,成本为 900 000 元,合同规定受益年限为 10 年,采用年限平均法按月进行摊销。会计处理如下:

每月应摊销的金额 = 900 000 ÷ 10 ÷ 12 = 7 500(元)

借:管理费用　　7 500
　　贷:累计摊销　　7 500

本章小结

资产在资产负债表的左方,反映企业资金的存在形态和分布。资产按照变现能力来排列,变现能力强的流动资产排在前列,变现能力相对弱的非流动资产排在后面。

流动资产主要包括货币资金、应收票据、应收账款、预付款项、其他应收款以及存货。货币资金的会计处理重点在库存现金、银行存款以及其他货币资金的会计处理方法;应收款项的会计处理重点在应收票据、应收账款、预付款项、其他应收款的会计处理方法;存货的会计处理重点在原材料、在产品和产成品的会计处理方法。

债权计价主要掌握应收款项的坏账损失的估计方法:个别认定法和账龄减值矩阵模型法。存货计价主要掌握购入存货和发出存货的计价方法,其中,购入存货计价方法重点掌握采购成本的分摊方法,发出存货计价方法重点掌握个别计价法、先进先出法、月末一次加权平均法和移动加权平均法。

非流动资产主要包括固定资产和无形资产。固定资产的会计处理重点在固定资产购入、固定资产折旧以及固定资产处置的会计处理方法;无形资产的会计处理重点无形资产购入和无形资产摊销的会计处理方法。

关键术语

库存现金　银行存款　其他货币资金　交易性金融资产　应收票据　应收账款
预付账款　其他应收款　坏账准备　存货　原材料　计划成本法　实际成本法
生产成本　库存商品　先进先出法　月末一次加权平均法　移动加权平均法
固定资产　累计折旧　年限平均法　工作量法　双倍余额递减法　年数总和法
无形资产

思考题

1. "支付宝"账户的资金属于哪种货币资金?为什么?
2. 应收账款和预付账款之间有何相同点和不同点?
3. 为什么要计提坏账准备?坏账准备的计提方法有哪几种?
4. 原材料的购入成本如何核算?
5. 计划成本法和实际成本法的区别是什么?

6. 比较个别计价法、先进先出法、月末一次加权平均法和移动加权平均法对企业资产和利润的影响？

7. 为什么要进行存货清查？

8. 为什么要对固定资产计提折旧？固定资产折旧方法有哪几种？

会计分录题

1. 南湖电器股份有限公司在2020年1月发生如下经济业务：

(1) 从银行提取10 000元现金备用。

(2) 在中国工商银行申请领用信用卡，按要求向银行交存备用金40 000元。

(3) 申请办理银行汇票，将款项12 000元交存银行，银行签发汇票。

(4) 用银行汇票购入材料，取得的增值税专用发票上注明的价款为10 000元，增值税税额为1 300元。

(5) 结算银行汇票余额700元。

要求：根据上述经济业务编制会计分录。

2. 南湖电器股份有限公司在2020年2月发生如下经济业务：

(1) 将银行存款800 000元划入证券公司准备进行短期股票投资。

(2) 按每股6.50元的价格从二级市场购入武汉西湖股份有限公司的股票50 000股作为交易性金融资产，并支付交易费用1 200元。

(3) 武汉西湖股份有限公司宣告利润分配方案，每股分派现金股利0.30元。

(4) 确认期末武汉西湖股份有限公司股票的公允价值为300 000元。

(5) 将持有的武汉西湖股份有限公司股票售出，实际收到出售价款266 000元。

要求：假设不考虑税费，根据上述经济业务编制会计分录。

3. 南湖电器股份有限公司在2020年3月发生如下经济业务：

(1) 销售一批产品，开具的增值税专用发票上注明的价款为350 000元，增值税税额为56 000元，另用银行存款3 500元代购买单位垫付运杂费。公司采用托收承付结算方式，已办妥托收手续。

(2) 经过双方商定，上述应收账款改用商业汇票结算，公司已收到对方开出的商业汇票。

(3) 提取坏账准备金35 000元。

(4) 确认一笔应收账款105 000元已无法收回，公司作为坏账处理。

(5) 按照购货合同的规定用银行存款875 000元预付给武汉东湖有限公司订购A材料。

(6) 订购的A材料已到货并入库，随货附来的增值税专用发票上注明的价款为2 100 000元，增值税税额为336 000元，不足款项随后通过银行支付。公司采用实际成本进行材料日常核算。

要求：根据上述经济业务编制会计分录。

4. 南湖电器股份有限公司在2020年4月发生如下经济业务：

(1) 从外地购入一批原材料，取得的增值税专用发票上注明的价款为500 000元，增值税税额为65 000元，发生运输费用25 000元（不考虑增值税），款项均已采用银行支票支付，材料尚未到达公司。

(2) 上述材料到达公司，验收入库。

(3) 生产A产品领用原材料925 000元，生产B产品领用原材料160 000元，车间一般性消耗原材料40 000元。

(4) 将本月生产完工的A产品100件、B产品50件验收入库，生产成本分别为89 700元和60 000元。

假设南湖电器股份有限公司采用实际成本进行材料日常核算。

要求：根据上述经济业务编制会计分录。

5. 南湖电器股份有限公司在2020年5月发生如下经济业务：

(1) 购入需要安装的生产用设备一台，取得销售方开具的增值税专用发票上注明的价款为50 000元，增值税税额为8 500元，发生运输费用500元（不考虑增值税）。款项均已通过银行存款支付。

(2) 上述设备投入安装，发生安装费800元，调试费200元，款项已通过银行支付。

(3) 上述设备安装完毕达到预计可使用状态。

(4) 本月计提固定资产折旧为15 000元。其中，生产车间使用的固定资产计提折旧10 000元；管理部门使用的固定资产提取折旧2 500元；销售部门使用的固定资产提取折旧2 500元。

要求：根据上述经济业务编制会计分录。

6. 南湖电器股份有限公司在2020年6月发生如下经济业务：

(1) 购得一项专利权，取得的增值税专用发票上注明的价款为500 000元，增值税税额为30 000元，款项已用银行存款支付。

(2) 本月应摊销无形资产使用费5 000元，其中，4 000元为生产产品专门使用的无形资产的摊销额，1 000元为企业管理用的无形资产摊销额。

要求：根据上述经济业务编制会计分录。

案例讨论题

南湖电器股份有限公司在2020年12月购入一项固定资产，原价为200 000元，预计使用年限为5年，预计净残值为4 000元。不考虑其他因素，请结合本章学习内容，试分别按照年限平均法、双倍余额递减法和年数总和法，计算第二年该项固定资产应计提的折旧额，并分析比较使用不同折旧方法对南湖电器股份有限公司第二年利润的影响。

第六章　负债与所有者权益数据的会计处理

学习目标

1. 了解负债和所有者权益与财务报表的关系
2. 了解负债和所有者权益的性质和分类
3. 掌握流动负债的会计处理
4. 掌握非流动负债的具体内容和会计处理
5. 掌握所有者权益的具体内容和会计处理

第一节　负债与所有者权益的含义与差异

企业组织形式经历了独资、合伙制、有限责任制与股份有限制的发展阶段，企业组织形式的发展历程同时也是企业资金需求推动的历程。资金的需求，会计的发展，融资方式的变革，共同推动着企业组织形式的发展。①

企业的资金有两大来源：负债和所有者权益。

一、负债的含义

目前，我国负债的含义来自 2014 年修订的《企业会计准则——基本准则》，与国际会计准则理事会的负债的含义略有差异。

负债，是指企业过去的交易或者事项形成的、预期会导致经济利益流出企业的现时义务。现时义务是指企业在现行条件下已承担的义务。该义务还必须满足以下

① 胡玉明，高级成本管理会计[M].厦门大学出版社，2002.

两条：

(1) 与该义务有关的经济利益很可能流出企业。

(2) 未来流出的经济利益的金额能够可靠地计量。

2018 年 3 月 29 日，国际会计准则理事会发布了新的财务报告概念框架，给出负债的定义：主体因过去事项而转移经济资源的现时义务；义务是主体无现实能力避免的职责和责任。主要变化是：单独定义了“经济资源”，明确负债是转移经济资源的义务，而非经济利益的最终流出；删除了“预期流量”；引入了“无现实能力避免”概念。

负债的含义如图 6-1 所示。

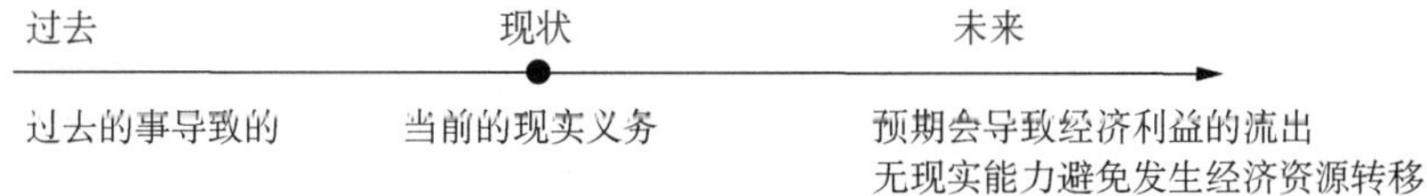

图 6-1　负债的含义

国际会计准则理事会的财务报告概念框架与我国企业会计准则对于负债的概念的差异，主要存在于对未来的预估。随着技术背景的变化，大数据、移动互联网、智能化、云计算等技术的渗入，经济市场也发生很大变化，电子商务、支付宝等导致业务的发生对于负债的未来的经济利益的流出的计量的确定性带来了很大不确定，当这种不确定性成为常态，不能因为这种常态化的不确定性，不确认为负债，这将对会计稳健性带来巨大冲击。财务报告概念框架中只强调负债的现实义务在未来将无现实能力避免经济利益的流出，并不强调经济利益流出的计量。①

负债源于企业在市场的信用，企业利用这种信用，可以向银行等金融机构借款或者发行债券获得资金，可以延期付款取得设备、材料、服务等。企业取得这些资金，用于生产经营，形成财务杠杆。与此同时，负债也伴随着一定利息费用和财务风险。利息费用是企业负债的代价，而财务风险是当企业无力按时偿还债务时，将面临破产风险。负债根据偿还的到期日分为流动负债与非流动负债。流动负债到期日比非流动负债到期日更近，偿债风险更大，因此，在资产负债表中放在非流动负债项目的前面，以引起重视。受负债业务影响的资产负债表和利润表项目如表 6-1 所示。

表 6-1　受负债业务影响的资产负债表和利润表项目

业务	资产负债表项目	利润表项目
向金融机构借款发行 债券处期付款 赊购	流动负债 非流动负债	财务费用

① 李闻一，汤桂丹，朱媛媛.“互联网＋”对企业会计准则的影响[J].会计之友，2017(7)：124-129.

二、所有者权益的含义

所有者权益在国际会计准则理事会的财务报告概念框架与我国会计准则两大体系中也存在些许差异。

所有者权益是指企业资产扣除负债后由所有者享有的剩余权益,来自所有者投入的资本、直接计入所有者权益的利得和损失、留存收益等。所有者权益的计量取决于资产和负债的计量。

国际会计准则理事会的财务报告概念框架中,所有者权益是指会计主体的资产扣除负债的剩余部分。

两者的共同之处在于都认可所有者权益是资产扣除负债后的剩余部分,我国《企业会计准则——基本准则》中还关注所有者权益的来源,但是财务报告概念框架中不强调其来源,仅仅关注其作为净资产的计量。受所有者权益业务影响的资产负债表和利润表项目如表 6-2 所示。

表 6-2　受所有者权益业务影响的资产负债表和利润表项目

业务	资产负债表项目	利润表项目
所有者投入 确认未分配利润 计入所有者权益的利得、损失	实收资本 资本公积 其他综合收益 盈余公积 未分配利润	净利润 未分配利润

三、负债和所有者权益的差异

(一) 来源不同导致的差异

负债和所有者权益在来源、风险、权益等方面都存在差异,具体差异如表 6-3 所示。

表 6-3　负债和所有者权益的差异

项目	负债	所有者权益
来源	企业外部	企业所有者
货币时间成本	可能有利息费用	不存在利息费用
使用时间	一定期限	无限期
是否偿还	到期偿还	无须偿还
偿还风险	有偿还风险	无偿还风险
是否分享经营成果	否	是
是否伴随控制权转移	否	是

续　表

项目	负债	所有者权益
对利润的影响	利息具有抵税效应	无影响
对投资回报率的影响	运用财务杠杆提高投资回报率	无影响

(二) 对投资回报率的影响

企业借入负债是为了运用财务杠杆,用别人的钱为企业所有者赚取更多的利润,这点与所有者权益融资也是有差异的。例如,某企业的利润表和资产负债表情况如表 6-4、表 6-5 和表 6-6 所示。

表 6-4　年度利润表　　单位:万元

项目	金额
收入	500
费用	300
利润	200

表 6-5　无负债情况下的资产负债表　　单位:万元

资产	金额	负债和所有者权益	金额
流动资产	800	负债	0
非流动资产	1 200	所有者权益	2 000
资产合计	2 000	负债和所有者权益合计	2 000

表 6-6　有负债情况下的资产负债表　　单位:万元

资产	金额	负债和所有者权益	金额
流动资产	800	负债	500
非流动资产	1 200	所有者权益	1 500
资产合计	2 000	负债和所有者权益合计	2 000

总资产报酬率＝200/2 000＝10%

因此,无论有没有负债,总资产报酬率是一样的。

表 6-7　不同负债情况下的投资回报率

负债情况	投资回报率
无负债	200/2 000＝10%
500 万元负债	200/1 500＝13.33%

由表 6-7 可见,负债企业运用财务杠杆,可以为投资者取得更高收益。

（三）会计计量及信息披露的差异

负债和所有者权益在会计计量及信息披露的差异，如表 6-8 所示。

表 6-8　负债和所有者权益会计计量及信息披露的差异

项目	负债	所有者权益
后续计量	要求重新计量	不要求对不同类型的权益索取权重新计量
对其他索取权的影响（如权益稀释、财富转移）	利息收入直接计入损益	财富转移或对权益稀释的影响不计入损益，直至交易发生时才影响损益
对披露的要求	有大量披露要求	非常有限的披露要求

第二节　流动负债及其会计处理

流动负债，是指企业在 1 年或超过 1 年的一个营业周期以内必须偿还的债务。流动负债的形成往往与企业的经营活动密切相关，同时也因为偿还期较短，对企业财务风险影响较大，企业需要密切关注，所以在资产负债表中该项目排在负债类前面部分，以引起更多的关注度。流动负债的具体项目包括：短期借款、应付票据、应付账款、预收款项、应付职工薪酬、应交税费、其他应付款和一年内到期的非流动负债等。负债对象和对应的流动负债如表 6-9 所示。

表 6-9　负债对象和对应的流动负债

序号	负债对象	流动负债
1	银行等金融机构	短期借款、应付利息
2	实际商业交易对象	应付账款、应付票据、预收账款
3	企业员工	应付职工薪酬、其他应付款等
4	国家	应交税费
5	股东	应付股利

一、短期借款

短期借款项目，反映企业因为经营中资金周转的需求，向银行或其他金融机构借入的偿还期在 1 年或者超过 1 年的一个营业周期以内的借款。核算短期借款应设置“短期借款”科目。短期借款还伴随利息费用，尚未偿付的利息计入“应付利息”科目，应付利息在资产负债表中计入“其他应付款”项目列报，同时计入企业的财务费用。

短期借款业务全过程包含取得借款、确认利息、偿付利息与偿还本金四个环节。利息的偿付按照借款合同的约定，利息支付的时间约定有多种情况，有的借款放款时就直接扣下利息，有的到期一次还本付息，有的按季度进行付息，等等。

取得借款时，借记“银行存款”科目，贷记“短期借款”科目；确认利息时，借记“财务费用”科目，贷记“应付利息”科目；偿付利息时，借记“应付利息”科目，贷记“银行存款”科目；偿付本金时，借记“短期借款”科目，贷记“银行存款”科目。值得注意的是，由于利息确认与支付的时间差异，会计处理上存在一定差异。

受短期借款业务影响的资产负债表和利润表项目，如表 6-10 所示。

表 6-10　受短期借款业务影响的资产负债表和利润表项目

业务	资产负债表项目	利润表项目
短期借款业务	短期借款、应付利息	财务费用

【例 6-1】 2020 年 1 月 8 日，南湖电器股份有限公司向中国工商银行借入 1 年期，年息 6%，金额为 200 000 元的银行存款，用于补充流动资金。利息支付方式假设三种情况：①银行放款时，已经扣除全年利息；②到期一次性还本付息；③按季度支付利息。

（1）取得银行短期借款时，会计处理如下：

借：银行存款　　200 000
　　贷：短期借款　　200 000

（2）每月计提利息（无论哪种付息约定，每个月都同样按期计提利息），会计处理如下：

$$每月利息费用=200\ 000\times6\%/12=1\ 000 元$$

借：财务费用　　1 000
　　贷：应付利息　　1 000

（3）支付利息，会计处理如下：

① 2020 年 1 月 8 日，银行放款时扣除全年利息。

借：应付利息　　12 000
　　贷：银行存款　　12 000

② 2021 年 1 月 7 日，到期一次性还本付息：

借：应付利息　　12 000
　　贷：银行存款　　12 000

③ 按季度支付利息。

借：应付利息　　3 000
　　贷：银行存款　　3 000

（4）借款到期，偿还借款本金，会计处理如下：

借：短期借款　　200 000
　　贷：银行存款　　200 000

二、应付款项

应付款项包括应付账款与应付票据，两者都属于商业信用，发生于商业交易过程，是企业在购买材料、商品或接受劳务等资产采购的交易中，凭借自身商业信用取得延期付款的流动负债。应付款项涉及“应付票据”和“应付账款”两个资产负债表项目。受赊销业务影响的资产负债表和利润表项目，如表 6-11 所示。

表 6-11　受赊销业务影响的资产负债表和利润表项目

业务	资产负债表项目	利润表项目
赊销业务	应付票据 应付账款	主营业务收入 财务费用

（一）应付票据

应付票据是企业根据交易合同约定，采用商业汇票结算方式，开出的承诺未来一定时间内付款的票据证明文件。在我国，商业汇票的付款期限不超过 6 个月。商业汇票根据承兑人的不同，分为银行承兑汇票与商业承兑汇票。商业汇票按是否计息，又分为带息商业汇票与不带息商业汇票。企业对于所开出的商业汇票，要建册登记，安全管理。

企业应设置“应付票据”科目核算商业汇票的开具转让贴现和到期结算。借方登记应付票据的偿还，贷方登记赊销应付票据的增加，期末余额在贷方，反映尚未偿还的应付票据。

应付票据的核算包括交易发生时开出商业汇票、票据到期时结算票据金额。具体核算过程如下：

（1）企业开出商业汇票，需要支付给承兑方一定的手续费用，计入财务费用。银行存兑汇票的手续费，通常为票面金额的 0.05%～0.1%。此外根据交易借记相关资产科目，贷记“应付票据”科目。

（2）商业承兑汇票到期后，企业支付票据款项，记应付票据的减少与银行存款的减少。但是当商业汇票到期，企业无力支付时，银行承兑汇票的承兑方银行会代企业支付货款，同时将企业的应付票据转为短期借款；商业承兑汇票的承兑方将作为借款的担保人承担法律责任，但是未必承担货款支付义务，此时，收款人无法取得结算款项，其应收票据只能被迫转化为应收账款，付款人的应付票据同时转化为应付账款。由此可见，银行承兑汇票信用高于商业承兑汇票。

(3) 带息应收票据的利息，计入财务费用。

【例 6-2】 2020 年 6 月 8 日，南湖电器股份有限公司向黄家湖股份公司采购钢板一批，取得的增值税专用发票上注明的价款为 40 000 元，增值税税额为 5 200 元，材料已经验收入库。南湖电器股份有限公司开出商业汇票一张，金额为 45 200 元，6 个月期限。分别假设为银行承兑汇票与商业承兑汇票，以及到期按期偿付与无法到期偿付的情况进行会计处理。具体会计处理如表 6-12 所示。

表 6-12 银行承兑汇票与商业承兑汇票的会计处理

业务	会计处理
① 收到材料，并开出商业汇票	借：原材料 40 000 应交税费——应交增值税(进项税额) 5 200 贷：应付票据——黄家湖股份公司 45 200
② 到期，偿付票据金额	借：应付票据——黄家湖股份公司 45 200 贷：银行存款 45 200
③ 到期，无法偿付票据款项	① 银行承兑汇票 借：应付票据——黄家湖股份公司 45 200 贷：短期借款 45 200 ② 商业承兑汇票 借：应付票据——黄家湖股份公司 45 200 贷：应付账款——黄家湖股份公司 45 200

(二) 应付账款

应付账款项目是企业向供应商赊购货物或劳务，根据交易合同约定将在一定期限内(1 年以内)支付供应商货款账款的义务。

企业应设置“应付账款”科目核算应付账款的发生和清偿。“应付账款”科目，借方登记应付账款的减少，贷方反映应付账款的增加，期末余额在贷方，反映企业尚未支付的应付账款余额。

虽然应付账款的确认与偿付之间存在一定的时间差，但是由于其发生时的动机是流动负债，是短时间内要进行偿付的，由于期限短，所以核算上不考虑其货币的时间价值。但是，事实上货币的时间价值是存在的，供应商为了能更早的收到货款，往往会给出含现金折扣的付款条件，例如：2/10，1/20，n/60，含义为 10 天内付款，给予 2%的现金折扣，20 天内付款，给予 1%的现金折扣，60 天内则要求全额付款。付款方根据自身情况，考虑现金折扣条件，有可能选择现金折扣，提前付款，也有可能因为自身资金条件，无法选择现金折扣，只能到期全额付款。针对现金折扣，对于应付账款的确认可以分别采用总价法与净价法。

总价法，是假定企业不能享受现金折扣，按应付款项的总价确认应收账款。未来假如企业没有享受现金折扣，全额付款则直接将应付账款全额以银行存款或其他方式进行结算；假如企业享受了现金折扣，偿还款项为折扣后的款项，少于总价的部分，冲销企业财务费用。

净价法，是假定企业能够享受最大现金折扣，按应付账款的总价扣除最大金额的现金折扣后的金额确认为应收账款。未来假如企业确实享受到最大现金折扣，直接按净价进行结算；假如企业没能够享受现金折扣，结算金额超出净价的部分，计入企业的财务费用。

我国通常采用总价法确认应付账款。

【例 6-3】 2020 年 6 月 8 日，南湖电器股份有限公司向黄家湖股份公司采购钢板一批，取得的增值税专用发票上注明的价款为 40 000 元，增值税税额为 5 200 元，黄家湖股份公司给出的现金折扣条件为：2/10，n/60，材料已经验收入库。

分别按总价法与净价法进行核算，具体会计处理如表 6-13 所示。

表 6-13　总价法与净价法的会计处理

业务	总价法	净价法
① 购入材料时	借：原材料　40 000 应交税费——应交增值税（进项税额）　5 200 贷：应付账款——黄家湖股份公司　45 200	借：原材料　39 200 应交税费——应交增值税（进项税额）　5 200 贷：应付账款——黄家湖股份公司　44 400
② 在折扣期内付款，享受了现金折扣	借：应付账款——黄家湖股份公司　45 200 贷：银行存款　44 400 财务费用　800	借：应付账款——黄家湖股份公司　44 400 贷：银行存款　44 400
③ 超出了折扣期付款，未能享受现金折扣	借：应付账款——黄家湖股份公司　45 200 贷：银行存款　45 200	借：应付账款——黄家湖股份公司　44 400 财务费用　800 贷：银行存款　45 200

三、预收款项

预收款项项目反映的是企业在商品销售或者提供劳务之前，向客户预收的部分或全部货款，因为产品或劳务尚未交割，所以不能记作收入，只能先记作负债。预收账款是面向客户的负债，这个负债未来不是通过货币而是通过产品或劳务进行偿付。

企业应设置“预付账款”科目，核算应收款项的收款和结算业务。借方登记预付账款业务的交割，是预付账款的减少，贷方登记预付账款业务的增加，期末余额在贷方，反映企业预收的款项，期末余额如果在借方，反映企业尚未转销的款项。

预收账款的产生源于收款与产品交割的时间差异，具体核算包括取得预收货款和交付产品两个环节。收得预收货款，记银行存款的增加和预收账款的增加；交付产品时，记预收账款的减少和营业收入的增加。

【例 6-4】 2020 年 5 月 22 日，南湖电器股份有限公司收到桂子山公司 5 台中央空调的货款 100 000 元，系其预付的货款。2020 年 6 月 12 日，发运产品给桂子山公司，开具的增值税专用发票上注明价款为 90 000 元，增值税税额为 11 700 元，余款尚未收到。

（1）收到预收账款时，会计处理如下：

借：银行存款	100 000	
贷：预收账款——桂子山公司		100 000

（2）发货结清预收账款时，会计处理如下：

借：预收账款——桂子山公司	100 000	
应收账款——桂子山公司	1 700	
贷：主营业务收入		90 000
应交税费——应交增值税（销项税额）		11 700

四、应付职工薪酬

（一）应付职工薪酬的内容

职工薪酬，是指企业为获得职工提供的服务或解除劳动关系而给予的各种形式的报酬或补偿。职工薪酬包括短期薪酬、离职后福利、辞退福利和其他长期职工福利。

应付职工薪酬项目反映企业尚未向员工支付的短期负债，是指企业在职工提供相关服务的年度报告期间结束后 12 个月内需要全部予以支付的职工薪酬，因解除与职工的劳动关系给予的补偿除外。

短期薪酬具体包括：职工工资、奖金、津贴和补贴，职工福利费，医疗保险费、工伤保险费和生育保险费等社会保险费，住房公积金，工会经费和职工教育经费，短期带薪缺勤，短期利润分享计划，非货币性福利以及其他短期薪酬。

这里所指职工，是指与企业订立劳动合同的所有人员，含全职、兼职和临时职工，也包括虽未与企业订立劳动合同但由企业正式任命的人员，以及未与企业订立劳动合同或未由其正式任命，向企业所提供服务与职工所提供服务类似的人员，包括通过企业与劳务中介公司签订用工合同而向企业提供服务的人员。受应付职工薪酬业务影响的资产负债表和利润表项目如表 6-14 所示。

表 6-14 受应付职工薪酬业务影响的资产负债表和利润表项目

业务	资产负债表项目	利润表项目
应付职工薪酬	应付职工薪酬 存货： 生产成本(生产人员薪酬) 制造费用(车间技术人员、车间管理人员薪酬)	相关费用(费用的分配)： 管理费用(管理人员薪酬、研发人员薪酬) 销售费用(销售人员薪酬)

(二) 应付职工薪酬的会计处理

应付职工薪酬的会计处理包括确认负债与偿还负债两个环节。确认负债是在接受了员工的服务后确认应该偿付的薪酬金额,与此同时,根据员工性质、员工的用途,应付职工薪酬计入相关的成本(资产)及费用(损益)。例如,生产工人的应付职工薪酬计入生产成本、管理人员的计入管理费用、销售人员的计入销售费用;偿还负债则是用资产如银行存款支付相应应付职工薪酬。

"应付职工薪酬"科目是总账科目,下设工资、职工福利费、社会保险费(医疗、工伤、生育),设定提存计划(养老、失业)、住房公积金、工会经费、职工教育费等二级科目,核算具体薪酬。由于五险一金既有个人负担部分,由企业代扣代缴,也有企业承担的部分,通常按工资基数一定比例计算,与个人部分一起缴纳。

具体会计处理如下:

(1) 确认应付职工薪酬。

① 个人承担的五险一金和工资。

借:生产成本 (生产工人的应付职工薪酬)
  制造费用 (车间技术人员与车间管理人员的应付职工薪酬)
  管理费用 (管理人员的应付职工薪酬、研发人员的应付职工薪酬)
  销售费用 (销售人员的应付职工薪酬)
  贷:应付职工薪酬——工资(包括工资和个人承担的五险一金)

② 企业承担的五险一金。

借:生产成本
  制造费用
  管理费用
  销售费用
  贷:应付职工薪酬——社会保险费/设定提存计划/住房公积金

(2) 向员工支付应付职工薪酬。

借:应付职工薪酬——工资
  贷:银行存款
    其他应付款——社会保险费(养老医疗失业)/住房公积金
    其他应收款——房租水电费
    应交税费——应交个人所得税

企业代扣代缴的部分都应该从实际支付的金额中扣除,其次企业负担的社会保险费因为不需要支付给职工,所以这里不用处理。

(3) 缴纳五险一金。

借:应付职工薪酬——社会保险费/设定提存计划　　　(企业负担的部分)
　　其他应付款——社会保险费　　　(个人承担的部分)
　　贷:银行存款

【例 6-5】 2020 年 10 月,南湖电器股份有限公司人力资源部计算当月的应付工资为 400 万元,其中,产品生产工人的工资为 150 万元,生产部门管理人员工资为 80 万元,公司管理人员的工资为 40 万元,研发人员工资 40 万元,销售人员工资为 90 万元。根据有关规定,南湖电器股份有限公司按照员工工资的 10% 和 8% 分别计提医疗保险费和住房公积金,另按照工资总和的 2% 和 8% 计提工会经费及职工教育经费。

分析:南湖电器股份有限公司的人工费用相关保险及费用计提总比例为:10%+8%+2%+8%=28%

应付职工薪酬具体内容与费用归属表,如表 6-15 所示。

表 6-15　应付职工薪酬具体内容与费用归属表

单位:万元

应付职工薪酬项目	金额	计入相关费用(费用的分配)	金额
工资总额	400	生产成本:150×(1+28%)	192
医疗保险费:400×10%	40	制造费用:80×(1+28%)	102.4
住房公积金:400×8%	32	管理费用:(40+40)×(1+28%)	102.4
工会经费:400×2%	8	销售费用:90×(1+28%)	115.2
职工教育经费:400×8%	32		
合计	512	合计	512

具体会计处理如下:

借:生产成本　　1 920 000
　　制造费用　　1 024 000
　　管理费用　　1 024 000
　　销售费用　　1 152 000
　　贷:应付职工薪酬——工资　　4 000 000
　　　　　　　　——医疗保险费　　400 000
　　　　　　　　——住房公积金　　320 000
　　　　　　　　——工会经费　　80 000
　　　　　　　　——职工教育经费　　320 000

五、应交税费

（一）应交税费的内容

应交税费项目反映企业依据国家法律法规，应缴纳但是尚未缴纳的税款，具体包括：增值税、企业所得税、消费税、资源税、土地增值税、房产税、城镇土地使用税、车船税、印花税、城市维护建设税和教育费附加等。

1. 增值税

增值税是以商品或劳务在流转过程中产生的增值额作为计税依据而征收的一种流转税。从计税原理上说，增值税是对商品生产、流通、劳务服务中多个环节的新增价值或商品的附加值征收的一种流转税。

增值税实行价外税，最终由消费者负担，有增值才征税没增值不征税。商品新增价值或附加值在生产和流通过程中是很难准确计算的。因此，我国也采用国际上的普遍采用的税款抵扣的办法，即根据销售商品或劳务的销售额，按规定的税率计算出销项税额，然后扣除当期取得该商品或劳务时所支付的增值税款，也就是进项税额，其差额就是增值部分应交的税额，这种计算方法体现了按增值因素计税的原则。正是因为增值税的价外计税的特点，增值税的会计处理也独具特色。

中央政府近年来一直坚持企业减负，普惠性减税与结构性减税并举，重点降低制造业和小微企业税收负担，对增值税税率多次进行调减。增值税税率表如表 6-16 所示。

表 6-16　增值税税率表

序号	税率	适用范围
1	13%	销售或进口货物；销售加工修理修配、有形动产租赁服务（第 2、4 项除外）
2	9%	销售或进口税法列举的四类货物；销售交通运输、邮政、基础电信、建筑、不动产租赁服务；销售不动产、转让土地使用权（第 4、5 项除外）
3	6%	销售服务、无形资产、金融商品（第 1、2、5 项除外）
4	零税率	出口货物（国务院另有规定的除外）
5	零税率	境内单位和个人跨境销售国务院规定范围内的服务、无形资产

2. 企业所得税

企业所得税是指企业纳税人对所有以所得额为课税对象的税收。

企业所得税纳税人是指中华人民共和国境内，企业和其他取得收入的组织（个人独资企业、合伙企业除外），包括居民企业与非居民企业。

居民企业，是指依法在中国境内成立，或者依照外国（地区）法律成立但实际管理机构在中国境内的企业。居民企业应当就其来源于中国境内、境外的所得缴纳企业所得税。

非居民企业，指在中国境内未设立机构、场所的，或者虽设立机构、场所但取得的所得与其所设机构、场所没有实际联系的，仅就其来源于中国境内的所得缴纳企业所得税。

3. 消费税

国家为了调节产品结构，引导消费方向，保证国家财政收入，在对货物普遍征收增值税的基础上，选择部分消费品再征收一道消费税。现行消费税的征收范围主要包括：烟，酒，鞭炮，焰火，高档化妆品，成品油，贵重首饰及珠宝玉石，高尔夫球及球具，高档手表，游艇，木制一次性筷子，实木地板，摩托车，小汽车，电池，涂料，等等。

4. 资源税

资源税是对在我国境内开采应税矿产品和生产盐的单位和个人，就其应税数量征收的一种税。

2011 年 10 月 28 日，财政部修改实施《中华人民共和国资源税暂行条例实施细则》，资源税的征收范围进一步扩大为原油、天然气、煤炭、其他非金属矿原矿、黑色金属矿原矿、有色金属矿原矿和盐。2016 年 5 月 9 日，财政部、国家税务总局联合对外发文《关于全面推进资源税改革的通知》，宣布自 2016 年 7 月 1 日起，我国全面推进资源税改革，开展水资源税改革试点工作，并率先在河北试点，采取水资源费改税方式，将地表水和地下水纳入征税范围。2018 年 12 月 23 日，《中华人民共和国资源税法(草案)》首次提请十三届全国人大常委会第七次会议审议，这意味着《中华人民共和国资源税暂行条例》将上升为法律。

5. 土地增值税

土地增值税，是指转让国有土地使用权、地上的建筑物及其附着物并取得收入的单位和个人，以转让所取得的收入包括货币收入、实物收入和其他收入减去法定扣除项目金额后的增值额为计税依据向国家缴纳的一种税。土地增值税实际上就是反房地产暴利税。

纳税人为转让国有土地使用权及地上建筑物和其他附着物产权、并取得收入的单位和个人。征税对象，是指有偿转让国有土地使用权及地上建筑物和其他附着物产权所取得的增值额。土地增值额是指转让房地产取得的收入减除规定的房地产开发成本、费用等支出后的余额。

6. 房产税、城镇土地使用税、车船税、印花税

房产税是以房屋为征税对象，按房屋的计税余值或租金收入为计税依据，向产权所有人征收的一种财产税。房产税属于财产税中的个别财产税，其征税对象限于城镇的经营性房屋，区别房屋的经营使用方式规定征税办法，对自用房屋按房产计税余值征收，对出租房屋按租金收入征税。

城镇土地使用税，是指国家在城市、县城、建制镇、工矿区范围内，对使用土地的单位和个人，以其实际占用的土地面积为计税依据，按照规定的税额计算征收的一种税。开征城镇土地使用税，目的在于通过经济手段，加强对土地的管理，土地的无偿使用变为有偿使用，促进合理、节约使用土地，提高土地使用效益；有利于适当调节不同地区、不同地段之间的土地一级整理收入，促进企业加强经济核算，理顺国家与土

地使用者之间的分配关系。

车船税以车船为特征对象，向车辆、船舶（简称车船）的所有人或者管理人征收的一种税。从 2007 年 7 月 1 日开始，车船使用税在投保交强险时缴纳。2018 年 7 月 10 日，财政部、税务总局、工业和信息化部、交通运输部下发《关于节能新能源车船享受车船税优惠政策的通知》，要求对符合标准的新能源车船免征车船税，对符合标准的节能汽车减半征收车船税。车船税实行定额税率，从量计征。车船税的适用税额，依照车船税法所附的《车船税税目税额表》执行。

印花税是对经济活动和经济交往中订立、领受具有法律效力的凭证的行为所征收的一种税。因采用在应税凭证上粘贴印花税票作为完税的标志而得名。印花税的征税凭证，具体有五类：①合同类，包括购销、加工承揽、建设工程勘查设计、建设工程承包、财产租赁、货物运输、仓储保管、借款、财产保险、技术合同或者具有合同性质的凭证；②产权转移数据；③营业账簿；④房屋产权证、工商营业执照、商标注册证、专利证、土地使用证、许可证照；⑤经财政部确定征税的其他凭证。

7. 城市维护建设税、教育费附加

城市维护建设税是一种附加税，是以纳税人实际缴纳的增值税、消费税的税额为计税依据，依法计征的一种税。城市维护建设税税款专门用于城市的公用事业和公共设施的维护建设。

教育费附加是由税务机关负责征收，同级教育部门统筹安排，同级财政部门监督管理，专门用于发展地方教育事业的预算外资金。纳费人申报缴纳增值税、消费税的同时，申报、缴纳教育费附加。

（二）应交税费的会计处理

依据权责发生制，应交税费应该在发生的当期确认、计量，作为当期的负债，同时因为税款的结算上缴通常在确认后不久，因此，作为一项流动负债。

企业应设置“应交税费”科目，总括反映各种税费的计算缴纳状况，并按照应交税费的具体税种进行明细核算。该科目的贷方登记应缴纳的各种税费，借方登记已缴纳的各种税费，期末余额在贷方反映尚未交纳的税费，如果期末余额在贷方，反映多缴或尚未抵扣的税费。

确认应交税费这项流动负债的同时，应确认对应的相关费用，对此，不同税种处理略有差异。不同应交税费及其处理方式如表 6-17 所示。

表 6-17　不同应交税费及其处理方式

税种	处理方式
增值税	独立于利润表之外，不作为费用处理
所得税	计入所得税费用
其他税种	计入税金及附加

1. 增值税的会计处理

为反映增值税的发生、抵扣、进项转出、计提、缴纳、退还等情况，应在“应交税费”科目下设置“应交增值税”和“未交增值税”等明细科目。“应交税费——应交增值税”科目因为核算内容繁多，下设多个项目进行分类核算，具体项目设置如表6-18所示。

表 6-18 “应交税费——应交增值税”的项目设置

方向	项目	核算内容
借方	进项税额	记录企业购入货物或接受应税劳务而支付的、准予从销项税额中抵扣的增值税税额。企业购入货物或接受应税劳务支付的进项税额
	已交税金	记录企业已缴纳的增值税税额
	转出未交增值税	记录企业月末转出未交的增值税税额
贷方	销项税额	记录企业销售货物或提供应税劳务应收取的增值税税额。企业销售货物或提供应税劳务应收取的销项税额
	进项税额转出	记录企业的购进货物、在产品、产成品等发生非正常损失以及其他原因而不应从销项税额中抵扣，按规定转出的进项税额
	转出多交增值税	记录企业月末转出多交的增值税税额

“应交税费——未交增值税”明细科目将本期期末未缴或多缴的税金从“应交税费——应交增值税”科目的借方余额中分离出来，解决了多缴税额和未抵扣进项税额混淆的问题，使增值税的多缴、未缴、应纳、欠税、留抵等项目一目了然，为申报表的正确编制提供了条件。

月末，企业应将当月发生的应缴未缴增值税税额自“应交税费——应交增值税”科目转入“应交税费——未交增值税”明细科目，借记“应交税费——应交增值税（转出未交增值税）”，贷记“应交税费——未交增值税”。将当月多缴纳的增值税自“应交税费——应交增值税”科目转入“应交税费——未交增值税”明细科目，借记“应交税费——未交增值税”明细科目，贷记“应交税费——应交增值税（转出多交增值税）”科目。

当月上交当月增值税时，借记“应交税金——应交增值税（已交税金）”科目，贷记“银行存款”科目。

【例 6-6】 2020 年 10 月，南湖电器股份有限公司发生以下业务：

（1）采购钢板一批，价值 20 000 元，增值税税额为 2 600 元，货已到，款未付。

（2）销售商品一批，价值 180 000 元，增值税税额为 23 400 元，款已结清。

（3）缴纳本月增值税 130 000 元。

（4）月末将当月发生的应交未交增值税转出。

会计处理如下：

(1) 借:原材料　　20 000
　　应交税费——应交增值税(进项税额)　　2 600
　　贷:应付账款　　22 600
(2) 借:银行存款　　203 400
　　贷:主营业务收入　　180 000
　　　　应交税费——应交增值税(销项税额)　　23 400
(3) 借:应交税费——应交增值税(已交税金)　　130 000
　　贷:银行存款　　130 000
(4) 借:应交税费——未交增值税　　109 200
　　贷:应交税费——应交增值税(转出多交增值税)　　109 200

2. 所得税的会计处理

资产或负债的计税基础与其列示在会计报表上的账面价值之间存在差异,这些差异进而形成“递延所得税资产”与“递延所得税负债”。这部分内容因为非常复杂,在此不进行阐述,主要介绍所得税的简单会计处理。

“应交税费——应交所得税”科目核算按税法计算应该缴纳的所得税,确认时应借记“所得税费用”科目,贷记“应交税费——应交所得税”科目。

【例 6-7】 2020 年 12 月 25 日,南湖电器股份有限公司计提所得税 56 000 元,相关会计处理如下:

(1) 计提时:

借:所得税费用　　56 000
　　贷:应交税费——应交企业所得税　　56 000

(2) 缴纳时:

借:应交税费——应交企业所得税　　56 000
　　贷:银行存款　　56 000

3. 其他税种的会计处理

增值税、所得税外,其他税种的确认时,借记“税金及附加”科目,按税种不同贷记“应交税费——应交消费税、应交房产税”等科目;缴纳时,按税种不同,借记“应交税费——消费税、房产税等”科目,贷记“银行存款”等科目。但是,印花税、契税、车船税通常在业务发生时直接支付,不需要通过“应交税费”进行核算。

【例 6-8】 2020 年 12 月 25 日,南湖电器股份有限公司已确认应交消费税 54 000 元,应交房产税 10 000 元。会计处理如下:

(1) 计提时:

借:税金及附加　　64 000
　　贷:应交税费——应交消费税　　54 000
　　　　　　　　——应交房产税　　10 000

（2）缴纳时：

借：应交税费——应交消费税　　54 000
　　　　　　——应交房产税　　10 000
　贷：银行存款　　64 000

六、其他应付款

其他应付款项目，是反映企业在商品交易业务以外发生的应付和暂收款项。具体包括企业除应付票据、应付账款、应付职工薪酬等以外的应付、暂收其他单位或个人的款项；如企业收到的保证金、押金，应付利息与应付利润。其他应付款项目包含"其他应付款""应付利息""应付利润"和"应付股利"等多个科目的内容。

企业应设置"其他应付款"科目，用来核算企业应付、暂收其他单位或个人的款项，该科目贷方反映企业发生的应付、暂收款项，借方反映企业支付应付及暂收款项。期末余额在贷方，反映企业应付、暂收的结存金额。该科目按应付和暂收等款项的类别和单位或个人设置明细科目。

"应付利息"科目内容在短期借款中已经有阐述，在此不再赘述。

"应付利润"科目，在股份有限公司中为"应付股利"科目，核算分配给股东的红利。当公司宣告股利方案时，借记"利润分配"科目，贷记"应付股利"科目；企业发放股利时，借记"应付股利"科目，贷记"银行存款"科目。

【例 6-10】 2020 年 3 月 20 日，南湖电器股份有限公司宣告向股东分红 500 000 元，4 月 25 日发放，相关会计处理如下：

（1）宣告时：

借：利润分配——应付股利　　500 000
　贷：应付股利　　500 000

（2）发放时：

借：应付股利　　500 000
　贷：银行存款　　500 000

七、一年内到期的非流动负债

一年内到期的非流动负债是企业在一年内就面临偿还的非流动负债。非流动资产是按照其发生时到期偿还期来确定的，但是随着时间的推移，非流动资产将逐步到期，对于一年内到期的非流动负债，在资产负债表中列示为流动负债中的一项，是企业值得关注的，应该及时准备偿还的。

八、其他流动负债

其他流动负债，是指不能归属于短期借款、应付票据、应付账款、应交税费、其他应付款、预收款项的流动负债。但以上各款流动负债，其金额未超过流动负债合计金额百分之五的，可以并入其他流动负债内。

第三节　非流动负债及其会计处理

一、长期借款

长期借款是企业向银行等金融机构借入的偿还期超出 1 年的负债，同时该负债的偿还时间截至资产负债表日也超出 1 年。截至资产负债表日偿还期不足 1 年的长期借款记入流动负债中的“一年内到期非流动负债”项目。

对应长期借款项目，应开设“长期借款”科目核算，借方登记长期借款的偿还，贷方登记长期借款的增加，期末余额在贷方反映企业尚未偿还的长期借款。

长期借款会产生借款利息，利息费用记入“财务费用”科目核算，借款利息的核算视合同对利息偿还的约定，假如是到期一次还本付息，那么利息也将是非流动负债，记入“长期借款——应计利息”科目核算；假如利息是在资产负债表日一年内偿还，则是流动负债，记入“应付利息”科目进行核算。

受长期借款业务影响的资产负债表和利润表项目如表 6-19 所示。

表 6-19　受长期借款业务影响的资产负债表和利润表项目

业务	资产负债表项目	利润表项目
向银行或其他金融机构借入长期借款	长期借款(包括本金、应计利息) 应付利息	财务费用

【例 6-10】 2020 年 1 月 1 日，南湖电器股份有限公司向建设银行借入 3 年期借款 1 000 000 元，年利率为 12%，每年年底支付利息。

(1) 借款时，会计处理如下：

借：银行存款　　1 000 000
　　贷：长期借款　　1 000 000

(2) 每月计提利息费用时，会计处理如下：

借：财务费用　　10 000
　　贷：应付利息　　10 000

(3) 每年年底支付利息时，会计处理如下：

借：应付利息　　120 000
　　贷：银行存款　　120 000

(4) 到期偿还本金时,会计处理如下:

借:长期借款	1 000 000	
贷:银行存款		1 000 000

二、应付债券

资产负债表中应付债券项目反映的是企业公开发行的债券所承担的现实义务,是一项非流动负债。

公开发行公司债券必须符合我国《证券法》的相关规定:

(1) 具备健全且运行良好的组织机构。

(2) 最近3年平均可分配利润足以支付公司债券1年的利息。

(3) 国务院规定的其他条件。

(4) 公开发行公司债券筹集的资金,必须按照公司债券募集办法所列资金用途使用;改变资金用途,必须经债券持有人会议作出决议。

(5) 公开发行公司债券筹集的资金,不得用于弥补亏损和非生产性支出。

(一) 应付债券的发行价

1. 发行价格与票面金额

应付债券票面必须记载债券的票面金额、票面利率、还本付息的期限和方式。

票面金额,是指应付债券票面表示的债券金额,又称为面值。

发行价格,是指应付债券对外发行时,实际发行的价格。

因为票面利率与市场利率存在差异,债券的对外发行价格可能等于、大于或小于债券的票面金额,分别称为平价、溢价与折价发行。

票面利率,是指债券发行时,在债券契约中约定的利率。市场利率指由资本市场上供求关系决定的利率,市场利率会随着资本市场供求关系的变化而变化,在我国市场利率通常参照我国银行间同业拆借市场的利率确立。

债券的发行价格由发行债券的企业决定,也由市场决定。

(1) 票面利率等于市场利率,债券面值与发行价格完全相等,债券按面值发行,即平价发行。

(2) 票面利率高于市场利率,据此计算发行价格高于债券面值,即溢价发行。

(3) 票面利率低于市场利率,据此计算发行价格低于债券面值,即折价发行。

例如,当市场利率为10%时,票面利率为8%的债券,假如按面值平价发行,肯定是不受欢迎的,为了能顺利发行,只能选择低于面值发行;票面利率为15%的债券,假如按面值平价发行,会受到抢购,发行企业也是不划算的,可以选择溢价发行;票面利率为10%的债券,可以选择平价发行。

2. 债券发行价格的计算

债券的发行价格应该等于债券未来所有收益,即各期利息及到期本金,按照市场利率进行折现的现值。

假设债券面值为 B，票面利率为 i_0，每年年末付息一次，n 年后到期，一次性归还本金。发行时的市场利率为 i_1。应付债券未来收益情况如图 6-2 所示。

图 6-2　应付债券未来收益情况

$$债券的发行价格\ P = Bi_0(P/A, i_1, n) + B(P/F, i_1, n)^{①}$$

【例 6-11】 南湖电器股份有限公司发行 2 年期债券 1 000 000 元，票面利率为 15%，到期一次还本，每年付息一次，当时市场利率为 7%，假设不存在其他费用，该债券的发行价格应该为：

$$\begin{aligned}债券发行价格 &= 1\,000\,000 \times 15\% \times (P/A, 7\%, 2) + 1\,000\,000 \times (P/F, 7\%, 2)\\ &= 1\,000\,000 \times 15\% \times 1.80802 + 1\,000\,000 \times 0.87344\\ &= 1\,144\,643(元)\end{aligned}$$

（二）应付债券的会计处理

应付债券涉及发行、计息、还本付息等各项业务，通过"应付债券"科目核算，该科目下设"债券面值""利息调整""应计利息"等明细科目。应付债券相应的会计科目和核算内容，如表 6-20 所示。

表 6-20　应付债券相应的会计科目和核算内容

会计科目	核算内容
应付债券——债券面值	债券的面值
应付债券——利息调整	发行时的溢价与折价，以及后续对溢折价的摊销
应付债券——应计利息	按票面计提的利息（当利息不是短期支付而是长期负债时）
应付利息	按票面计提的利息（当利息按季度或年度在一年内支付时）

应付债券的会计处理难点在于溢价与折价的摊销，由于票面利率与实际利率的差异，导致债券发行价格与票面金额不一致，也就是发行债券的企业收到的发行款与债券面值不一致，差异记入"应付债券——利息调整"科目，而"应付债券——利息调整"科目余额在债券的存续期内，将逐步摊销调整至零。具体会计处理如下：

---

① P 为现值，$(P/A, i_1, n)$ 为年金现值系数，$(P/F, i_1, n)$ 为终值现值系数。

(1) 发行债券。

借:银行存款　　　　　　　　　　　　(实际收到的银行存款)
　贷:应付债券——债券面值　　　　　　(债券的票面金额)
　　　　　　——利息调整　　　　　　(实际收到的银行存款与债券面值的差额,溢价在贷方,折价在借方)

(2) 计提利息。

不论债券如何约定利息的支付方式,都应该每个月及时计提利息。债券利息在确认负债的同时也应确认为费用。究竟确认为何种费用,取决于债券融资的用途,用于产品研发时计入研发支出,用于在建工程的建设计入在建工程,筹建期间不符合资本化条件的利息计入管理费用,用于生产经营或者所建设的资产达到可使用状态时计入财务费用。

债券利息费用不仅仅是票面利率,同时还应该考虑到发行时的溢折价摊销。溢折价摊销常见有两种方式:直线摊销法和实际利率法。

① 直线摊销法。直线摊销法下,将发行时的溢价与折价,平均摊销到债券存续期,债券到期时,溢折价摊销也就摊销完毕。

借:财务费用等　　　　　　　　　　　　(借贷平衡的金额)
　贷:应付债券——应计利息(或应付利息)　(按票面利率计算的利息)
　　应付债券——利息调整　　　　　　　(发行时的溢价与折价摊销)

② 实际利率法。实际利率法下以债券的摊余价值按实际利率计算得到的利息为利息费用,其中:

实际利率是债券实际隐含的利率,是将债券到期值和应计利息折现为债券发行价值的隐含利率。摊余价值是债券发行价扣除已经摊销了的溢价或折价的余额。

实际利率法下各期的利息费用为期初的摊余价值乘以实际利率的余额。利息费用与票面利率的差额则是当期摊销的溢价或折价部分。

借:财务费用等　　　　　　　　　　　　(摊余价值×实际利率)
　贷:应付债券——应计利息(或应付利息)　(按票面利率计算的利息)
　　应付债券——利息调整　　　　　　　(当期溢价或折价摊销,数据为借贷平衡的金额)

(3) 到期还本与按期付息。

借:应付债券——债券面值　　　　　　　(债券票面金额)
　贷:银行存款　　　　　　　　　　　　(债券票面金额)
借:应付债券——应计利息或应付利息
　　　　　　　　　　　　　　　　　　(按票面利率计算的利息)
　贷:银行存款　　　　　　　　　　　　(按票面利率计算的利息)

【例 6-12】 南湖电器股份有限公司发行 2 年期债券 1 000 000 元，票面利率为 15%，到期一次还本，每年付息一次，当时市场利率为 7%，发行价为 1 144 641 元。分别采用直线摊销法与实际利率法调整利息。相关会计处理如下：

(1) 发行债券，取得资金。

借：银行存款　　1 144 643
　　贷：应付债券——债券面值　　1 000 000
　　　　　　　　——利息调整　　144 643

(2) 按季度计提利息。

① 直线摊销法。

对溢价部分在两年内，分季度平均摊销金额＝144 643÷8＝18 080(元)

每季度的票面利息＝1 000 000×15%÷4＝37 500(元)

借：财务费用　　19 420
　　应付债券——利息调整　　18 080
　　贷：应付利息　　37 500

债券存续期间，每个季度都编制确认财务费用的会计分录，每年付息。

② 实际利率摊销法。

实际利率摊销表如表 6-21 所示。

表 6-21　实际利率摊销表

单位：元

年度	债券期初摊余价值 ①	实际利息费用 ②＝①×7%	票面利息 ③＝票面金额×15%	利息调整摊销溢价 ④＝③－②
第一年	1 144 643	80 125	150 000	69 875
第二年	1 074 768	75 232	150 000	74 768
合计	100 000	155 357	300 000	144 643

注：(1) 债券期初摊余价值①是应付债券的期初价值。
(2) 实际利息费用②＝债券期初摊余价值①×实际利率(7%)，实际利息费用计入当期费用。
(3) 票面利息③＝债券票面金额×票面利率(15%)，票面利息计入当期应付利息。
(4) 利息调整摊销溢价④＝票面利息③－实际利息费用②，是对溢价的摊销，计入利息调整。
(5) 尾差计入第二年实际利息费用。

因为利息每季度计提一次，第一年每季度计提的利息费用为 20 031.25 元(80 125/4)，票面利息为 37 500 元，利息调整为 17 468.75 元(37 500－20 031.25)；第二年每季度计提的利息费用为 18 808 元(75 232/4)，票面利息为 37 500 元，利息调整为 18 692(37 500－18 808)元。

第一年每季度计提利息费用时：

借：财务费用	20 031.25	
应付债券——利息调整	17 468.25	
贷：应付利息		37 500

第二年每季度计提利息费用时：

借：财务费用	18 808	
应付债券——利息调整	18 692	
贷：应付利息		37 500

（3）每年付息（两年付息两次）。

借：应付利息	150 000	
贷：银行存款		150 000

（4）到期还本。

借：应付债券——债券面值	1 000 000	
贷：银行存款		1 000 000

两种摊销法下“应付债券——利息调整”账户变动如图6-2所示。

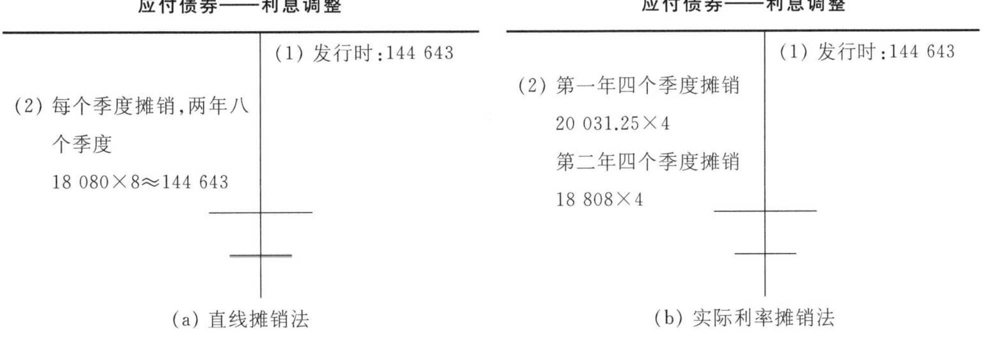

图6-3 两种摊销法下“应付债券——利息调整”账户变动

三、长期应付款

长期应付款项目核算的是在较长时间内应偿付的款项，而会计业务中的长期应付款是指除了长期借款和应付债券以外的其他多种长期应付款，主要有应付补偿贸易引进设备款等。

企业应设置“长期应付款”科目，核算长期应付款的发生及分期偿付情况，该科目贷方登记发生的长期应付款，主要有应付补偿贸易补偿登记引进设备款及其应付利息等；借方登记长期应付款的归还数；期末余额的在贷方，表示尚未支付的各种长期应付款。该科目应按长期应付款的种类设置明细科目，进行明细核算。受长期应付款业务影响的资产负债表和利润表项目如表 6-22 所示。

表 6-22　受长期应付款业务影响的资产负债表和利润表项目

业务	资产负债表项目	利润表项目
补偿贸易	固定资产、长期应付款	财务费用

四、预计负债

预计负债,是指与或有事项相关的义务,且同时满足下列条件:

(1) 该义务是企业承担的现时义务。

(2) 履行该义务很可能导致经济利益流出企业。

(3) 该义务的金额能够可靠地计量。

或有事项,是指过去的交易或者事项形成的,其结果须由某些未来事项的发生或不发生才能决定的不确定事项。

相关会计准则规定,预计负债应当按照履行相关现时义务所需支出的最佳估计数进行初始计量。当所需支出存在一个连续范围,且该范围内各种结果发生的可能性相同的,最佳估计数应当按照该范围内的中间值确定。在其他情况下,最佳估计数应当分别下列情况处理:

(1) 或有事项涉及单个项目的,按照最可能发生金额确定。

(2) 或有事项涉及多个项目的,按照各种可能结果及相关概率计算确定。

企业在确定最佳估计数时,应当综合考虑与或有事项有关的风险、不确定性和货币时间价值等因素。货币时间价值影响重大的,应当通过对相关未来现金流出进行折现后确定最佳估计数。

值得注意的是,企业不应当将预计负债确认为或有负债。

或有负债,是指过去的交易或事项形成的潜在义务,其存在须通过未来不确定事项的发生或不发生予以证实;或者过去的交易或事项形成的现时义务,履行该义务不是很可能导致经济利益流出企业或该义务的金额不能可靠计量。

第四节　所有者权益及其会计处理

所有者权益是资产负债表中所列示的归属于会计主体所有者对于该会计主体的资产要求权,是指企业资产扣除负债后,由所有者享有的剩余权益。所有者权益的按来源分为所有者投入资本、其他综合收益和留存收益,具体分类如表 6-23 所示。

表 6-23 所有者权益分类表

所有者投入资本	其他综合收益	留存收益
实收资本 资本公积	其他综合收益	盈余公积 未分配利润

一、实收资本

(一) 实收资本的内容

实收资本,是指企业收到的投资人投入的资本,是企业注册登记的法定资本总额的来源。企业的实收资本的金额应当与注册资本一致。当企业实收资本比原注册资本数额增减超过 20%时,应持资金使用证明或验资证明,向原登记主管机关申请变更登记。

实收资本表明所有者对企业的基本产权关系。实收资本的构成比例是企业据以向投资者进行利润分配的主要依据。股份有限公司的实收资本又称股本,其利润分配又称股利。

企业应按照企业章程、合同、协议或有关规定,企业所有者可以以现金、实物(固定资产等)或者无形资产投入,形成实收资本。此外,企业也可以将留存收益转增实收资本。

上市公司股本按照其对上市公司经营决策权的享有情况可以分为普通股与优先股。

1. 普通股

普通股是股份公司资本构成中最普通、最基本的股份,是股份公司资金的基础部分。

普通股的基本特点是其投资收益(股息和分红)不是在购买时约定,而是事后根据股票发行公司的经营业绩来确定。公司的经营业绩好,普通股的收益就高;经营业绩差,普通股的收益就低。普通股是股份公司资本构成中最重要、最基本的股份,也是风险最大的一种股份,但又是股票中最基本、最常见的一种。在上交所与深交所上市交易的股票都是普通股。

普通股股票持有者按其所持有股份比例享有以下基本权利:

(1) 参与公司经营的决策权。普通股股东有出席股东大会的权利,有表决权和选举权、被选举权,可以间接地参与公司的经营。

(2) 参与股息红利的分配权。普通股的股利收益没有上下限,视公司经营状况而定。

(3) 优先认购新股的权利。当公司资产增值,增发新股时,普通股股东有按其原有持股比例认购新股的优先权。

(4) 请求召开临时股东大会的权利。

(5) 公司破产后依法分配剩余财产的权利。这种权利在债权人和优先股股东权利之后。

2. 优先股

优先股是股份公司发行的在分配红利和剩余财产时比普通股具有优先权的股份。

优先股的主要特征有:

(1) 优先股预先明确股息,同时具有优先于普通股取得股息的权利。优先股通常不能参与公司的分红,对公司来说,由于股息固定,它不影响公司的利润分配。

(2) 优先股股东没有选举权和被选举权,也无投票权。

优先股在我国的现状

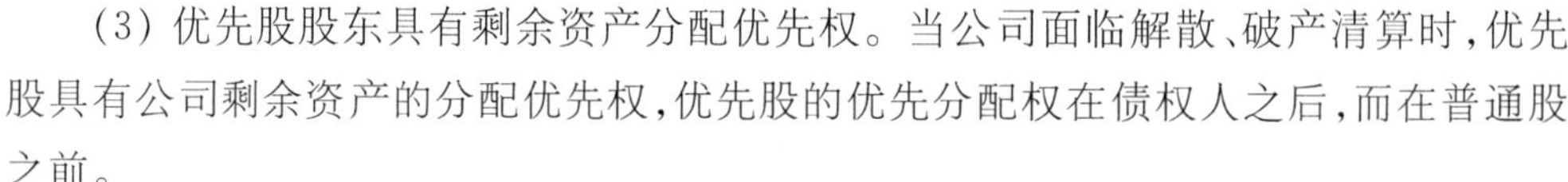

(3) 优先股股东具有剩余资产分配优先权。当公司面临解散、破产清算时,优先股具有公司剩余资产的分配优先权,优先股的优先分配权在债权人之后,而在普通股之前。

企业财务管理的目标是实现股东财富最大化(企业价值最大化)。从企业的最终所有者——股东的立场看,优先股是一种灵活高效的财务杠杆,可视为一种永久性负债。在企业资本结构一定的条件下,企业从息税前利润中支付的债务利息、优先股股息等资本成本是相对固定的,通过优先股安排调整资本结构、充分合理地利用财务杠杆,有助于企业财务管理目标的实现。

(二) 实收资本的会计核算

企业设置“实收资本”科目,反映和监督企业实际收到投资者投入资本的情况。该科目借方登记企业按照决定程序报经批准减少的注册资本额;贷方登记企业收到投资者符合注册资本的出资额,期末余额在贷方,反映企业实有的资本额。该科目应按具体投资者设置明细账进行明细核算。实收资本的增加可以是来自投资者的投入,也可以是企业留存收益转增资本。企业通常不会减少实收资本,只有两种情况下会减少实收资本:一是企业缩小规模,减少资本,退还给投资者;二是企业清算。

【例 6-13】 南湖电器股份有限公司增资扩股,收到以银行存款 500 000 元投资增加注册资本。会计处理如下:

借:银行存款	500 000	
贷:实收资本		500 000

【例 6-14】 东湖公司减少注册资本,减少 500 000 元注册资本以现金方式等比例退还给投资者。会计处理如下:

借:实收资本	500 000	
贷:银行存款		500 000

二、资本公积

（一）资本公积的内容

资本公积项目反映的是企业的企业在经营过程中由于股本溢价以及其他资本公积，是归属于企业的所有者权益。

1. 股本溢价

股本溢价是指股份有限公司溢价发行股票时实际收到的款项超过股票面值总额的数额。在我国不允许折价发行股票，按面值发行的情况是很少的，所以几乎都是溢价发行。

2. 其他资本公积

其他资本公积指除资本溢价（股本溢价）以外形成的资本公积。其他资本公积核算的内容，具体包括：

(1) 权益结算的股份支付在等待期内确认的成本费用。

(2) 采用权益法核算的长期股权投资，被投资单位除净损益、其他综合收益和利润分配以外的所有者权益的其他变动，投资方按持股比例计算应享有的份额；以及处置采用权益法投资的时候存在冲减前期确认的收益之外的份额。

（二）资本公积的会计核算

企业应设置“资本公积”科目，反映和监督企业资本公积的增减变动情况。该科目借方登记资本公积的减少额，贷方登记资本公积的增加额，期末余额在贷方，反映企业资本公积结存余额。该科目可以按照其产生来源设置明细科目进行明细核算，如“资本公积——股本溢价”和“资本公积——其他资本公积”明细科目。

【例 6-15】 南湖电器股份有限公司接受投资者投资的银行存款 6 000 000 元，占实收资本 10 000 000 元的 50%，会计处理如下：

借：银行存款	6 000 000	
贷：实收资本		5 000 000
资本公积——股本溢价		1 000 000

【例 6-16】 2019 年，A 公司投资 B 公司，取得 30% 股权，用权益法进行计量。第 2 年，B 公司除去净利润之外的净资产增加 100 万元。A 公司按投资比例确认其他资本公积 30 万元，会计处理如下：

借：长期股权投资——其他权益变动	300 000	
贷：资本公积——其他资本公积		300 000

从该分录中可以看出，只要长期股权投资还在，被投资方其他权益变动（除净利润之外净资产的变动）应记入“资本公积——其他资本公积金”明细科目。

（三）资本公积与实收资本对比

资本公积与实收资本对比如表 6-24 所示。

表 6-24　资本公积与实收资本对比

项目	资本公积	实收资本
来源	(1) 投资者的溢价投入 (2) 计入所有者权益的利得与损失	投资者的投入
性质	归属于所有投资者，不直接表明所有者对企业的产权关系	注册资本，体现所有者对企业的产权关系
用途	用于转增资本	实收资本的比例是所有者决策权的比例依据也是分红权的比例依据

三、其他综合收益

企业应设置“其他综合收益”科目用来核算企业根据《企业会计准则》未在损益中确认的各项利得和损失扣除所得税影响后的净额，该科目贷方登记增加，借方登记减少，期末余额可能在借方也可能在贷方。其他综合收益是当期不计入损益，暂时计入所有者权益，但是终将计入损益的非日常经营活动的利得和损失。其目的在于不影响当期利润表中对损益的表达。其他综合收益要注意与损益进行区分。其他综合收益与损益对比如表 6-25 所示。

表 6-25　其他综合收益与损益对比

其他综合收益	损益
未实现的	已实现的
不重复发生的	重复发生的
非经营性的	经营性的
计量的不确定性	计量的确定性
长期的	短期的
不受管理层控制的	受管理层控制的

非日常经营活动形成的利得和损失，都会影响所有者权益，具体包括以下情形：①直接计入当期损益，记入“营业外收支”科目，会影响到公司的净利润，净利润会影响到留存收益；②直接计入所有者权益，记入“其他综合收益”科目。

其他综合收益核算的主要内容如下：

(1) 以后会计期间不能重分类进损益的其他综合收益。主要包括：① 重新计量设定受益计划净负债或净资产导致的变动；② 按照权益法核算的在被投资单位不能重分类进损益的其他综合收益变动中所享有份额。

(2) 以后会计期间在满足规定条件时将重分类进损益的其他综合收益项目。主要包括:① 按照权益法核算的在被投资单位可重分类进损益的其他综合收益变动中所享有的份额;② 其他权益工具投资公允价值变动形成的利得或损失、债权投资重分类为其他债权投资形成的利得或损失;③ 现金流量套期工具产生的利得或损失中属于有效套期的部分;④ 外币财务报表折算差额;⑤ 自用房地产或作为存货的房地产转换为以公允价值模式计量的投资性房地产在转换日公允价值大于账面价值部分。

【例 6-17】 南湖电器股份有限公司购入东湖公司股票作为其他权益工具投资核算,2020 年 12 月 1 日,购买时成本 110 万元,2021 年 12 月 31 日,该股票公允价值 140 万元,计算该投资对 2020 年损益的影响。

该股票变动额为 30 万元(140－110),这部分增值不能当期确认为收益,但是确实资产增值,所有者权益增加了,记入"其他综合收益"科目,对 2020 年损益的没有影响。相关会计处理如下:

借:其他权益工具投资——公允价值变动	300 000	
贷:其他综合收益		300 000

【例 6-18】 南湖电器股份有限公司外币业务采用交易日即期汇率折算,按月计算汇兑差额。购入境外股票 1 000 股作为其他权益工具投资核算,2020 年 6 月 21 日,购买时每股 2 美金,购买日汇率 1∶6.85;2020 年 8 月 21 日,该股票价格为每股 2.5 美金,当日即期汇率为 1∶7.05。

计算该投资的公允价值变动额、汇兑损失或收益,以及其他综合收益入账金额,相关会计处理如下:

该投资公允价值变动额＝1 000×(2.5－2)×7.05＝3 525(元)

形成汇兑损失＝1 000×2×(7.05－6.85)＝400(元)

其他综合收益入账金额＝3 525＋400＝3 925(元)

借:其他权益工具投资	3 925	
贷:其他综合收益		3 925

四、盈余公积

盈余公积项目反映的是具有特定用途的留存利润,是从企业税后利润提取的,用于转增资本、弥补亏损或者发放股利用途的企业留存收益。

(一) 盈余公积的内容

盈余公积是上市公司按照股东大会的决议提取,由公司自行决定提取。盈余公积实际是企业当期实现的净利润向投资者分配利润的一种限制。

（二）盈余公积的用途

1. 弥补亏损

企业发生亏损时，应由企业自行弥补。弥补亏损的渠道主要有：

（1）用以后年度税前利润弥补。按照现行制度规定，企业发生亏损时，可以用以后5年内实现的税前利润弥补，即税前利润弥补亏损的期间为5年。

（2）用以后年度税后利润弥补。企业发生的亏损经过5年期间未弥补足额的，尚未弥补的亏损应用所得税后的利润弥补。

（3）以盈余公积弥补亏损。企业以提取的盈余公积弥补亏损时，应当由公司董事会提议，并经股东大会批准。

2. 转增资本

企业将盈余公积转增资本时，必须经股东大会决议批准。在实际将盈余公积转增资本时，要按股东原有持股比例结转。盈余公积转增资本时，转增后留存的盈余公积的数额不得少于转增前注册资本的25%。

3. 分配股利

分配股利，原则上企业当年没有利润，不得分配股利，如为了维护企业信誉，用盈余公积分配股利，必须符合下列条件：

（1）用盈余公积弥补亏损后，该项公积金仍有结余。

（2）用盈余公积分配股利时，股利率不能太高，不得超过股票面值的6%。

（3）分配股利后，法定盈余公积金不得低于注册资本的25%。

（三）盈余公积的会计处理

企业应设置“盈余公积”科目，用于反映和监督盈余公积的形成和使用情况。该科目借方登记用盈余公积弥补亏损、分配股利和转增资本的实际数额，贷方登记按规定提取的盈余公积数额，期末余额在贷方，反映企业的盈余公积。相关会计处理如下：

（1）提取盈余公积。

借：利润分配——提取盈余公积

　　贷：盈余公积

（2）盈余公积弥补亏损。

借：盈余公积

　　贷：利润分配——盈余公积补亏

（3）盈余公积分配股利。

借：盈余公积

　　贷：应付股利

(4) 盈余公积转增资本。

借:盈余公积
　贷:实收资本

(四) 盈余公积与资本公积对比

盈余公积与资本公积对比如表 6-26 所示。

表 6-26　盈余公积与资本公积对比

项目	盈余公积	资本公积
来源	留存收益	(1) 投资者的溢价投入 (2) 计入所有者权益的利得与损失
目的	(1) 限制企业对股东的利润分配 (2) 归属于所有投资者的留存收益	归集归属于所有投资者的非留存收益的所有者权益

五、未分配利润

未分配利润项目反映的是企业留待以后年度处理的没有明确指定特定用途的利润,属于企业的留存收益。相对于其他所有者权益项目,企业对于未分配利润的使用有较大的自主权。

(一) 未分配利润的确定

按照企业利润分配的顺序:

(1) 弥补以前年度亏损(用利润弥补亏损无须专门编制会计分录)。

(2) 提取盈余公积。

(3) 分配股利。

经过利润分配后,留存在企业的、历年活存的利润,就属于未分配利润。

(二) 未分配利润的会计处理

企业核算未分配利润,应设置"利润分配——未分配利润"科目,该科目借方登记未分配利润的减少,贷方登记未分配利润的增加,期末余额在借方反映当前的亏损额,期末余额在贷方反映当前的未分配利润。

根据利润分配的顺序,最后留下的是未分配利润,所以,会计处理也按利润分配顺序进行:

(1) 本期期末利润转入利润分配。

借:本年利润　　A
　贷:利润分配——未分配利润　　A

(2) 弥补以前年度亏损。

因为以前年度亏损就在"利润分配——未分配利润"科目的借方,所以当本期利润转入时，就自然弥补了，无须另作会计处理。

(3) 提取各项盈余公积。

借：利润分配——提取盈余公积　　A1
　　贷：盈余公积　　A1

(4) 分配股利。

借：利润分配——应付股利　　A2
　　贷：应付股利　　A2

(5) 结转所有“利润分配”明细科目。

借：利润分配——未分配利润　　A1＋A2
　　贷：利润分配——提取盈余公积　　A1
　　　　　　　　——应付股利　　A2

经过利润的分配后，期末未分配利润的金额为 A－A1－A2，具体账户变动如图6-3所示。

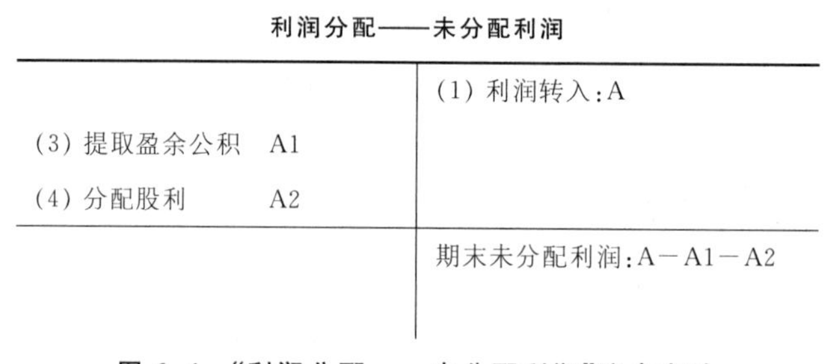

图 6-4　“利润分配——未分配利润”账户变动

该部分内容在利润分配部分将详细介绍，故而本章不做例题阐述。

六、库存股

库存股，是指已公开发行但发行公司通过购入、赠予或其他方式重新获得可再行出售或注销的股票。库存股股票既不分配股利，又不附投票权。

在公司的资产负债表上，库存股不能列为公司资产，而是以负数形式列为一项股东权益，是所有者权益的抵减项。

企业设置“库存股”科目核算其增加、减少及变动情况，因为该科目是“实收资本”的备抵科目，其借方登记增加，贷方登记减少。

库存股的作用，具体包括以下方面：

(1) 有利于公司管理者有效地实现负债与权益股本之间的平衡，降低融资成本。允许公司购回股份后不将其注销而以库存股形式存在，可以提高公司管理其资产的能力。

(2) 为公司在融资方面提供更大的灵活性。库存股也可以视作是一种融资工具，相对于配股和增发新股而言，出售库存股可使资金成本更低。

(3) 有利于员工及管理层持股计划的实施。

(4) 有利于公司股票价格的稳定。在证券交易市场受到非经济因素影响时,库存股对于稳定公司股价有积极作用。

本章小结

负债与所有者权益在资产负债表的贷方,反映企业资金的来源。负债在资产负债表中按流动性排列,偿还期近、到期风险大的流动负债排在前列,偿还期远、到期风险相对小的非流动负债排在后面。负债带来财务费用是对利润表的影响。所有者权益在资产负债表中按照其稳定性排列,稳定性强的排在前列,稳定性弱的排在后面。所有者权益本身不对利润表产生影响,但是利润表中未分配利润将构成企业的所有者权益。

负债与所有者权益都是企业的资金来源。负债需要偿还,是企业的现实义务,企业对于债务是有偿付风险的,同时债权人是不参与企业经营决策。所有者权益是股权,其金额的确定基于对资产与负债的计量,所有者权益是资产扣除负债的部分,这部分是归属于企业所有者即股东的权益。所有者权益无须偿还,没有偿付风险,但是所有者有参与企业经营决策权。

流动负债包括短期借款、应付账款、应付票据、预收款项、应付职工薪酬、应交税费、其他应付款、一年内到期的非流动负债以及其他流动负债。

应付账款的会计处理重点在于总价法与净价法;应付票据,根据票据种类不同,银行承兑汇票与商业承兑汇票的会计处理有差异;应付职工薪酬内容较多,根据员工性质在确认负债的同时对应确认相应成本及费用;应交税费涉及税种繁多,增值税的会计处理与企业利润无关、应交所得税计入所得税费用、其他税种则计入税金及附加;其他应付款项目涉及应付利息、应付股利和其他应付款三个科目。

非流动负债包括长期借款、应付债券、长期应付款和预计负债。应付债券的会计处理相对复杂,因为债券票面利率与市场利率的差异,债券存在溢价、平价与折价发行,发行价与面值差异,记入"应付债券——利息调整"科目,在债券存续期内被摊销,摊销调整方法有直线摊销法与实际利率摊销法。

所有者权益分为实收资本、资本公积、其他综合收益、盈余公积与未分配利润。不同所有者权益的稳定性,来源及用途都存在一定差异。

关键术语

负债　所有者权益　流动负债　非流动负债　短期借款　应付账款　应付票据　预收款项　应付职工薪酬　应交税费　其他应付款　长期借款　应付债券　长期应付款　预计负债　实收资本　资本公积　其他综合收益　盈余公积

未分配利润　库存股

思考题

1. 负债和所有者权益都是企业的资金来源，两者之间有哪些差异？

2. 应付账款可以采用总价法与净价法进行核算，两种方法存在哪些差异？

3. 应付票据中银行承兑汇票与商业承兑汇票有什么差异，会计处理上有什么区别？

4. 应付职工薪酬包括哪些内容？

5. 应交税费包括哪些内容？

6. 为什么企业债券的发行价格不一定等于面值，如何计算企业债券的发行价格？

7. 应付债券的明细科目有哪些？分别核算什么内容？

8. 什么是预计负债？预计负债与或有负债有什么区别？

9. 同为投资者投入的实收资本与资本公积存在哪些差异？

10. 盈余公积有哪些用途？

11. 资本公积与盈余公积有什么差异？

会计分录题

1. 2019 年 2 月 8 日，南湖电器股份有限公司向中国工商银行中南支行借入 1 年期，年息 8%，金额为 500 000 元的银行存款，用于补充流动资金。假设利息支付方式为以下两种情况：①到期一次性还本付息；②按季度支付利息。

要求：请根据不同利息支付方式，分别对借款、计息、付息以及偿债的全过程进行会计处理。

2. 2019 年 3 月 8 日，南湖电器股份有限公司向黄家湖股份公司采购钢板一批，取得的增值税专用发票上注明的价款为 80 000 元，增值税税额为 10 400 元，黄家湖股份公司给出的现金折扣条件为 2/10，*n*/60，材料已经验收入库。假设以下四种情况：①总价法，最终未能享受折扣；②净价法，最终未能享受折扣；③总价法，最终享受折扣；④净价法，最终享受折扣。

要求：按四种情况分别进行会计处理。

3. 2019 年 4 月 8 日，南湖电器股份有限公司向桂子山股份公司采购钢钎一批，取得的增值税专用发票上注明的价款为 80 000 元，增值税税额为 10 400 元，材料已经验收入库。南湖电器股份有限公司开出商业汇票一张，金额为 90 400 元，3 个月期限。假设以下四种情况：①票据为银行承兑汇票，到期按期偿付；②票据为银行承兑汇票，到期无法按期偿付；③票据为商业承兑汇票，到期按期偿付；④票据为商业承兑汇票，无法到期按期偿付。

要求:按四种假设情况,分别对开票支付、票据到期等环节进行会计处理。

4. 2019 年 4 月 22 日,南湖电器股份有限公司收到桂子山公司 10 台中央空调的货款 500 000 元,系其预付的货款。2019 年 7 月 12 日,发运产品给桂子山公司,开具的增值税专用发票上注明价款为 800 000 元,增值税税额为 104 000 元。

要求:进行相关会计处理。

5. 2019 年 11 月,南湖电器股份有限公司人力资源部计算当月的应付工资为 450 万元,其中,产品生产工人的工资为 170 万元,生产部门管理人员工资为 100 万元,公司管理人员的工资为 80 万元,销售人员工资为 100 万元。根据有关规定,南湖电器股份有限公司按照员工工资的 10% 和 8% 分别计提医疗保险费和住房公积金,另按照工资总和的 2% 和 8% 计提工会经费及职工教育经费。

要求:对应付职工薪酬进行会计处理。

6. 2020 年 1 月 1 日,南湖电器股份有限公司向中国工商银行中南支行借入 2 年期借款 900 000 元,年利率为 6%,每年年底支付利息。

要求:分别对长期借款借入、计提利息及偿还本金等业务进行相关会计处理。

7. 2020 年 3 月 20 日,南湖电器股份有限公司宣告向股东分红 600 000 元,同年 4 月 22 日实施。

要求:对企业分红进行宣告日和分红除权日的有关会计处理。

8. 南湖电器股份有限公司发行 2 年期债券 1 000 000 元,票面利率为 10%,到期一次还本,每年付息一次,当时市场利率为 6%,假设不存在其他发行费用的情况下,债券利息摊销采用直线摊销法。

要求:计算该债券的发行价格,并分别对债券的发行、计息、到期还本等业务进行会计处理。

9. 上题中,若债券利息摊销采用实际利率摊销法。

要求:分别对债券的发行、计息、到期还本进行会计处理。

10. 2020 年 5 月 4 日,南湖电器股份有限公司收到西湖公司投资款 8 000 000 元,占实收资本 5 000 000 元份额。

要求:对企业收到投资款进行会计处理。

11. 2020 年,南湖电器股份有限公司结转净利润 2 000 000 元,提取盈余公积 100 000 元,向股东分红 600 000 元,剩余为未分配利润。

要求:对企业所有者权益的变化进行会计处理。

案例讨论题

2018 年 7 月 9 日,小米正式在香港主板上市,股票代码 1810,这是香港地区首支同股不同权的公司的股票。根据其招股说明书显示,小米股票分为 A 类股份和 B 类股份,A 类股份持有人每股投票权为 10 票,B 类股份持有人每股投票权为 1 票。具体来看，小米集团A类股份全部由创始人雷军(4.29亿股)和另一位联合创始人林斌(2.4亿股)持有，同时雷军还持有2.28亿股B类股份。以此计算，雷军合计持有小米集团31.4%的股权，拥有55.7%比例的投票权。

会计专家黄世忠为大家阐述小米的招股书中的会计疑惑。[①] 小米到底是严重亏损还是高额盈利？到底是资不抵债还是实力雄厚？按照国际财务报告准则，小米2017年亏损439亿元，若不按国际财务报告准则计量，则盈利54亿元，两者相差高达493亿元，其中仅可转换可赎回优先股调增的利润就高达541亿元。按照国际财务报告准则编制的资产负债表，小米2017年年末的股东权益为－1 272亿元，但若剔除可转换可赎回优先股的影响，其股东权益则高达343亿元，两者相差1 615亿元。差异产生于可转换可赎回优先股会计处理在经营业绩和财务状况方面给投资者造成困惑。

招股说明书披露的信息显示，小米自2010年9月至2017年8月，通过18轮的融资，累计向投资者发行了12个系列的优先股，与此相关的对价收入约为98亿元。这些优先股具有四个特点：

(1) 持有者有权收取非累计股息外加按原发行价的8%计算的应计利息。

(2) 持有人可自2015年7月3日起，在小米公开上市或超过50%的持有者要求赎回时，按当时有效的转换价转换为普通股。

(3) 自2019年12月23日期，按发行价加8%应计利息及已宣派但未支付股息之和与优先股公允价值孰高者的价格，赎回全部优先股。

(4) 持有人有权在清算时按发行价加上应计或已宣派但未支付的股息，或发行价的110%优先收取剩余的权益，倘若可供分配的剩余权益不足以悉数支付优先股受偿金，持有人有权优先于普通股持有人分配剩余权益。

优先股是划分为负债还是权益，直接影响到其后续计量，会产生完全不同的经济后果。若将小米的优先股划分为金融负债，后续的资产负债表日必须按公允价值计量，并将公允价值的变动计入损益，结果导致小米2017年的利润减少542亿元，年末出现1 272亿元的资不抵债。若将其划分为权益工具，后续的资产负债表日不需要重新计量，则小米2017年的利润将增加542亿元，净资产也将由－1 272亿元变为343亿元。可见，对优先股性质归属的不同认定及其后续的不同会计处理，可将小米描绘成两幅迥然不同的财务图像。

要求：

1. 请思考负债与所有者权益的差异，对于有些金融工具，如像债的股或者像股的债，应该如何进行确定？本质上应该如何区分？

2. 由此案例进一步思考负债与所有者权益的会计处理对利润、对企业资产负债表的差异？

---

① 黄世忠，横看成岭侧成峰——评小米令人困惑的财务报告，2018年5月7日，云顶财说。

第七章　收入与费用数据的会计处理

学习目标

1. 了解收入和费用对财务报表的影响
2. 掌握营业收入的内容和会计处理
3. 理解营业外收入内容和会计处理
4. 掌握税金及附加的内容和会计处理
5. 掌握期间费用的内容和会计处理
6. 理解营业外支出内容和会计处理

第一节　收入及其会计处理

收入项目是利润表的主要组成部分，收入项目的确认和计量会影响财务报表的列报，在其他条件不变的情况下，高估收入会导致高估利润，从而高估所有者权益；低估收入会导致低估利润，从而低估所有者权益，从而影响利润表和资产负债表的准确性。

利润表收入项目中包括营业收入、其他收益、投资收益、净敞口套期收益、公允价值变动收益、资产处置收益、营业外收入等项目，这些项目的数据是根据相关收入和利得类科目的发生额分析填列，具体填列方法详见第九章。本章只介绍制造业企业日常业务主要收入数据的会计处理，利润表主要收入项目及其对应的会计科目如表7-1所示。

表7-1　利润表主要收入项目及其对应的会计科目

序号	收入项目	会计科目
1	营业收入	主营业务收入、其他业务收入
2	营业外收入	营业外收入

一、收入的确认原则和步骤

（一）收入的确认原则

企业应当在履行了合同中的履约义务，即在客户取得相关商品控制权时确认收入。取得相关商品控制权，是指客户能够主导该商品的使用并从中获得几乎全部的经济利益，也包括有能力阻止其他方主导该商品的使用并从中获得经济利益。企业在判断商品的控制权是否发生转移时，应当从客户的角度进行分析，即客户是否取得了相关商品的控制权，以及何时取得该控制权。取得商品控制权同时包括下列三项要素：

（1）能力。企业只有在客户拥有现时权利，能够主导该商品的使用并从中获得几乎全部经济利益时，才能确认收入。如果客户只能在未来的某一期间主导该商品的使用并从中获益，则表明其尚未取得该商品的控制权。例如，企业与客户签订合同为其生产产品，虽然合同约定该客户最终将能够主导该产品的使用，并获得几乎全部的经济利益，但是，只有在客户真正获得这些权利时（根据合同约定，可能是在生产过程中或更晚的时点），企业才能确认收入，在此之前，企业不应当确认收入。

（2）主导该商品的使用。客户有能力主导该商品的使用，即客户在其活动中有权使用该商品，或者能够允许或阻止其他方使用该商品。

（3）能够获得几乎全部的经济利益。客户必须拥有获得商品几乎全部经济利益的能力，才能被视为获得了对该商品的控制。商品的经济利益，是指该商品的潜在现金流量，既包括现金流入的增加，也包括现金流出的减少。客户可以通过使用、消耗、出售、处置、交换、抵押或持有等多种方式直接或间接地获得商品的经济利益。

（二）收入的确认步骤

收入的确认和计量大致分为以下五个步骤（即收入确认和计量的五步法）：

第一步，识别与客户订立的合同。

第二步，识别合同中的单项履约义务。

第三步，确定交易价格。

第四步，将交易价格分摊至各单项履约义务。

第五步，履行各单项履约义务时确认收入。

其中，第一步、第二步和第五步主要与收入的确认有关，第三步和第四步主要与收入的计量有关。本章对第三步和第四步不展开介绍。收入的确认的具体内容如下：

（1）识别与客户订立的合同。本章所称合同，是指双方或多方之间订立有法律约束力的权利义务的协议。合同包括书面形式、口头形式以及其他形式（如隐含于商业惯例或企业以往的习惯做法中)。

企业与客户之间的合同同时满足下列五项条件的,企业应当在客户取得相关商品控制权时确认收入:

① 合同各方已批准该合同并承诺将履行各自义务。

② 该合同明确了合同各方与所转让商品相关的权利和义务。

③ 该合同有明确的与所转让商品相关的支付条款。

④ 该合同具有商业实质。

⑤ 企业因向客户转让商品而有权取得的对价很可能收回。

企业在进行上述判断时,需要注意下列三点:

① 合同约定的权利和义务是否具有法律约束力,需要根据企业所处的法律环境和实务操作进行判断。

② 合同具有商业实质,是指履行该合同将改变企业未来现金流量的风险、时间分布或金额。

③ 企业在评估其因向客户转让商品而有权取得的对价[①]是否很可能收回时,仅应考虑客户到期时支付对价的能力和意图(即客户的信用风险)。当对价是可变对价时,由于企业可能会向客户提供价格折让,企业有权收取的对价金额可能会低于合同标价。企业向客户提供价格折让的,应当在确定交易价格时进行考虑。

【例 7-1】 武汉西湖有限责任公司与海外客户销售一批商品,合同标价为 100 万元。

(1) 如果该合同满足前述五项条件,则武汉西湖有限责任公司可以确认销售收入 100 万元。

(2) 如果该客户所在国正在经历严重的经济困难,武汉西湖有限责任公司对该客户还款的能力和意图存在疑虑,预计不能从海外客户收回合同标价 100 万元,则不能确认收入。

(3) 如果虽然该客户所在国正在经历严重的经济困难,但武汉西湖有限责任公司预计该海外客户所在国家的经济情况将在未来 2～3 年内好转,且与海外客户之间建立的良好关系将有助于其在该国家拓展其他潜在客户,预计该销售合同估计很可能收回 60 万元,则可以确认销售收入 60 万元。

(2) 识别合同中的单项履约义务。合同开始日,企业应当对合同进行评估,识别该合同所包含的各单项履约义务,并确定各单项履约义务是在某一时段内履行,还是在某一时点履行,企业应在履行了各单项履约义务时分别确认收入。

其中:合同开始日,是指合同开始赋予合同各方具有法律约束力的权利和义务的日期,通常是指合同生效日。履约义务,是指合同中企业向客户转让可明确区分商品的承诺。

---

① 对价,是普通法系合同法中的重要概念,其内涵是一方为换取另一方做某事的承诺而向另一方支付的金钱代价或得到该种承诺的承诺。

企业承诺向客户转让的商品通常会在合同中明确约定，然而，在某些情况下，虽然合同中没有明确约定，但是在企业已公开宣布的政策、特定声明或以往的习惯做法中可能隐含了企业将向客户转让额外商品的承诺。这些隐含的承诺不一定具有法律约束力，但是，如果在合同订立时，客户根据这些隐含的承诺能够对企业将向其转让某项商品形成合理的预期，则企业在识别合同中所包含的单项履约义务时，应当考虑此类隐含的承诺。例如，企业向客户销售商品，虽然合同没有约定，但是，企业在其宣传广告中宣称，对于购买该商品的客户，企业将为其提供为期 5 年的免费保养服务，如果该广告使客户对于企业提供的保养服务形成合理预期，企业应当考虑该项服务是否构成单项履约义务；又如，企业向客户销售软件，根据企业以往的习惯做法，企业会向客户提供免费的升级服务，如果该习惯做法使得客户对于企业提供的软件升级服务形成合理预期，则企业应当考虑该项服务是否构成单项履约义务。这里的客户既包括直接购买本企业商品的客户，也包括向客户购买本企业商品的第三方，即“客户的客户”，也就是说，企业需要评估其对于客户的客户所做的承诺是否构成单项履约义务，并进行相应的会计处理。

【例 7-2】 南湖电器股份有限公司与其经销商武汉北湖有限责任公司签订合同，将其生产的产品销售给武汉北湖有限责任公司，武汉北湖有限责任公司再将该产品销售给最终用户。武汉北湖有限责任公司是南湖电器股份有限公司的客户。

(1) 如果合同约定，从武汉北湖有限责任公司购买南湖电器股份有限公司产品的最终用户可以享受南湖电器股份有限公司提供的该产品正常质量保证范围之外的免费维修服务。南湖电器股份有限公司委托武汉北湖有限责任公司代为提供该维修服务，并且按照约定的价格向武汉北湖有限责任公司支付相关费用；如果最终用户没有使用该维修服务，则南湖电器股份有限公司无须向武汉北湖有限责任公司付款。在这种情况下，该合同下的承诺包括销售产品以及提供维修服务两项履约义务。

(2) 如果合同开始日，双方并未约定南湖电器股份有限公司将提供任何该产品正常质量保证范围之外的维修服务，南湖电器股份有限公司通常也不提供此类服务。南湖电器股份有限公司向武汉北湖有限责任公司交付产品时，产品控制权转移给武汉北湖有限责任公司，该合同即完成。在这种情况下，该合同并未包含提供维修服务的承诺，南湖电器股份有限公司也未通过其他明确或隐含的方式承诺向武汉北湖有限责任公司或最终用户提供该项服务，因此，南湖电器股份有限公司在该合同下的承诺只有销售产品一项履约义务。

履约义务补充案例

在识别合同中的单项履约义务时，如果合同承诺的某项商品不可明确区分，企业应当将该商品与合同中承诺的其他商品进行组合，直到该组合满足可明确区分的条件。某些情况下，合同中承诺的所有商品组合在一起构成单项履约义务。

【例 7-3】 南湖电器股份有限公司销售的空调提供免费安装服务。

(1) 如果某大学为改善教学条件，购入南湖电器股份有限公司销售的空调一批安装到教学楼和学生宿舍，该销售合同有几项履约义务？

（2）如果某大学为建立国家级实验室，由南湖电器股份有限公司专门设计安装一台中央空调，该销售合同有几项履约义务？

需要说明的是，在企业向客户销售商品的同时，约定企业需要将商品运送至客户指定的地点的情况下，企业需要根据相关商品的控制权转移时点判断该运输活动是否构成单项履约义务。通常情况下，控制权转移给客户之前发生的运输活动不构成单项履约义务，而只是企业为了履行合同而从事的活动，相关成本应当作为合同履约成本；相反，控制权转移给客户之后发生的运输活动则可能表明企业向客户提供了一项运输服务，企业应当考虑该项服务是否构成单项履约义务。

（3）确定交易价格。交易价格，是指企业因向客户转让商品而预期有权收取的对价金额。企业代第三方收取的款项（如增值税），以及企业预期将退还给客户的款项，应当作为负债进行会计处理，不计入交易价格。合同标价并不一定代表交易价格，企业应当根据合同条款，并结合以往的习惯做法确定交易价格。

（4）将交易价格分摊至各单项履约义务。当合同中包含两项或多项履约义务时，需要将交易价格分摊至各单项履约义务，以使企业分摊至各单项履约义务（或可明确区分的商品）的交易价格能够反映其因向客户转让已承诺的相关商品而预期有权收取的对价金额。

（5）履行各单项履约义务时确认收入。企业应当在应当在履行了合同中履约义务，即客户取得相关商品控制权时确认收入。企业需要在合同生效之日，判断每一个履约义务是在某一时段内履行还是在某一时点履行，然后分别确认收入。对于在某一时段内履行的履约义务，企业应当选取恰当的方法来确定履约进度；对于在某一时点履行的履约义务，企业应当综合分析控制权转移的迹象，判断其转移时点。

满足下列条件之一的，属于在某一时段内履行履约义务，相关收入应当在该履约义务履行的期间内确认：

① 客户不断收到并消耗企业履约所带来的经济利益，通常包括经常性或常规服务。比如，清洁服务（如果第三方履行剩余的清洁服务，就无须重做之前的服务）；健身房的服务（第一个月的服务不影响以后月份的服务）；专业法律顾问公司的常年法律服务。

② 客户能够控制企业履约过程中在建的商品。比如，在客户的上地上建造厂房，客户对它是有控制的。

③ 企业履约过程中所产出的商品具有不可替代用途，且该企业在整个合同期间内有权就累计至今已完成的履约部分收取款项。比如，由于商品是按照客户的特殊指示生产的，所以它的一部分是不能被单独卖掉。

所有不满足以上任意条件的履约义务，都属于某一时点履行的义务。

属于在某一时点履行的履约义务，企业应当在客户取得相关商品控制权时点确认收入。在判断客户是否已取得商品控制权(即客户是否能够主导该商品的使用并从中获得几乎全部的经济利益)时,企业应当考虑下列五个迹象:

① 企业就该商品享有现时收款权利,即客户就该商品负有现时付款义务。当企业就该商品享有现时收款权利时,可能表明客户已经有能力主导该商品的使用并从中获得几乎全部的经济利益。

② 企业已将该商品的法定所有权转移给客户,即客户已拥有该商品的法定所有权。当客户取得了商品的法定所有权时,可能表明其已经有能力主导该商品的使用并从中获得几乎全部的经济利益,或者能够阻止其他企业获得这些经济利益,即客户已取得对该商品的控制权。如果企业仅仅是为了确保到期收回货款而保留商品的法定所有权,那么该权利通常不会对客户取得对该商品的控制权构成障碍。

③ 企业已将该商品实物转移给客户,即客户已占有该商品实物。客户如果已经占有商品实物,则可能表明其有能力主导该商品的使用并从中获得其几乎全部的经济利益,或者使其他企业无法获得这些利益。需要说明的是,客户占有了某项商品实物并不意味着其就一定取得了该商品的控制权,反之亦然。

④ 企业已将该商品所有权上的主要风险和报酬转移给客户,即客户已取得该商品所有权上的主要风险和报酬。企业向客户转移了商品所有权上的主要风险和报酬,可能表明客户已经取得了主导该商品的使用并从中获得其几乎全部经济利益的能力。但是,在评估商品所有权上的主要风险和报酬是否转移时,不应考虑导致企业在除所转让商品之外产生其他单项履约义务的风险。例如,企业将产品销售给客户,并承诺提供后续维护服务的安排中,销售产品和提供维护服务均构成单项履约义务,企业将产品销售给客户之后,虽然仍然保留了与后续维护服务相关的风险,但是,由于维护服务构成单项履约义务,所以该保留的风险并不影响企业已将产品所有权上的主要风险和报酬转移给客户的判断。

⑤ 客户已接受该商品。如果企业销售给客户的商品通过了客户的验收,可能表明客户已经取得了该商品的控制权。合同中有关客户验收的条款,可能允许客户在商品不符合约定规格的情况下解除合同或要求企业采取补救措施。因此,企业在评估是否已经将商品的控制权转移给客户时,应当考虑此类条款。当企业能够客观地确定其已经按照合同约定的标准和条件将商品的控制权转移给客户时,客户验收只是一项例行程序,并不影响企业判断客户取得该商品控制权的时点。例如,企业向客户销售一批必须满足规定尺寸和重量的产品,合同约定,客户收到该产品时,将对此进行验收。由于该验收条件是一个客观标准,企业在客户验收前就能够确定其是否满足约定的标准,客户验收可能只是一项例行程序。实务中,企业应当根据过去执行类似合同积累的经验以及客户验收的结果取得相应证据。当在客户验收之前确认收入时,企业还应当考虑是否还存在剩余的履约义务,如设备安装,并且评估是否应当对其单独进行会计处理。相反,当企业无法客观地确定其向客户转让的商品是否符合合同规定的条件时,在客户验收之前,企业不能认为已经将该商品的控制权转移

给了客户。因为在这种情况下，企业无法确定客户是否能够主导该商品的使用并从中获得其几乎全部的经济利益。例如，客户主要基于主观判断进行验收时，该验收往往不能被视为仅仅是一项例行程序，在验收完成之前，企业无法确定其商品是否能够满足客户的主观标准，因此，企业应当在客户完成验收并接受该商品时才能确认收入。实务中，定制化程度越高的商品，越难以证明客户验收仅仅是一项例行程序。

此外，如果企业将商品发送给客户供其试用或者测评，且客户并未承诺在试用期结束前支付任何对价，则在客户接受该商品或者在试用期结束之前，该商品的控制权并未转移给客户。

需要强调的是，在上述五个迹象中，并没有哪一个或哪几个迹象是决定性的，企业应当根据合同条款和交易实质进行分析，综合判断其是否将商品的控制权转移给客户以及何时转移的，从而确定收入确认的时点。此外，企业应当从客户的角度进行评估，而不应当仅考虑企业自身的看法。

【例 7-4】 武汉西湖房地产开发公司正在建造一栋住宅楼，与武汉东湖有限责任公司签订了销售合同。

(1) 如果武汉东湖有限责任公司在订立合同时支付保证金，且该保证金在武汉西湖房地产开发公司未能完成住宅楼建设时返还，剩余价款需要到实际取得住宅楼时支付。如果武汉东湖有限责任公司在合同完成前违约，武汉西湖房地产开发公司仅能保留保证金。由于武汉西湖房地产开发公司在建造过程中，不能取得合同已完成部分付款可执行能力，只能在交房时才确认收入，所以该合同为某一时点履约义务。

(2) 如果武汉东湖有限责任公司在订立合同时支付不可返还保证金，按照工程进度支付款项，且不可转让给其他客户。另外，除非武汉西湖房地产开发公司未能按时履约，否则不能终止合同。由于合同禁止转让住宅楼给其他客户，所以该合同履约创造的资产具备不可替代性，而且由于合同规定按照工程进度付款，从而使得武汉西湖房地产开发公司有取得合同已完成部分付款可执行能力。因此，该合同为某一时间段履约义务。

二、营业收入

营业收入，是指企业在从事销售商品、提供劳务和让渡资产使用权等日常经营活动过程中取得的收入，包括主营业务收入和其他业务收入。企业日常经营活动是指企业为完成其经营目标所从事的经常性活动以及与之相关的其他活动。不同行业的企业具有不同的日常经营活动，例如，工业企业的日常经营活动是制造和销售产品，商业企业的日常经营活动是销售商品，商业银行的日常经营活动是存贷款和办理结算，租赁公司的日常经营活动是出租资产，软件开发企业的日常经营活动是开发并销售软件，咨询公司的日常经营活动是提供咨询服务，餐饮企业的日常经营活动是提供餐饮服务，互联网企业日常经营活动是提供互联网服务。不同日常经营活动产生的收入确认、计量和会计处理都不相同,本章只涉及制造型企业营业收入的讲述。

(一) 主营业务收入

主营业务收入,是指企业为完成其经营目标所从事的主要经营活动所实现的收入。

为了核算企业确认的销售商品、提供劳务等主营业务的收入,企业应该设置"主营业务收入"科目,借方登记主营业务收入的减少或转出,贷方登记主营业务收入的增加,期末,应将该科目的余额转入"本年利润"科目,结转后该科目应无余额。

企业销售商品或提供劳务实现的收入,应按实际收到或应收的金额,借记"银行存款""应收账款""应收票据"等科目,按确认的营业收入,贷记"主营业务收入""应交税费——应交增值税(销项税额)"科目。

【例 7-5】 南湖电器股份有限公司采用托收承付结算方式向武汉北湖有限责任公司销售一批商品,开具的增值税专用发票上注明的价款为 2 000 000 元,增值税税额为 260 000 元,已办理托收手续。会计处理如下:

借:应收账款	2 260 000	
贷:主营业务收入		2 000 000
应交税费——应交增值税(销项税额)		260 000

如果企业售出商品不符合收入确认的五项迹象,不应确认收入。为了单独反映已经发出但尚未确认销售收入的商品成本,企业应增设"发出商品"科目,借方登记发出商品的增加,贷方登记发出商品的退回或转出,期末余额在借方,反映企业发出商品的实际成本(或进价)或计划成本(或售价)。

【例 7-6】 南湖电器股份有限公司委托武汉北湖有限责任公司销售机器零件 1 000 件,商品已经发出,每件成本为 70 元。合同约定武汉北湖有限责任公司应按每件 100 元对外销售,南湖电器股份有限公司按不含增值税的销售价格的 10% 向武汉北湖有限责任公司支付手续费。武汉北湖有限责任公司对外实际销售 1 000 件,开具的增值税专用发票上注明的销售价格为 100 000 元,增值税税额为 13 000 元,款项已经收到,武汉北湖有限责任公司立即向南湖电器股份有限公司开具代销清单并支付货款。南湖电器股份有限公司收到武汉北湖有限责任公司开具的代销清单时,向武汉北湖有限责任公司开具一张相同金额的增值税专用发票。假定南湖电器股份有限公司发出机器零件时纳税义务尚未发生,手续费增值税税率为 6%,不考虑其他因素。

本例中,南湖电器股份有限公司将机器零件发送至武汉北湖有限责任公司后,武汉北湖有限责任公司虽然已经实际占有该批机器零件,但是仅是接受南湖电器股份有限公司的委托销售该批机器零件,并根据实际销售的数量赚取一定比例的手续费。南湖电器股份有限公司有权要求收回该批机器零件或将其销售给其他的客户,武汉北湖有限责任公司并不能主导这些商品的销售,这些商品对外销售与否、是否获利以及获利多少等不由武汉北湖有限责任公司控制,武汉北湖有限责任公司没有取得这些商品的控制权。因此,南湖电器股份有限公司将该批机器零件发送至武汉北湖有限责任公司时，不应确认收入，而应当在武汉北湖有限责任公司将该批机器零件销售给最终客户时确认收入。

根据上述资料，南湖电器股份有限公司会计处理如下：

（1）发出代销商品时：

借：发出商品	70 000	
贷：库存商品		70 000

（2）收到代销清单，同时发生增值税纳税义务时：

借：应收账款	113 000	
贷：主营业务收入		100 000
应交税费——应交增值税（销项税额）		13 000
借：主营业务成本	70 000	
贷：发出商品		70 000
借：销售费用	10 000	
应交税费——应交增值税（进项税额）	600	
贷：应收账款		10 600

（3）收到货款时：

借：银行存款	102 400	
贷：应收账款		102 400

（二）其他业务收入

其他业务收入，是指除主营业务活动以外的其他经营活动实现的收入，包括出租固定资产、出租无形资产、出租包装物和商品、销售材料等实现的收入。

为了核算企业确认的其他业务收入，企业应该设置“其他业务收入”科目，借方登记其他业务收入的减少或转出，贷方登记其他业务收入的增加，期末，应将该科目的余额转入“本年利润”科目，结转后该科目应无余额。

企业确认的其他业务收入，借记“银行存款”“其他应收款”等科目，贷记“其他业务收入”“应交税费——应交增值税（销项税额）”科目。

1. 销售材料的会计处理

企业销售原材料取得收入的确认和计量原则比照商品销售，作为其他业务收入处理。

【例 7-7】 南湖电器股份有限公司销售一批原材料，开具的增值税专用发票上注明的售价为 10 000 元，增值税税额为 1 300 元，款项已由银行收妥。会计处理如下：

借：银行存款	11 300	
贷：其他业务收入		10 000
应交税费——应交增值税（销项税额）		1 300

2. 让渡资产使用权收入的会计处理

让渡资产使用权收入主要指让渡资产使用权的使用费收入，包括出租固定资产、出租无形资产、出租包装物和商品。企业让渡资产使用权的使用费收入，一般作为其他业务收入处理。

让渡资产使用权收入应同时满足下列条件，才能予以确认：

(1) 相关的经济利益很可能流入企业。

相关的经济利益很可能流入企业，是指让渡资产使用权收入金额收回的可能性大于不能收回的可能性。企业在确定让渡资产使用权收入金额能否收回时，应当根据对方企业的信誉和生产经营情况、双方就结算方式和期限等达成的合同或协议条款等因素，综合进行判断。如果企业估计让渡资产使用权收入金额收回的可能性不大，就不应确认收入。

(2) 收入的金额能够可靠地计量。

收入的金额能够可靠地计量，是指让渡资产使用权收入的金额能够合理地估计。如果让渡资产使用权收入的金额不能够合理地估计，则不应确认收入。

使用费收入应当按照有关合同或协议约定的收费时间和方法计算确定。不同的使用费收入，收费时间和方法各不相同。有一次性收取一笔固定金额的；有在合同或协议规定的有效期内分期等额收取的；也有分期不等额收取的，如合同或协议规定按资产使用方每期销售额的百分比收取使用费等。

如果合同或协议规定一次性收取使用费，且不提供后续服务的，应当视同销售该项资产一次性确认收入；提供后续服务的，应在合同或协议规定的有效期内分期确认收入。如果合同或协议规定分期收取使用费的，通常应按合同或协议规定的收款时间和金额或规定的收费方法计算确定的金额分期确认收入。

【例 7-8】 南湖电器股份有限公司转让专利权的使用权，协议约定转让期为 5 年，每年年末收取的使用费为 200 000 元，开具的增值税专用发票上注明的价款为 200 000 元，增值税税额为 12 000 元。每年取得租金时，会计处理如下：

借：银行存款	212 000	
贷：其他业务收入		200 000
应交税费——应交增值税（销项税额）		12 000

企业与客户之间的合同，在合同开始日即满足收入确认的五项条件的，企业在后续期间无须对其进行重新评估，除非有迹象表明相关事实和情况发生重大变化。例如，企业与客户签订一份合同，在合同开始日，企业认为该合同满足收入确认的五项条件，但是，在后续期间，客户的信用风险显著升高，企业需要评估其在未来向客户转让剩余商品而有权取得的对价是否很可能收回，如果不能满足很可能收回的条件，应当停止确认收入，并且只有当后续合同条件再度满足时或者当企业不再负有向客户转让商品的剩余义务，且已向客户收取的对价无须退回时，才能将已收取的对价确认

让渡资产使用权收入确认案例

为收入，但是，不应当调整在此之前已经确认的收入。

3. 受托代销商品的会计处理

采用支付手续费委托代销方式下，委托方在发出商品时，商品所有权上的主要风险和报酬并未转移给受托方，受托方应在代销商品销售后，按合同或协议约定的方式计算确定代销手续费，确认劳务收入，作为其他业务收入处理。

受托方可通过“受托代销商品”“受托代销商品款”或“应付账款”等科目，对受托代销商品进行核算。企业收到代销商品时，借记“受托代销商品”科目，贷记“受托代销商品款”科目；对外销售代销商品时，借记“银行存款”等科目，贷记“受托代销商品”“应交税费——应交增值税（销项税额）”等科目；确认代销手续费收入时，借记“受托代销商品款”科目，贷记“其他业务收入”“应交税费——应交增值税（销项税额）”等科目。

【例 7-9】 沿用例 7-6 中的数据，作为受托方的武汉北湖有限责任公司会计处理如下：

（1）收到代销商品时：

借：受托代销商品	100 000	
贷：受托代销商品款		100 000

（2）对外销售代销商品时：

借：银行存款	113 000	
贷：受托代销商品		100 000
应交税费——应交增值税（销项税额）		13 000

（3）收到委托方开具的增值税专用发票时：

借：受托代销商品款	100 000	
应交税费——应交增值税（进项税额）	13 000	
贷：应付账款		113 000

（4）支付货款并确认代销手续费收入时：

借：应付账款	113 000	
贷：银行存款		102 400
其他业务收入——代销手续费		10 000
应交税费——应交增值税（销项税额）		600

三、营业外收入

（一）营业外收入的概念

营业外收入是指企业取得的与日常活动没有直接关系的各项利得。

营业外收入并不是企业经营资金耗费所产生的，实际上是经济利益的净流入，不需要与有关的费用进行配比，主要包括非流动资产毁损报废收益、盘盈利得、捐赠利得等。

其中：非流动资产毁损报废收益，是指因自然灾害等发生毁损、已丧失使用功能而报废非流动资产所产生的清理收益。

盘盈利得，指企业对现金等资产清查盘点时发生盘盈，报经批准后计入营业外收入的金额。

捐赠利得，指企业接受捐赠产生的利得。

（二）营业外收入的会计处理

为了核算企业确认的营业外收入，企业应该设置"营业外收入"科目，借方登记营业外收入的减少或转出，贷方登记营业外收入的增加，期末，应将该科目的余额转入"本年利润"科目，结转后该科目应无余额。

1. 处置固定资产毁损报废收益

固定资产报废的原因一般有两类：一类是由于使用期限已满不再继续使用而形成的正常报废；另一类是对折旧年限估计不准确或非正常原因造成的提前报废，如确定预计使用年限时未考虑无形损耗而在技术进步时必须淘汰的固定资产以及由于管理不善或自然灾害造成的固定资产毁损等。

正常报废的固定资产已提足折旧，其账面价值应为预计净残值。但由于实际净残值与预计净残值可能有所不同，因而在清理过程中也可能发生净损益。如发生利得，应计入营业外收入。提前报废的固定资产未提足折旧，未提足的折旧也不再补提，而是在计算清理净损益时一并考虑。

此外，毁损的固定资产根据其毁损原因，有可能收回一部分赔偿款，如自然灾害造成的毁损有可能取得保险公司的赔款，管理不善造成的毁损有可能取得有关责任者的赔款。企业取得的赔款也视为清理过程中的一项收入，借记"其他应收款"等科目，贷记"固定资产清理"科目。企业确认处置固定资产毁损报废收益时，借记"固定资产清理""银行存款"等科目，贷记"营业外收入"科目。

【例7-10】 南湖电器股份有限公司将一台设备报废清理，其原始价值为100 000元，累计折旧为95 000元。相关会计处理如下：

（1）确认时：

借：固定资产清理	5 000	
累计折旧	95 000	
贷：固定资产		100 000

（2）上述设备在清理过程中，用银行存款支付清理费2 000元：

借：固定资产清理	2 000	
贷：银行存款		2 000

（3）出售上述设备，收到价款10 000元，已存入银行。假设不考虑相关税费：

借：银行存款	10 000	
贷：固定资产清理		10 000

（4）上述设备清理结束，将获得的净收益转为企业的营业外收入：

清理净收益＝10 000－5 000－2 000＝3 000（元）

借：固定资产清理	3 000	
贷：营业外收入		3 000

2. 盘盈利得、捐赠利得

企业确认盘盈利得、捐赠利得计入营业外收入时，借记“库存现金”“待处理财产损溢”等科目，贷记“营业外收入”科目。

【例7-11】 南湖电器股份有限公司在财产清查中发现现金长款500元。相关会计处理如下：

（1）发现盘盈时：

借：库存现金	500	
贷：待处理财产损溢		500

（2）该笔长款如果无法查明原因，经批准：

借：待处理财产损溢	500	
贷：营业外收入		500

3. 应付款项无法支付

企业对于确定无法支付的应付账款应予以转销，按其账面余额计入营业外收入，借记“应付账款”等科目，贷记“营业外收入”科目。

【例7-12】 南湖电器股份有限公司确认一笔应付货款50 000元为无法支付的款项，对此予以转销。会计处理如下：

借：应付账款	50 000	
贷：营业外收入		50 000

第二节　费用及其会计处理

费用是利润表的主要组成部分，在其他条件不变的情况下，高估费用会导致低估利润，从而低估所有者权益；低估费用会导致高估利润，从而高估所有者权益，从而影响利润表和资产负债表的准确性。利润表费用项目中包括营业成本、税金及附加、销售费用、管理费用、研发费用、财务费用、营业外支出和所得税费用等项目，这些项目数据是根据相关费用和损失科目的发生额分析填列，具体填列方法详见第九章。本章只介绍制造业企业日常业务主要费用数据的会计处理，利润表主要费用项目及其对应的会计科目如表 7-2 所示。

表 7-2　利润表主要费用项目及其对应的会计科目

序号	费用项目	会计科目
1	营业成本	主营业务成本、其他业务成本
2	税金及附加	税金及附加
3	销售费用	销售费用
4	管理费用	管理费用
5	研发费用	管理费用
6	财务费用	财务费用
7	营业外支出	营业外支出

一、营业成本

营业成本，是指企业为生产产品、提供劳务等发生的可归属于产品成本、劳务成本等的费用，应当在确认销售商品收入、提供劳务收入等时，将已销售商品、已提供劳务的成本等计入当期损益。营业成本包括主营业务成本和其他业务成本。不同行业日常经营活动产生的费用确认、计量和会计处理都不相同，本章只涉及制造业企业营业成本的会计处理。

（一）主营业务成本

主营业务成本，是指企业销售商品、提供劳务等经常性活动所发生的成本。同时，也是合同履约成本摊销的过程。

1. 合同成本

（1）合同履约成本。

企业为履行合同可能会发生各种成本，企业应当对这些成本进行分析，企业为履行合同发生的成本，属于《企业会计准则》规范范围且同时满足下列条件的，应当作为合同履约成本确认为一项资产：

① 该成本与一份当前或预期取得的合同直接相关。预期取得的合同应当是企业能够明确识别的合同，例如，现有合同续约后的合同、尚未获得批准的特定合同等。与合同直接相关的成本包括直接人工（例如，支付给直接为客户提供所承诺服务的人员的工资、奖金）、直接材料（例如，为履行合同耗用的原材料、辅助材料、构配件、零件、半成品的成本和周转材料的摊销及租赁费用）、制造费用或类似费用（例如，组织和管理相关生产、施工、服务等活动发生的费用，包括管理人员的职工薪酬、劳动保护费、固定资产折旧费及修理费、物料消耗、取暖费、水电费、办公费、差旅费、财产保险

费、工程保修费、排污费、临时设施摊销费等)、明确由客户承担的成本以及仅因该合同而发生的其他成本(例如,支付给分包商的成本、机械使用费、设计和技术援助费用、施工现场二次搬运费、生产工具和用具使用费、检验试验费、工程定位复测费、工程点交费用、场地清理费)。

② 该成本增加了企业未来用于履行(包括持续履行)履约义务的资源。

③ 该成本预期能够收回。

企业应当在下列支出发生时,将其计入当期损益:

一是管理费用,除非这些费用明确由客户承担。

二是非正常消耗的直接材料、直接人工和制造费用(或类似费用),这些支出为履行合同发生,但未反映在合同价格中。

三是与履约义务中已履行(包括已全部履行或部分履行)部分相关的支出,即该支出与企业过去的履约活动相关。

四是无法在尚未履行的与已履行(或已部分履行)的履约义务之间区分的相关支出。

(2) 合同履约成本的摊销。

与合同履约成本有关的企业资产,应当采用与该资产相关的商品收入确认相同的基础(即在履约义务履行的时点或按照履约义务的履约进度)进行摊销,计入当期损益。

根据上述规定,合同履约成本即产品的生产成本或劳务的投入成本,在成本发生时应通过“生产成本”“制造费用”等科目进行核算,完工时转入“库存商品”等科目,销售时再转入“主营业务成本”科目。

【例 7-13】 南湖电器股份有限公司与武汉东湖有限责任公司签订合同,销售一批产品。产品生产过程中投入的材料、人工和制造费用构成合同的履约成本,形成库存商品。商品实际发出时,构成合同履约成本的摊销,形成主营业务成本。

2. 主营业务成本的会计处理

为了核算企业确认销售商品、提供服务等主营业务收入时应结转的成本,企业应该设置“主营业务成本”科目,借方登记主营业务成本的增加,贷方登记主营业务成本的减少或转出,期末,应将该科目的余额转入“本年利润”科目,结转后该科目应无余额。

企业因销售商品、提供劳务等日常活动而发生的实际成本,借记“主营业务成本”科目,贷记“库存商品”等科目。采用计划成本或售价核算库存商品的,平时的营业成本按计划成本或售价结转,月末,还应结转本月销售商品应分摊的产品成本差异或商品进销差价。

【例 7-14】 南湖电器股份有限公司销售一批产品的成本为 190 000 元。会计处理如下:

借:主营业务成本	190 000	
贷:库存商品		190 000

（二）其他业务成本

其他业务成本，是指企业确认的除主营业务活动以外的其他日常经营活动所发生的支出。其他业务成本包括销售材料的成本、出租固定资产的折旧额、出租无形资产的摊销额、出租包装物的成本或摊销额等。

为了核算企业确认的除主营业务活动以外的其他经营活动所发生的支出，企业应该设置“其他业务成本”科目，借方登记其他业务成本的增加，贷方登记其他业务成本的减少或转出，期末，应将该科目的余额转入“本年利润”科目，结转后该科目应无余额。

1. 销售材料的会计处理

企业销售原材料时，其成本确认和计量原则比照商品销售，作为其他业务成本处理。

【例 7-15】 南湖电器股份有限公司销售一批原材料的成本为 90 000 元。会计处理如下：

借：其他业务成本	90 000	
贷：原材料		90 000

2. 让渡资产使用权成本的会计处理

让渡资产使用权成本主要指企业对所让渡资产计提摊销以及所发生的与让渡资产使用权有关的支出等，一般作为其他业务成本处理。

【例 7-16】 南湖电器股份有限公司将自行开发完成的非专利技术出租给一家公司，该非专利技术成本为 240 000 元，双方约定的租赁期限为 10 年，南湖电器股份有限公司每月应摊销 2 000 元。每月摊销非专利技术成本时，会计处理如下：

借：其他业务成本	2 000	
贷：累计摊销		2 000

二、税金及附加

为了核算企业经营活动发生的消费税、城市维护建设税、教育费附加、资源税、房产税、城镇土地使用税、车船税、印花税等相关税费，企业应该设置“税金及附加”科目，借方登记其税金及附加的增加，贷方登记税金及附加的减少或转出，期末，应将该科目的余额转入“本年利润”科目，结转后该科目应无余额。

企业按规定计算确定的与经营活动相关的税费，借记“税金及附加”科目，贷记“应交税费”科目。企业缴纳的印花税，不会发生应付未付税款的情况，不需要预计应纳税金额，同时也不存在与税务机关结算或者清算的问题。因此，企业缴纳的印花税不通过“应交税费”科目核算，于购买印花税票时，直接借记“税金及附加”科目，贷记“银行存款”科目。

【例 7-17】 南湖电器股份有限公司取得应纳消费税的销售商品收入 3 000 000 元，该产品适用的消费税税率为 25%。会计处理如下：

应交消费税税额 =3 000 000×25% =750 000(元)

借：税金及附加　　750 000
　贷：应交税费——应交消费税　　750 000

【例 7-18】 2020 年 7 月，南湖电器股份有限公司当月实际应交增值税税额 450 000 元，应交消费税税额 150 000 元，城建税税率为 7%，教育费附加征收率为 3%。

(1) 计算确认应交城建税和教育费附加时，会计处理如下：

应交城建税税额 =(450 000+150 000)×7% =42 000(元)

应交教育费附加金额 =(450 000+150 000)×3% =18 000(元)

借：税金及附加　　60 000
　贷：应交税费——应交城建税　　42 000
　　　　　　——应交教育费附加　　18 000

(2) 实际缴纳城建税和教育费附加时，会计处理如下：

借：应交税费——应交城建税　　42 000
　　　　　——应交教育费附加　　18 000
　贷：银行存款　　60 000

三、期间费用

期间费用，是指企业日常活动发生的不能计入特定核算对象的成本，而应计入发生当期损益的费用，包括销售费用、管理费用和财务费用。管理费用还包括研发费用，即企业内部研究和开发无形资产的过程中，研究阶段的全部支出、开发阶段不符合资本化条件的支出，以及确实无法区分研究阶段和开发阶段的支出。

期间费用是企业为组织和管理整个经营活动所发生的费用，与可以确定特定成本核算对象的材料采购、产成品生产等没有直接关系，因而期间费用不计入有关核算对象的成本，而是直接计入当期损益。

期间费用包含以下两种情况：一是企业发生的支出不产生经济利益，或者即使产生经济利益但不符合或不再符合资产确认条件的，应当在发生时确认为费用，计入当期损益。二是企业发生的交易或事项导致其承担了一项负债，而又不确认为一项资产的，应当在发生时确认为费用计入当期损益。

期间费用需要和合同的取得成本区分开来。合同取得成本，即企业为取得合同发生的增量成本预期能够收回的，应当作为合同取得成本确认为一项资产。增量成本，是指企业不取得合同就不会发生的成本，说得更简单直接一些，就是只有合同签订交易发生了企业才会支付这笔费用。如果合同签订不了、交易也不发生企业就不会发生这笔支出，这样的成本对于企业来讲就是合同的增量成本，如销售佣金。企业为取得合同发生的、除预期能够收回的增量成本之外的其他支出（例如，无论是否取得合同均会发生的差旅费、投标费、为准备投标资料发生的相关费用等）应当在发生时计入当期损益，作为期间费用核算。

（一）销售费用

销售费用，是指企业销售商品和材料、提供劳务的过程中发生的各种费用，包括企业在销售商品过程中发生的保险费、包装费、展览费和广告费、商品维修费、预计产品质量保证损失、运输费、装卸费等以及为销售本企业商品而专设的销售机构（含销售网点、售后服务网点等）的职工薪酬、业务费、折旧费等经营费用。企业发生的与专设销售机构相关的固定资产修理费用等后续支出也属于销售费用。

为了核算销售费用的发生和结转情况，企业应设置“销售费用”科目，借方登记企业所发生的各项销售费用，贷方登记期末转出的销售费用，期末，应将该科目的余额转入“本年利润”科目，结转后该科目应无余额。

【例 7-19】 南湖电器股份有限公司宣传新产品发生广告费，取得的增值税专用发票上注明的价款为 100 000 元，增值税税额为 6 000 元，用银行存款支付。会计处理如下：

借：销售费用	100 000	
应交税费——应交增值税（进项税额）	6 000	
贷：银行存款		106 000

【例 7-20】 南湖电器股份有限公司销售一批产品，取得的增值税专用发票上注明的运输费为 7 000 元，增值税税额为 630 元，取得的增值税普通发票上注明的装卸费为 3 000 元，上述款项均用银行存款支付。会计处理如下：

借：销售费用	10 000	
应交税费——应交增值税（进项税额）	630	
贷：银行存款		10 630

（二）管理费用

管理费用，是指企业为组织和管理生产经营发生的各种费用，包括企业在筹建期间内发生的开办费、董事会和行政管理部门在企业的经营管理中发生的以及应由企业统一负担的公司经费（包括行政管理部门职工薪酬、物料消耗、低值易耗品摊销、办公费和差旅费等）、行政管理部门负担的工会经费、董事会费（包括董事会成员津贴、会议费和差旅费等）、聘请中介机构费、咨询费（含顾问费）、诉讼费、业务招待费、技术转让费、研究费用、排污费等。行政管理部门发生的固定资产修理费用等后续支出，也作为管理费用核算。企业进行研究与开发过程中发生的费用化支出记入“管理费用”科目下的“研发费用”明细科目。

为了核算管理费用的发生和结转情况,企业应设置“管理费用”科目,借方登记企业发生的各项管理费用,贷方登记期末管理费用的转出,期末,应将该科目的余额转入“本年利润”科目,结转后该科目应无余额。

【例 7-21】 南湖电器股份有限公司为拓展产品销售市场发生业务招待费 50 000 元,取得的增值税专用发票上注明的增值税税额为 3 000 元,款项已用银行存款支付。会计处理如下:

借:管理费用	50 000	
应交税费——应交增值税(进项税额)	3 000	
贷:银行存款		53 000

(三) 财务费用

财务费用,是指企业为筹集生产经营所需资金等而发生的筹资费用,包括利息支出(减利息收入)、汇兑损益以及相关的手续费、企业发生或收到的现金折扣等。

为了核算财务费用的发生和结转情况,企业应设置“财务费用”科目,借方登记企业发生的各项企业发生的各项财务费用,贷方登记期末企业发生的财务费用的转出,期末,应将该科目的余额转入“本年利润”科目,结转后该科目应无余额。

四、营业外支出

(一) 营业外支出的概念

营业外支出,是指企业发生的与其日常活动无直接关系的各项损失,主要包括非流动资产毁损报废损失、公益性捐赠支出、盘亏损失、非常损失、罚款支出等。

其中:非流动资产毁损报废损失,指因自然灾害等发生毁损、已丧失使用功能而报废非流动资产所产生的清理损失。

公益性捐赠支出,指企业对外进行公益性捐赠发生的支出。

盘亏损失,主要指对于财产清查盘点中盘亏的资产,查明原因并报经批准计入营业外支出的损失。

非常损失,指企业对于因客观因素(如自然灾害等)产生的损失,扣除保险公司赔偿后应计入营业外支出的净损失。

罚款支出,指企业支付的行政罚款、税务罚款,以及其他违反法律法规、合同协议等而支付的罚款、违约金、赔偿金等支出。

(二) 营业外支出的会计处理

为了核算企业发生的各项营业外支出,企业应设置“营业外支出”科目,借方登记企业发生的各项企业发生的各项营业外支出,贷方登记期末企业发生的营业外支出的转出,期末,应将该科目的余额转入“本年利润”科目,结转后该科目应无余额。

1. 非流动资产毁损报废损失

固定资产毁损报废，在清理过程中发生清理费用，视为清理过程中的一项支出，借记“固定资产清理”等科目，贷记“银行存款”科目。企业确认处置固定资产毁损报废损失时，借记“营业外支出”科目，贷记“固定资产清理”科目。

无形资产的报废，是指无形资产预期不能为企业带来未来经济利益，不再符合无形资产的定义，因此，对其进行相关会计处理。例如，该无形资产已被其他新技术所替代或超过法律保护期，不能再为企业带来经济利益的，则不再符合无形资产的定义，应将其报废并予以转销，其账面价值转作当期损益。转销时，应按已计提的累计摊销，借记“累计摊销”科目；按其账面余额，贷记“无形资产”科目；按其差额，借记“营业外支出”科目。

【例 7-22】 2018 年 1 月 1 日，南湖电器股份有限公司取得一项价值 1 000 000 元的非专利技术并确认为无形资产，采用直线法摊销，摊销期限为 10 年。2 年后，由于该技术已被其他新技术所替代，公司决定将其转入报废处理，报废时已累计摊销 200 000 元。会计处理如下：

借：营业外支出　　800 000
　累计摊销　　200 000
　贷：无形资产　　1 000 000

【例 7-23】 南湖电器股份有限公司的一台生产产品用设备因自然灾害毁损，其原价为 80 000 元，累计折旧为 30 000 元。相关会计处理如下：

(1) 将该设备转入清理：

借：固定资产清理　　50 000
　累计折旧　　30 000
　贷：固定资产　　80 000

(2) 上述设备在清理过程中发生清理费 600 元，已用银行存款支付：

借：固定资产清理　　600
　贷：银行存款　　600

(3) 上述设备在清理过程中收回残料 150 元：

借：原材料　　150
　贷：固定资产清理　　150

(4) 根据保险合同，上述设备损失应由保险公司赔偿 45 000 元：

借：其他应收款　　45 000
　贷：固定资产清理　　45 000

(5) 以上设备清理结束，将发生的净损失转为企业的营业外支出：

净损失 =50 000 + 600 − 150 − 45 000 =5 450(元)

借：营业外支出　　　　5 450
　贷：固定资产清理　　　　5 450

2. 盘亏、罚款支出

确认盘亏、罚款支出时，借记“营业外支出”科目，贷记“待处理财产损溢”“库存现金”等科目。

【例 7-24】 南湖电器股份有限公司用银行存款支付税款滞纳金 50 000 元。会计处理如下：

借：营业外支出　　　　50 000
　贷：银行存款　　　　50 000

本章小结

收入和费用构成了利润表的主要组成部分，其他条件不变的情况下，高估收入或低估费用，会导致高估利润和所有者权益，高估资产，从而影响利润表和资产负债表的正确列报；其他条件不变的情况下，低估收入或高估费用，会导致低估利润和所有者权益，低估资产，从而影响利润表和资产负债表的正确列报。

营业收入主要包括主营业务收入和其他收入。主营业务收入的会计处理重点在收入的确认和账务处理；其他业务收入的会计处理的重点在销售材料、让渡资产使用权收入和受托代销商品手续费的会计处理。

营业外收入是指企业取得的与日常活动没有直接关系的各项利得，主要包括非流动资产毁损报废收益利得、盘盈利得、捐赠利得等。营业外收入的会计处理重点在处置固定资产毁损报废收益、盘盈利得、以及应付款项无法支付等情况下的会计处理。

营业成本主要包括主营业务成本和其他业务成本。主营业务成本的会计处理重点在主营业务成本的确认和账务处理；其他业务成本的会计处理重点在销售材料和让渡资产使用权成本的会计处理。

税金及附加是指企业经营活动应负担的相关税费，包括消费税、城市维护建设税、教育费附加、资源税、房产税、城镇土地使用税、车船税、印花税等。期间费用主要包括销售费用、管理费用和财务费用。税金及附加的会计处理重点应交税费的发生的账务处理；期间费用的会计处理重点在销售费用、管理费用和财务费用发生的会计处理。

营业外支出是指企业发生的与其日常活动无直接关系的各项损失，主要包括非流动资产毁损报废损失、公益性捐赠支出、盘亏损失、非常损失、罚款支出等。营业外支出的会计处理重点在非流动资产毁损报废损失、盘亏、罚款支出等情况下的会计处理。

关键术语

营业收入　合同　履约义务　交易价格　主营业务收入　其他业务收入　营业外收入　营业成本　合同履约成本　合同取得成本　主营业务成本　其他业务成本　税金及附加　期间费用　销售费用　管理费用　财务费用　营业外支出

思考题

1. 什么是营业收入？
2. 收入确认和计量的步骤有哪些？
3. 收入确认的原则是什么？
4. 收入确认的前提条件是什么？
5. 如何识别合同中的单项履约义务？
6. 如何判断客户是否取得商品控制权？
7. 什么是合同履约成本？
8. 如何区分合同取得成本和期间费用？

会计分录题

1. 南湖电器股份有限公司销售一批产品，产品的成本为 120 000 元。合同约定的销售价格 150 000 元，增值税销项税额为 19 500 元，南湖电器股份有限公司开出发票账单并按合同约定发出商品。根据合同约定，客户必须于 30 天内付款。

要求：根据上述经济业务编制会计分录。

2. 南湖电器股份有限公司转让商标使用权给武汉北湖有限责任公司。根据合同约定，商标使用期为 5 年，武汉北湖有限责任公司于每年年末按当年销售收入的 10% 支付使用费。武汉北湖有限责任公司第一年实现销售收入 800 000 元，第二年实现销售收入 1 200 000 元。南湖电器股份有限公司于每年年末均如数收到使用费。

要求：假定不考虑相关税费，根据上述经济业务编制会计分录。

3. 南湖电器股份有限公司因遭受台风袭击毁损一座仓库，该仓库原价 4 000 000元，已计提折旧 1 000 000 元，其残料估计价值 50 000 元，残料已办理入库，发生清理费用并取得增值税专用发票，注明的装卸费为 20 000 元，增值税税额为

2 000 元，以银行存款支付。经保险公司核定应赔偿损失 1 500 000 元，款项已存入银行。

要求：假定不考虑其他相关税费，根据上述经济业务编制会计分录。

案例讨论题

北湖软件有限公司（简称北湖公司）与南湖电器股份有限公司（简称南湖公司）签订合同，为其开发一套定制化软件系统。合同约定，为确保信息安全以及软件开发完成后能够迅速与南湖公司系统对接，北湖公司需在南湖公司办公现场通过南湖公司的内部模拟系统进行软件开发，开发过程中所形成的全部电脑程序等应存储于南湖公司的内部模拟系统中，开发人员不得将程序等转存至其他电脑中，开发过程中形成的程序、文档等所有权和知识产权归南湖公司所有。如果北湖公司被中途更换，其他供应商无法利用北湖公司已完成工作，而需要重新执行软件定制工作。对于南湖公司，北湖公司开发过程中形成的程序、文档没有合理用途，南湖公司并不能够利用开发过程中形成的程序、文档，并从中获取经济利益。南湖公司将组织里程碑验收和终验，并按照合同约定分阶段付款。其中，预付款比例为合同价款的 5%，里程碑验收时付款比例为合同价款的 65%，终验时付款比例为合同价款的 30%。如果南湖公司违约，需支付合同价款 10%的违约金。

要求：请结合本章学习内容，分析北湖公司什么时候能确认收入，并说明原因。

第八章　利润形成与分配数据的会计处理

学习目标

1. 理解利润的经济含义
2. 了解利润和财务报表的关系
3. 掌握营业利润、利润总额、净利润的数据来源与计算方法
4. 了解利润分配的主要内容
5. 掌握利润形成和分配的会计处理

第一节　利润的含义与构成

利润是利润表中所列示的企业在一定会计期间的经营成果,包括收入减去费用后的净额、直接计入当期利润的利得和损失等。企业利润的获得,既包括与企业日常活动有关的所得,又包括与企业日常活动无直接关系的事项所产生的盈亏。

如果企业实现了利润,表明企业业绩得到了提升,资产负债表中所列示的所有者权益将增加;反之,如果企业发生了亏损(即利润为负数),表明企业业绩下滑,资产负债表中所列示的所有者权益将减少。利润作为企业在一定会计期间的经营成果,是企业经济效益和工作质量的综合反映,正确核算企业财务成果,对于考核企业的经济效益,监督企业的利润形成与分配过程,评价企业的工作业绩具有重要意义。通过利润表,可以反映企业一定会计期间收入、费用以及经营成果的实现情况。受利润业务影响的资产负债表和利润表项目如表 8-1 所示。

表 8-1　受利润业务影响的资产负债表和利润表项目

业务	资产负债表项目	利润表项目
利润的形成 利润的分配	所有者权益： 盈余公积 未分配利润	营业利润 利润总额 净利润

利润表反映的企业利润一般分为三个层次。利润表如表 8-2 所示。

表 8-2　利　润　表

会企 02 表

编制单位：　　　　　　　　　　____年____月　　　　　　　　　　单位：元

项目	本期金额	上期金额
一、营业收入		
减：营业成本		
税金及附加		
销售费用		
管理费用		
研发费用		
财务费用		
其中：利息费用		
利息收入		
加：其他收益		
投资收益（损失以“－”号填列）		
其中：对联营企业和合营企业的投资收益		
以摊余成本计量的金融资产终止确认收益（损失以“－”号填列）		
净敞口套期收益（损失以“－”号填列）		
公允价值变动收益（损失以“－”号填列）		
信用减值损失（损失以“－”号填列）		
资产减值损失（损失以“－”号填列）		
资产处置收益（损失以“－”号填列）		
二、营业利润（亏损以“－”号填列）		
加：营业外收入		
减：营业外支出		
三、利润总额（亏损总额以“－”号填列）		

续　表

项目	本期金额	上期金额
减:所得税费用		
四、净利润(净亏损以“－”号填列)		
(一) 持续经营净利润(净亏损以“－”号填列)		
(二) 终止经营净利润(净亏损以“－”号填列)		
五、其他综合收益的税后净额		
(一) 不能重分类进损益的其他综合收益		
1. 重新计量设定受益计划变动额		
2. 权益法下不能转损益的其他综合收益		
3. 其他权益工具投资公允价值变动		
4. 企业自身信用风险公允价值变动		
……		
(二) 将重分类进损益的其他综合收益		
1. 权益法下可转损益的其他综合收益		
2. 其他债权投资公允价值变动		
3. 金融资产重分类计入其他综合收益的金额		
4. 其他债权投资信用减值准备		
5. 现金流量套期储备		
6. 外币财务报表折算差额		
……		
六、综合收益总额		
七、每股收益:		
(一) 基本每股收益		
(二) 稀释每股收益		

其中,营业利润、利润总额、净利润的计算公式如下:

营业利润＝营业收入－营业成本－税金及附加－销售费用－管理费用－研发费用－财务费用＋其他收益±投资收益±公允价值变动损益－信用减值损失－资产减值损失±资产处置损益

利润总额＝营业利润＋营业外收入－营业外支出

净利润＝利润总额－所得税费用

企业营业利润是其经营活动的成果，它是企业财务成果的主要来源。其中，其他收益是与企业日常活动相关的政府补助和债券重组损益；投资收益是企业对外投资所取得的收益，反映了企业对外投资活动的工作绩效；资产减值损失、信用减值损失、公允价值变动损益以及资产处置损益，则是企业从事经营活动与投资活动所面临的风险或机会。通过营业利润的数额及其增减变动情况，可以判断企业真正的获利能力或盈利水平。营业外收支是企业发生的与其日常活动无直接关系的各项收入和支出，利润总额是衡量企业经营业绩的标志之一。按照规定扣除企业所得税后的净利润，最终体现为企业的盈利能力，也是衡量企业经营业绩的重要标志。

企业利润的会计处理，主要包括：企业利润的形成、计算与结转；企业利润的分配过程及其结果等。为准确计算企业利润，在进行利润核算之前应完成两项重要工作：一是按权责发生制的原则进行账项调整；二是进行实物盘点和核对所有债权债务，确保所有业务都已登记入账，重新计算调整后的账户本期发生额和期末余额，做到账账相符和账实相符。

利润的计算步骤

第二节　利润的计算与结转

一、营业利润和营业外收支

（一）营业利润

营业利润，是指企业一定期间日常活动取得的利润。在我国会计实务中，企业经营活动所实现的经营收益与投资活动所实现的投资收益并称作“营业利润”，其中还包含了其他收益，以及企业经营活动与投资活动所发生的信用减值损失、资产减值损失、公允价值变动损益和资产处置损益。营业利润是工商企业主要的利润来源，通过利润表中的营业利润数额及其增减变动情况，可以判断企业真正的获利能力或盈利水平。

1. 经营收益

经营收益来自企业的生产经营活动。其中，营业收入是指企业经营业务所实现的收入总额，包括主营业务收入和其他业务收入；营业成本是指企业经营业务所发生的实际成本总额，包括主营业务成本和其他业务成本；税金及附加是指企业经营业务应负担的税金及附加费用，如消费税、城市维护建设税、资源税、土地增值税、教育费附加等。销售费用是企业在销售产品、提供劳务等日常经营活动中发生的各项费用以及专设销售机构的各项经费；管理费用是企业行政管理部门为管理和组织企业经营管理活动发生的各项费用；财务费用是企业为筹集资金而发生的各项费用，包括企业为筹集生产经营所需资金等而发生的应予费用化的利息支出，以及企业确认的利息收入。

2. 其他收益

其他收益是指与企业日常活动相关的政府补助，以及其他与企业日常活动相关且计入其他收益的项目，其中包括债务人的重组收益、企业取得的个税手续费返还、进项税额加计10%抵减的增值税额等。

企业选择总额法对与日常活动相关的政府补助进行会计处理的，应通过“其他收益”科目进行核算，记入该科目的政府补助可以按照类型进行明细核算。对于总额法下与日常活动相关的政府补助，企业在实际收到或应收时，或者将先确认为“递延收益”的政府补助分摊计入收益时，借记“银行存款”“其他应收款”“递延收益”等科目，贷记“其他收益”科目。期末，应将“其他利益”科目余额转入“本年利润”科目，结转后该科目应无余额。

债务人以单项或多项非金融资产(如固定资产、日常活动产出的商品或服务)清偿债务，或者以包括金融资产和非金融资产在内的多项资产清偿债务的，不需要区分资产处置损益和债务重组损益，也不需要区分不同资产的处置损益，而应将所清偿债务账面价值与转让资产账面价值之间的差额，记入“其他收益——债务重组收益”科目。

【例8-1】 南湖电器股份有限公司销售其自主开发的软件。按照国家有关规定，该企业的这种产品适用增值税即征即退政策，按13%的税率征收增值税后，对其增值税实际税负超过3%的部分，实行即征即退。南湖电器股份有限公司2020年8月在进行纳税申报时，对归属于7月的增值税即征即退提交退税申请，经主管税务机关审核后的退税额为10万元。

本例中，该企业即征即退增值税与企业日常销售密切相关。政府按照国家有关规定采取先征后返(退)、即征即退等办法向企业返还的税款，作为税收返还，属于以税收优惠形式给予的一种政府补助。因此，该企业增值税退税额属于与企业的日常活动相关的政府补助。这类补助通常与企业已经发生的行为有关，是对企业已发生的成本费用或损失的补偿，或是对企业过去行为的奖励。用于补偿企业已发生的相关成本费用或损失的政府补助，直接计入当期损益或冲减相关成本。需要说明的是，政府补助是指企业从政府无偿取得货币性资产或非货币性资产，其主要形式包括政府对企业的无偿拨款、税收返还、财政贴息，以及无偿给予非货币性资产等。通常情况下，直接减征、免征、增加计税抵扣额、抵免部分税额等不涉及资产直接转移的经济资源，不适用政府补助准则。且增值税出口退税不属于政府补助。根据税法规定，在对出口货物取得的收入免征增值税的同时，退付出口货物前道环节发生的进项税额，增值税出口退税实际上是政府退回企业事先垫付的进项税，不属于政府补助。

【例8-2】 南湖电器股份有限公司2020年8月申请退税并确定了增值税退税额100 000元，会计处理如下：

借：其他应收款	100 000	
贷：其他收益		100 000

3. 投资收益

投资收益是企业在对外投资活动中获得的经济利益。企业的对外投资交易主要包括购买股票、债券等有价证券，以货币或其他资产直接对外投资等。投资收益是指企业对外投资所得的收入或损失，是对外投资所取得的利润、股利和债券利息等收入减去投资损失后的净收益。“投资收益”科目属于损益类科目，其贷方记录企业所确认的投资收益，借方记录企业所确认的投资损失。企业在一定期间的投资收益或损失应当于期末转入“本年利润”科目，因此，“投资收益”科目一般没有期末余额。

【例 8-3】 2020 年 1 月，南湖电器股份有限公司自非关联方处以现金 800 万元取得对西湖公司 60％的股权，相关手续于当日完成，并能够对西湖公司实施控制。2020 年 3 月，西湖公司宣告分派现金股利，南湖电器股份有限公司按其持股比例可取得 10 万元。不考虑相关税费等其他因素影响。南湖电器股份有限公司 2020 年 3 月有关会计处理如下：

借：应收股利	100 000	
贷：投资收益		100 000

4. 公允价值变动损益

公允价值变动损益，是指企业以公允价值计量且其变动计入当期损益的资产，因公允价值变动而形成的计入当期损益的利得或损失。“公允价值变动损益”科目用以核算企业交易性金融资产、交易性金融负债，以及采用公允价值模式计量的投资性房地产、衍生工具、套期保值业务等公允价值变动形成的应计入当期损益的利得或损失。指定为以公允价值计量且其变动计入当期损益的金融资产或金融负债公允价值变动形成的应计入当期损益的利得或损失，也在该科目核算。

公允价值变动损益案例

5. 信用减值损失

信用减值损失，是指对于已发生信用减值的金融资产，企业应当在资产负债表日仅将自初始确认后整个存续期内预期信用损失的累计变动确认为损失准备，并在每个资产负债表日，将整个存续期内预期信用损失的变动金额作为减值损失或利得计入当期损益。“信用减值损失”科目用以核算企业计提会计准则要求的各项金融工具减值准备所形成的预期信用损失。

6. 资产减值损失

资产减值损失，是指资产的可收回金额低于其账面价值而形成的损失。按照相关会计准则要求，企业应当在资产负债表日判断资产是否存在可能发生减值的迹象，并根据可收回金额的计量结果，调整资产的账面价值，确认资产减值损失，计入当期损益，同时计提相应的资产减值准备。“资产减值损失”科目核算企业计提各项资产减值准备所形成的损失。企业的存货、长期股权投资、固定资产、无形资产等资产发生减值的，按应减记的金额，借记“资产减值损失”科目，贷记“存货跌价准备”“长期股权投资减值准备”“固定资产减值准备”“无形资产减值准备”等科目。期末，应将“资

谨慎性原则与资产减值损失

产减值损失”科目余额转入“本年利润”科目，结转后该科目无余额。

7. 资产处置损益

资产处置损益主要核算固定资产、无形资产、在建工程等因出售、转让等产生的处置利得或损失。“资产处置损益”科目反映企业出售划分为持有待售的非流动资产或处置组（子公司和业务除外）时确认的处置利得或损失，以及处置未划分为持有待售的固定资产、在建工程、生产性生物资产及无形资产而产生的处置利得或损失。债务重组中因处置非流动资产（金融工具、长期股权投资和投资性房地产除外）产生的利得或损失和非货币性资产交换中换出非流动资产（金融工具、长期股权投资和投资性房地产除外）产生的利得或损失也包括在此项目内。企业处置持有待售的非流动资产或处置组时，按处置过程中收到的价款，借记“银行存款”等科目，按相关负债的账面余额，借记“持有待售负债”科目，按相关资产的账面余额，贷记“持有待售资产”科目，按其差额借记或贷记“资产处置损益”科目，已计提减值准备的，还应同时结转已计提的减值准备；按处置过程中发生的相关税费，借记“资产处置损益”科目，贷记“银行存款”“应交税费”等科目。期末，应将“资产处置损益”科目余额转入“本年利润”科目，结转后该科目应无余额。

【例 8-4】 南湖电器股份有限公司是增值税纳税人，2020 年 9 月 7 日，转让了一项外观设计专利，该资产账面余额（账面原价）为 900 000 元，累计摊销为 100 000 元，未曾计提减值准备。该公司收到转让款 530 000 元，开具的增值税专用发票上注明的交易金额为 500 000 元，增值税税额为 30 000 元。不考虑附加税费。相关会计处理如下：

借：银行存款	530 000	
累计摊销	100 000	
资产处置损益	300 000	
贷：无形资产		900 000
应交税费——应交增值税（销项税额）		30 000

（二）营业外收支

营业外收支是与企业的日常活动无直接关系的各项收支，同时也是利润表项目的加项与减项。营业外收入作为税前利润的加项，营业外支出作为税前利润的减项，影响利润表中所列示的利润总额。

二、利润总额和所得税费用

（一）利润总额

企业的利润总额主要由营业利润以及直接计入当期利润的利得和损失构成。直接计入当期利润的利得和损失，是指应当计入当期损益、会导致所有者权益发生增减变动的、与所有者投入资本或者向所有者分配利润无关的利得和损失。这些利得和损失主要体现在营业外收入与营业外支出两个项目上。利润表中的利润总额是企业从事生产经营活动以及非生产经济活动所取得的财务成果，是衡量企业经营业绩的重要标志之一。

（二）所得税费用

获利企业将产生一项纳税义务——所得税。这里的所得就是企业的盈利或者利润额。利润表中的所得税费用，即根据《企业会计准则》的要求确认应当从当期利润总额中扣除的所得税费用，包括当期所得税费用和递延所得税费用。

1. 当期所得税费用

当期所得税费用，是指企业按照税法的规定计算确定的针对当期发生的交易或事项，应向税务部门缴纳的所得税金额。企业在确定当期所得税时，对于当期发生的交易或事项，会计处理与税收处理不同的，应在会计利润的基础上，按照适用税收法规的规定进行调整，计算出当期应纳税所得额，按照应纳税所得额与适用所得税税率计算确定当期应交所得税。其计算公式为：

$$当期所得税费用=应纳税所得额\times 适用的所得税税率$$

如果当期不存在调整事项，企业计算的所得税费用应与应交所得税相等，所得税的计算公式为：

$$所得税费用=利润总额\times 所得税税率$$

2. 递延所得税费用

递延所得税费用，是指应该予以确认的递延所得税资产和递延所得税负债在期末应有的金额相对于原已确认金额之间的差额，及递延所得税资产及递延所得税负债当期发生额的综合结果。其计算公式为：

$$\begin{matrix}递延所得\\税费用\end{matrix}=\left(\begin{matrix}期末递延\\所得税负债\end{matrix}-\begin{matrix}期初递延\\所得税负债\end{matrix}\right)-\left(\begin{matrix}期末递延\\所得税资产\end{matrix}-\begin{matrix}期初递延\\所得税资产\end{matrix}\right)$$

企业因确认递延所得税资产和递延所得税负债产生的递延所得税费用，一般应当计入所得税费用；但某项交易或事项应计入所有者权益的，由该交易或事项产生的递延所得税资产或递延所得税负债及其变化亦应计入所有者权益，不构成利润表中的递延所得税费用。

3. 所得税会计

税法对企业所得的计算与会计对企业所得计算的不同导致了所得税会计的产生。所得税会计的基本内容就是对两者之间的差异进行调整和分摊。会计上所计算的所得，就是利润表中的利润总额（简称会计所得）。税法上所计算所得，是应纳税额所得额（简称应税所得）。

应付税款法、纳税影响会计法和资产负债表债务法

如果两者是一致的，所得税会计处理就十分简单，企业在计算出所得税费用后，应借记“所得税费用”科目，贷记“应交税费——应交所得税”科目。

如果两者不一致，所得税会计处理就会出现三种方法：一是应付税款法；二是纳税影响会计法;三是资产负债表债务法。

三、净利润和每股收益

(一) 净利润

净利润,是指企业实现的利润总额按照规定扣除企业所得税费用后的净额,也称"税后利润"。其中,所得税费用是指企业按照《企业会计准则第 18 号——所得税》的规定确认的应从当期利润总额中扣除的当期所得税费用和递延所得税费用。我国现行税法规定的企业所得税税率为 25%。利润表中的净利润最终体现为企业的盈利能力,是衡量企业经营业绩的重要标志。

(二) 每股收益

按照《企业会计准则第 34 号——每股收益》要求,企业应当在利润表中单独列示每股收益,包括基本每股收益和稀释每股收益。

1. 基本每股收益

基本每股收益是企业按照归属于普通股股东的当期净利润,除以当期实际发行在外普通股的加权平均数。基本每股收益实际是平均分摊到每股普通股的归属于普通股股东的净利润(或净亏损)。其计算公式如下:

$$基本每股收益=\frac{归属于普通股股东的当期净利润}{当期实际发行在外普通股的加权平均数}$$

其中,"当期实际发行在外普通股的加权平均数"可按下列公式计算:

$$\begin{gathered}当期实际发行在外\\普通股的加权平均数\end{gathered}=\begin{gathered}期初发行在外\\的普通股股数\end{gathered}+\begin{gathered}当期新发行的\\普通股股数\end{gathered}\times\begin{gathered}已发行\\时间\end{gathered}\div\begin{gathered}报告期\\时间\end{gathered}-\begin{gathered}当期回购的\\普通股股数\end{gathered}\times\begin{gathered}已回购\\时间\end{gathered}\div\begin{gathered}报告期\\时间\end{gathered}$$

其中,已发行时间、报告期时间和已回购时间一般按照天数计算;在不影响计算结果合理性的前提下,也可以采用简化的计算方法,如按月数计算。新发行普通股股数,应当根据发行合同的具体条款,从应收对价之日(一般为股票发行日)起计算确定。通常包括下列情况:

(1) 为收取现金而发行的普通股股数,从应收现金之日起计算。

(2) 因债务转资本而发行的普通股股数,从停计债务利息之日或结算日起计算。

(3) 非同一控制下的企业合并,作为对价发行的普通股股数,从购买日起计算;同一控制下的企业合并,作为对价发行的普通股股数,应当视同列报最早期间期初就已发行在外,计入各列报期间普通股的加权平均数。

(4) 为收购非现金资产而发行的普通股股数,从确认收购之日起计算。

【例 8-5】 南湖电器股份有限公司 2020 年期初发行在外的普通股为 20 000 万股;3 月 29 日新发行普通股 12 500 万股;10 月 1 日回购普通股 6 300 万股,以备将来员工激励之用。该公司当年实现净利润为 13 600 万元。2020 年的基本每股收益计算如下：

$$\text{当期实际发行在外普通股的加权平均数}=20\ 000\times12\div12+12\ 500\times9\div12-6\ 300\times3\div12$$

$$=27\ 800(\text{万股})$$

$$\text{基本每股收益}=13\ 600\div27\ 800=0.49(\text{元/股})$$

每股收益只是采用金融分析的行规算出来的估计值，完全使用每股收益来评价企业业绩或确定股利政策显然是不妥当的。净利润中往往包含大量的预期因素，每股收益并不等同于“每股税后利润”。

2. 稀释每股收益

企业存在稀释性潜在普通股的，即当期转换为普通股会减少每股收益的潜在普通股，应当分别调整归属于普通股股东的当期净利润和发行在外普通股的加权平均数，并据以计算稀释每股收益。稀释每股收益是以基本每股收益为基础，假设企业所有发行在外的稀释性潜在普通股均已转换为普通股，从而分别调整分子(归属于普通股股东的当期净利润)以及分母(当期实际发行在外普通股的加权平均数)而计算得到的每股收益。

四、本年利润和未分配利润

(一) 本年利润

在会计处理上，企业净利润是通过“本年利润”科目来核算的。“本年利润”科目用于核算和监督企业一定会计期间的各项收支，并据以确定企业最终财务成果。如果转入“本年利润”科目贷方的各种收入大于转入借方的各种费用，说明企业在当期实现了利润，该净利润数额体现为“本年利润”科目的期末贷方余额；反之，说明企业在当期发生了亏损，该亏损数额体现为“本年利润”科目的期末借方余额。

企业当期发生的收入、费用，日常通过有关损益科目予以归集后，在期末(按月)将其全部转入“本年利润”科目，贷方登记从“主营业务收入”“其他业务收入”“营业外收入”等科目期末转入的利润额和从“投资收益”科目转入的净收益；借方登记“主营业务成本”“税金及附加”“其他业务成本”“销售费用”“管理费用”“财务费用”“营业外支出”“所得税费用”等科目期末转入的成本、费用额和从“投资收益”科目转入的净损失。年度中间，余额若在贷方，反映截至本期，本年度累计实现的净利润额；余额若在借方，反映截至本期，本年度累计发生的净亏损额。年度终了，应将本年收入和支出相抵后结出的本年实现的净利润，转入“利润分配——未分配利润” 科目的贷方；若为净亏损，则转入“利润分配——未分配利润” 科目的借方；年终结转后，该科目应无余额。“本年利润”科目结构如图 8-1 所示。

通过对利润构成内容与计算步骤的分解，可以看出利润实际上由“加项”和“减

借方	本年利润　　　　贷方
期末由有关费用科目转入：	期末由有关收入科目转入：
(1) 主营业务成本	(1) 主营业务收入
(2) 税金及附加	(2) 其他业务收入
(3) 其他业务成本	(3) 营业外收入
(4) 销售费用	(4) 投资净收益
(5) 管理费用	(5) 资产处置净收益
(6) 财务费用	(6) 其他收益
(7) 营业外支出	(7) 公允价值变动收益
(8) 所得税费用	
(9) 投资净损失	
(10) 资产处置净损失	
(11) 公允价值变动损失	
余额：累计发生的净亏损；年终转入“利润分配”科目借方，年终结转后应无余额	余额：累计实现的净利润；年终转入“利润分配”科目贷方，年终结转后应无余额

图 8-1 “本年利润”科目结构

项”组成。这些构成项目,实质上表明了与利润相关的经济交易或事项,以及记录与利润相关经济交易或事项的会计科目(均为损益类科目)。例如,“主营业务收入”科目的贷方记录主营业务收入的取得数,借方记录其转入“本年利润”科目的数额,期末无余额;“营业外支出”科目的借方记录企业发生的各种损失,贷方记录其转入“本年利润”科目的数额,期末无余额等。损益类科目的性质及其期末结转记录如图 8-2 所示。

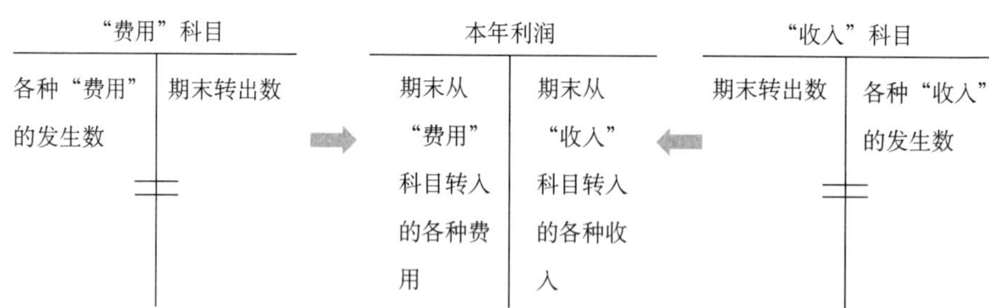

图 8-2 损益类科目的性质及其期末结转记录

【例 8-6】 2020 年 11 月 30 日,南湖电器股份有限公司为计算确定当期利润,对各损益类科目进行结转。期末结转前,损益类科目期末余额表如表 8-3 所示。

表 8-3　损益类科目期末余额表

单位:元

科目名称	借方余额	贷方余额
主营业务收入		951 460
其他业务收入		86 340
投资收益		120 030
营业外收入		1 000
主营业务成本	784 752	
税金及附加	1 900	
其他业务成本	82 800	
销售费用	108 200	
管理费用	128 065	
财务费用	1 500	
营业外支出	4 800	
合　　计	1 112 017	1 158 830

该项经济业务的发生,表明企业在月末应将当月实现的收入总额与当月发生的费用总额进行配比,以计算确定当月的经营成果。为分别清晰地反映收入与利润、费用与利润的相互对应关系,该项经济业务应分两个步骤编制会计分录:按收入类科目结转利润金额借记"主营业务收入""其他业务收入""投资收益""营业外收入"等科目,贷记"本年利润"科目;按费用类科目结转利润金额借记"本年利润"科目,贷记"主营业务成本""税金及附加""其他业务成本""销售费用""管理费用""财务费用""营业外支出"等科目。

(1) 结转收入类损益科目时,会计处理如下:

借:主营业务收入　　951 460
　　其他业务收入　　86 340
　　投资收益　　120 030
　　营业外收入　　1 000
　　贷:本年利润　　1 158 830

(2) 结转费用类损益科目时,会计处理如下:

借：本年利润	1 112 017
贷：主营业务成本	784 752
税金及附加	1 900
其他业务成本	82 800
销售费用	108 200
管理费用	128 065
财务费用	1 500
营业外支出	4 800

通过上述经济业务的会计处理，本月实现的收入总额与发生的费用总额均汇集于“本年利润”科目，将收入与费用配比，其差额即为本月实现的利润总额。结转损益类科目的会计处理如图 8-3 所示。

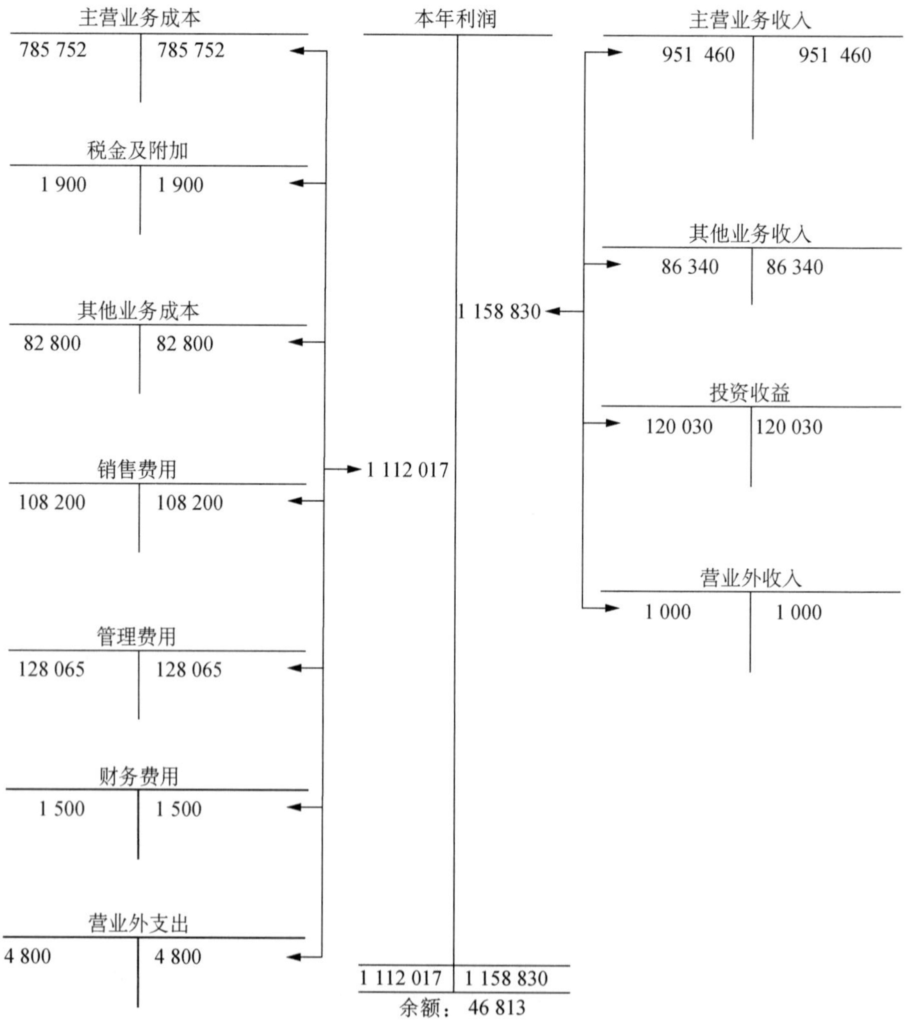

图 8-3　结转损益类科目的会计处理

【例 8-7】 月末，南湖电器股份有限公司按 25%的所得税税率计算本月应交所得税税额约 11 703 元。

该项经济业务为企业根据国家税法的规定，按其取得的生产经营所得和其他所得为计税依据，按照规定的所得税税率计算应缴纳的所得税额。由于所得税在性质上是一种费用支出，按照权责发生制和收入与费用配比原则，所得税必须从企业实现的收益中得到补偿，使得企业当期的所得税费用和负债同时增加。该项业务应按计算的所得税额借记"所得税费用"科目，贷记"应交税费——应交所得税"科目。相关会计处理如下：

借：所得税费用	11 703	
贷：应交税费——应交所得税		11 703

【例 8-8】 月末，南湖电器股份有限公司将本月发生的所得税费用结转至"本年利润"科目，计算确定当月实现的净利润额。

该项经济业务的发生，表明企业在期末应将当期的所得税费用转入当期利润，作为当期收益的抵减项目，以计算确定当期实现的净利润。应按所得税费用借记"本年利润"科目，贷记"所得税费用"科目。相关会计处理如下：

借：本年利润	11 703	
贷：所得税费用		11 703

通过上项经济业务的会计处理，企业当月实现的净利润为 35 110 元，"本年利润"科目的会计处理如图 8-4 所示。

借方	本年利润	贷方
1 112 017		1 158 830
11 703		
1 123 720		1 158 830
	余额：	35 110

图 8-4 "本年利润"科目的会计处理

（二）未分配利润

年度终了，"本年利润"科目反映的全年实现的利润或发生的亏损，均应转入"利润分配"科目。"利润分配——未分配利润"科目期末余额反映，截至目前累计未分配利润余额。当其金额为正数，反映截至目前累计尚未分配完的利润，相应的"利润分配——未分配利润"科目的余额应该在贷方；反之，则代表截至目前累计的、留待以后弥补的亏损，相应的"利润分配——未分配利润"科目的余额应该在借方。"利润分配——未分配利润"科目属于所有者权益类科目，当其为负数时，该科目属于所有者权益的抵减科目。

【例 8-9】 2020 年 12 月 31 日，南湖电器股份有限公司结转本年实现的净利润 35 110 元。相关会计处理如下：

借：本年利润	35 110	
贷：利润分配——未分配利润		35 110

第三节 利润分配事项

一、利润分配的会计科目

企业通过“利润分配”科目核算企业利润的分配（或亏损的弥补）和历年分配后的积存余额。该科目按其用途与结构属于“本年利润”科目的抵减调整科目，用以核算和监督企业已分配利润情况和结果；但按其经济内容则应归入所有者权益类科目，用以核算和监督企业利润的分配（或亏损的弥补）和历年分配后的积存余额。“利润分配”科目借方登记各项利润分配数额，贷方登记以盈余公积弥补亏损的转入数。年度终了，企业应将全年实现的净利润自“本年利润”科目转入本科目的“未分配利润”明细科目的贷方；若为净亏损，则自“本年利润”科目转入本科目的“未分配利润”明细科目的借方。年终结转后，除“未分配利润”明细科目外，本科目的其他明细科目应无余额。为详细反映和监督企业利润的分配去向和历年分配后的积存情况，本科目应设置“提取盈余公积”“应付现金股利”“转作资本（或股本）的股利”“未分配利润”等明细科目，进行明细核算。

利润分配的会计处理如图 8-5 所示。其中：(1)是按规定计提盈余公积，(2)是按公司利润（股利）分配政策分配利润（股利），(3)是将所有利润分配明细科目的借方金额从其贷方结转至“利润分配——未分配利润”科目的借方。

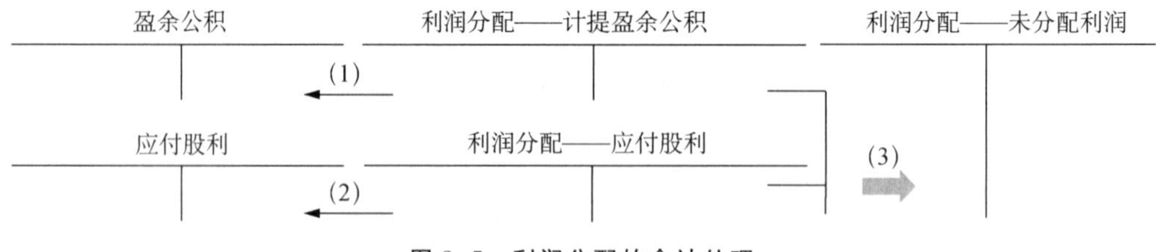

图 8-5 利润分配的会计处理

二、利润分配的顺序

企业取得的净利润，应当按规定进行分配。利润的分配过程和结果，不仅关系到所有者的合法权益是否得到保护，而且关系到企业能否长期、稳定地发展。根据我国《公司法》等相关法规的规定，可供分配的利润应按以下顺序分配。

（一）弥补以前年度亏损

企业纳税年度发生的亏损，准予向以后年度结转，用以后年度的所得弥补，但结转年限最长不得超过5年。税法规定年限内税前利润不足弥补亏损的，可以用税后利润、盈余公积等弥补。由于以前年度亏损在“利润分配——未分配利润”的借方，所以当本期利润转入利润分配时自然弥补亏损，无须另作会计处理。

（二）提取盈余公积

企业提取的盈余公积主要由法定盈余公积和任意盈余公积构成。其中法定盈余公积根据现行有关法规的规定，企业应按照本期净利润的10%计提，但法定盈余公积累计金额达到注册资本的50%时，可以不再提取；对于任意盈余公积，企业应按照股东大会的决议，以企业当期净利润为依据计提，提取比例和金额由企业自己拟定。盈余公积是企业按照规定从税后利润中提取的累积资金，主要用以满足企业未来发展的需要，或弥补可能发生的亏损。

【例8-10】 南湖电器股份有限公司2020年实现净利润35 110元。根据公司董事会决议提请股东会批准的年度利润分配方案，按净利润的10%计提法定盈余公积3 511元。

该项经济业务的发生，表明企业根据年度利润分配方案计提法定盈余公积，使得利润分配和盈余公积同时增加。应按计提的法定盈余公积金借记“利润分配”科目，贷记“盈余公积”科目。相关会计处理如下：

借：利润分配——提取法定盈余公积	3 511	
贷：盈余公积——法定盈余公积		3 511

（三）向投资者分配利润或股利

企业提取法定盈余公积和任意盈余公积后，可以按规定向投资者分配利润。企业实现的净利润在扣除上述项目后，再加上期初未分配利润，即为可供投资者分配的利润。企业按照股东大会的决议向投资者分配的股利包括现金股利和股票股利。

1. 现金股利

现金股利是以现金的形式从企业净利润中分配给股东的投资报酬，也称“红利”或“股息”。现金股利是企业最常用的股利分配形式。优先股通常有固定的股息率，在企业经营正常并有足够利润的情况下，优先股的年股利额是固定的。例如，南湖电器股份有限公司发行的优先股面值1元，固定股息率为10%，那么在正常情况下，每股优先股可分0.1元的现金股利。普通股没有固定的股息率，发放现金股利的次数和金额主要取决于企业的股利政策和经营业绩等因素。西方国家的许多企业按季度发放现金股利，一年发放4次。我国企业一般半年或一年发放一次现金股利。现金股利是企业需要在未来以货币资金形式支付股利，由于现金股利是从企业实现的净利润中支付给股东的，支付现金股利会减少企业的留用利润。

2. 股票股利

股票股利是企业以股票形式从企业净利润中分配给股东的股利。企业发放股票股利，须经股东大会表决通过，根据股权登记日的股东持股比例将可供分配利润转为股本，并按持股比例无偿地向各个股东分配股票，增加股东的持股数量。发放股票股利不会改变企业的所有者权益总额，也不影响股东的持股比例，只是企业的所有者权益结构发生了变化，未分配利润转为股本，因此，会增加企业的股本总额。例如，南湖电器股份有限公司发放股票股利之前的股份总数为 20 000 万股，企业按每 10 股送 4 股的比例发放股票股利，则发放股票股利后，企业的货币资金并没有流出企业，但企业股份总数增加到 28 000 万股。

3. 分配顺序

可供投资者分配的利润，应按以下顺序进行分配：应付优先股股利，指企业按照利润分配方案分配给优先股股东的现金股利；应付普通股股利，指企业按照利润分配方案分配给普通股股东的现金股利；转作资本（或股本）的普通股股利，指企业按照利润分配方案以分配股票股利的形式转作的资本（或股本）。

【例 8-11】 南湖电器股份有限公司根据批准的年度利润分配方案，按净利润的 80%计算应分配给股东的现金股利 28 088 元。

该项经济业务的发生，表明企业根据年度利润分配方案计算应付股东的现金股利，使得其利润分配和流动负债同时增加。应按计算现金股利数额借记“利润分配”科目，贷记“应付股利”科目。相关会计处理如下：

借：利润分配——应付现金股利	28 088	
贷：应付股利		28 088

【例 8-12】 年度终了，南湖电器股份有限公司将全年已分配利润 31 599 元结转至“未分配利润”明细科目。

该项经济业务的发生，表明企业按会计制度的相关规定，结转全年实际分配的利润，计算历年积存的未分配利润（或未弥补亏损）。应按当年利润分配额借记“利润分配——未分配利润”明细科目，贷记“利润分配”科目下属其他有关分配利润的明细科目。相关会计处理如下：

借：利润分配——未分配利润	31 599	
贷：利润分配——提取法定盈余公积		3 511
——应付股利		28 088

通过上述经济业务的会计处理，企业年末积存的未分配利润为 3 511 元。“利润分配——未分配利润”科目的会计处理如图 8-6 所示。

借方	利润分配——未分配利润	贷方
31 599		35 110
		年末余额： 3 511

图 8-6 “利润分配——未分配利润”科目的会计处理

二、留存收益

留存收益，是指企业从历年实现的净利润中提取或形成的留存于企业的内部积累。留存收益主要包括盈余公积和未分配利润两个部分。

(一)盈余公积

盈余公积，是指企业按照有关规定从净利润中提取的累积资金。盈余公积一般分为法定盈余公积和任意盈余公积两种。企业提取的盈余公积主要用于弥补亏损和转增资本金，也可以用于发放现金股利，但其余额不得少于注册资本的 25%。

企业使用盈余公积弥补亏损，在数量关系上并不影响所有者权益的总额，但改变了所有者权益的内部结构。企业用盈余公积转增资本金，必须有股东大会或者类似权力机构的决议，在转增资本金后，还必须向原登记机关办理变更登记。在会计处理时，还应当按照转增资本金前的实收资本结构比例，将盈余公积转增资本金的数额计入“实收资本(或股本)”科目下相关投资者的明细科目，以增加投资者对企业的资本投资。

【例 8-13】 截至 2020 年 1 月 1 日，南湖电器股份有限公司有 200 万元的亏损尚未弥补，按照规定超过税前弥补亏损的期限。2020 年 3 月 20 日，公司董事会提议并经股东大会批准，以盈余公积 200 万元弥补该亏损。相关会计处理如下：

借：盈余公积——盈余公积补亏　　2 000 000
　　贷：利润分配——未分配利润　　2 000 000

(二)未分配利润

未分配利润，是指企业留待以后年度进行分配的留存利润，是企业实现自我发展的主要资金来源之一。未分配利润也是企业所有者权益的组成部分。相对于所有者权益的其他部分来讲，企业对未分配利润的使用和分配有较大的自主权。从数量上讲，未分配利润是期初未分配利润，加上本期实现的净利润，减去提取的各种盈余公积和分配利润后的余额。正是这一项目，将资产负债表、利润表和所有者权益变动表联系在一起。

第四节 所有者权益项目变动

利润的计算、结转与分配导致所有者权益各组成部分当期发生增减变动。所有者权益的各项内容随着企业的经营、投融资行为的发生会发生相应变动,为了能更好的描述所有者权益项目变动,企业要编制所有者权益变动表。通过所有者权益变动表,不仅可以为报表使用者提供所有者权益总量增减变动的信息,也能为其提供所有者权益增减变动的结构性信息,能够让报表使用者理解所有者权益增减变动的根源。

在所有者权益变动表中,企业单独列示反映下列信息:

(1) 所有者权益总量的增减变动:企业增加或者减少注册资本。

(2) 所有者权益增减变动的重要结构性信息:资本公积、盈余公积转增资本。

(3) 直接计入所有者权益的利得和损失:未分配利润、资本公积、其他综合收益的变化。

所有者权益变动表(简表)如表 8-4 所示。

表 8-4 所有者权益变动表(简表)

编制单位:________ ________年度 单位:元

项目	股本	资本公积	其他综合收益	盈余公积	未分配利润	所有者权益合计
一、上年年末余额						
二、本年年初余额						
三、本年增减变动金额						
(一) 综合收益总额						
(二) 所有者投入和减少股本						
(三) 利润分配						
(四) 所有者权益内部结转						
四、本年年末余额						

本章小结

利润,是指企业在一定会计期间的经营成果。利润包括收入减去费用后的净额、直接计入当期利润的利得和损失等。企业利润的获得,既包括与企业日常活动有关的所得，又包括与企业日常活动无直接关系的事项所产生的盈亏。

利润表反映企业利润一般分为三个层次，即营业利润、利润总额、净利润。营业利润，是指企业一定期间日常活动取得的利润，其中还包含了企业经营活动与投资活动所发生的投资收益、公允价值变动损益、信用减值损失、资产减值损失以及资产处置损益。营业利润是工商企业主要的利润来源，通过营业利润的数额及其增减变动情况，可以判断企业真正获利能力或盈利水平。利润总额主要由营业利润以及直接计入当期利润的利得和损失构成，是企业从事生产经营活动以及非生产经济活动所取得的财务成果，这些利得和损失主要体现在营业外收入与营业外支出两个项目上。净利润是指企业实现的利润总额按照规定扣除企业所得税后的净额，也称“税后利润”，净利润的大小最终体现为企业的盈利能力，是衡量企业经营业绩的重要标志。

可供分配的利润应按以下顺序分配：弥补以前年度亏损，提取盈余公积，向投资者分配利润或股利。

利润形成的会计处理如下：在会计处理上，企业净利润是通过“本年利润”科目来核算的。企业当期发生的收入、费用，日常通过有关科目予以归集后，在期末（按月）将其全部转入“本年利润”科目。年度中间，余额若在贷方，反映截至本期，本年度累计实现的净利润额；余额若在借方，反映截至本期，本年度累计发生的净亏损额。年度终了，应将本年收入和支出相抵后结出的本年实现的净利润，转入“利润分配——未分配利润”科目的贷方；若为净亏损，则转入“利润分配——未分配利润”科目的借方；年终结转后，本科目应无余额。

利润分配的会计处理如下：年度终了，“本年利润”科目反映的全年实现的利润或发生的亏损，均应转入“利润分配——未分配利润”科目。“利润分配——未分配利润”科目期末余额反映，截至目前累计未分配利润余额。当其余额为正数，反映截至目前累计尚未分配完的利润，相应的“利润分配——未分配利润”科目的余额应该在贷方；反之，则代表截至目前累计的、留待以后弥补的亏损，相应的“利润分配——未分配利润”科目的余额应该在借方。“利润分配——未分配利润”科目属于所有者权益类科目，当其为负数时，该科目属于所有者权益的抵减科目。

利润的计算、结转与分配导致所有者权益各组成部分当期发生增减变动，为了能更好地描述所有者权益项目变动，企业要编制所有者权益变动表。在所有者权益变动表中，企业单独列示反映下列信息：所有者权益总量的增减变动，如企业增加或者减少注册资本；所有者权益增减变动的重要结构性信息，如资本公积、盈余公积转增资本；直接计入所有者权益的利得和损失，如未分配利润、资本公积、其他综合收益的变化。

关键术语

营业利润　利润总额　净利润　营业外收支　所得税费用　每股收益　本年利润　利润分配　留存收益　所有者权益变动表

思 考 题

1. 利润的含义是什么？利润是怎样形成的？

2. 企业的营业利润、利润总额、净利润怎样计算？

3. 什么是所得税费用？所得税费用如何计算？

4. 利润形成的会计处理有哪些内容？

5. 利润分配的顺序是什么？如何进行会计处理？

6. 什么是留存收益？其主要包括哪些内容？

7. 企业弥补亏损的方式主要有哪些？

8. 什么是所有者权益变动表？其主要内容是什么？

计算分析题

1. 南湖电器股份公司 2020 年 12 月份发生以下交易或事项：

(1) 根据销售合同，预收某客户的货款 5 万元，约定在次年 2 月 15 日前发货。

(2) 销售甲产品一批，售价 10 万元，款项尚未收到，该批产品的生产成本为 6 万元。

(3) 销售乙产品 1 000 件，单价 280 元/件，价款已通过银行收讫。该批产品的生产成本为 200 元/件。

(4) 以银行存款支付产品广告费 2 万元。

(5) 以银行存款支付第四季度借款利息费用 6 万元(假设各月使用借款数量基本均衡)。

(6) 计提本月生产车间与管理部门用固定资产的折旧费用各 2 万元。

(7) 以现金支付零星办公经费共计 0.2 万元。

(8) 对外提供运输服务，收费 5 万元(已存银行)。该运输服务成本为 2 万元。

(9) 计算出本月应负担的产品销售税金为 0.3 万元。

(10) 台风造成财产损失 2 万元。

(11) 没收押金 0.3 万元。

(12) 收回到期的应收账款 5 万元(已存银行)。

(13) 以银行存款预付下年度的财产保险费 3 万元。

(14) 以银行存款支付税款滞纳金 2 万元。

(15) 按 25%的所得税率计算公司本月应负担的所得税(无纳税调整事项)。

要求：根据上述资料计算企业本月的营业利润、利润总额和净利润。

2. 南湖电器股份有限公司 2020 年度有关交易或事项如下：

(1) 12 月 31 日结转有关收入、费用等科目。相关损益类科目的余额如表 8-5 所示。

表 8-5　相关损益类科目的余额

单位:元

科目	余额
主营业务收入	3 245 000
主营业务成本	2 405 980
税金及附加	320 600
销售费用	120 000
管理费用	401 908
财务费用	43 078
其他业务收入	6 790
其他业务成本	5 739
营业外收入	130 650
营业外支出	87 900

(2) 12 日 31 日,计算本月所得税费用数额,并结转所得税费用。

(3) 12 月 31 日,一次结转全年实现的净利润(公司 1～11 月份累计的净利润为 4 327 890 元)。

(4) 12 月 31 日,公司确定的净利润分配方案为:计提 10%的法定盈余公积,暂不向股东分配利润。

要求:对上述交易或事项进行确认和计量,并编制会计分录。

案例讨论题

2020 年 3 月 26 日,南湖电器股份有限公司发布了 2019 年年报。报告显示,由于对部分长期资产计提大额资产减值准备 74.59 万元,产品价格下降导致收益减少 34 万元,对内部退休及协商解除劳动关系人员计提辞退福利费用 15 万元,以及 2018 年同期有资本运作收益 68 万元,2019 年度无此类收益等原因,公司 2019 年净亏损达到 162 万元。2020 年 4 月 28 日,南湖电器股份有限公司公布 2020 年一季度季报,季报显示南湖电器股份有限公司 2020 年前三个月实现归属于普通股股东的净利润为 6.3 万元。2020 年 8 月 27 日公布的半年报显示盈利 2.7 万元。自 2019 年亏损之后,南湖电器股份有限公司业绩迅速实现扭亏为盈,纵观南湖电器股份有限公司上市以来的经营情况,其业绩基本呈现赚则小赚、亏则大亏的状态,其做法不得不让投资者质疑该公司是否具有通过盈余管理操控利润的动机。

要求:(1)分析企业除了计提大额减值准备外,还有那些手段用于操控利润?重点应关注哪些会计科目及财务指标?

(2)分析南湖电器股份有限公司操控利润的动机是什么?这一行为带来哪些不良影响?

第九章　资产负债表与利润表信息列报与数据利用

学习目标

1. 了解资产负债表和利润表信息列报的总体要求

2. 掌握资产负债表和利润表的列报格式和具体编制方法

3. 掌握资产负债表和利润表数据的初步利用，包括偿债能力、营运能力和盈利能力分析

4. 掌握资产负债表和利润表的综合利用，包括运用杜邦分析法对企业进行财务综合分析

以上各章节详细地讲解了企业的交易或事项产生与处理的过程，即分别通过填制和取得原始凭证、设置账户、运用借贷记账法、编制会计分录，登记会计账簿来对各种经济数据进行条理化、系统化加工，但是就企业某一个期间的整体经营过程而言，这些加工程序完成后，所提供的会计信息仍然是不完整和相对分散的，无法集中地、清晰地、综合地反映企业经营过程的全貌。因此，需要定期对会计账簿中记录的资料进行归集、加工、汇总，并列示到具有专门格式的表格中，为各类财务信息需要者提供总括性的会计信息。编制财务报表是财务会计的最终“产品”或“结果”，也是企业一项不可或缺的会计工作。

财务报表是财务会计的最终“产品”或“结果”。财务报表列报是指将企业发生的交易或事项在报表中的列示和在附注中的披露。其中，“列示”通常反映资产负债表、利润表、现金流量表和所有者权益变动表等报表中的信息，“披露”通常反映附注中的信息。编制财务报表是财务会计最具影响意义的一种方式，这种方法建立在其他会计方法应用成果的基础上，是会计循环中的一个关键性的环节，也是最终实现财务会计目标的主要手段。

财务报表列报总体上应遵循的基本要求

第一节 资产负债表信息列报

一、资产负债表信息列报的总体要求

资产负债表是反映企业在某一特定日期的财务状况的会计报表,即反映了某一特定日期关于企业资产、负债、所有者权益及其相互关系的信息。资产负债表的列报以会计基本恒等式,即"资产=负债+所有者权益"作为理论基础编制的,它既是一张平衡报表,反映资产总计(左方)与负债及所有者权益总计(右方)相等;又是一张静态报表,反映企业在某一时点(如月末或年末)的财务状况。资产负债表信息列报应遵循以下总体要求。

(一)分类列报相关的合计、总计项目

资产负债表应当按照资产、负债和所有者权益三大类别分类列报。资产类至少应当列示流动资产和非流动资产的合计项目;负债类至少应当列示流动负债、非流动负债以及负债的合计项目;所有者权益类应当列示所有者权益的合计项目。资产负债表遵循了"资产=负债+所有者权益"这一会计恒等式,因此,资产负债表应当分别列示资产总计项目和负债与所有者权益之和的总计项目,并且这两者的金额应当相等。

(二)资产项目的列报

资产项目应当按照流动性分流动资产和非流动资产两大类别在资产负债表中进行列示,在流动资产和非流动资产类别下进一步按性质分项列示。资产项目的流动性,一般是指其变现能力的强弱。变现能力强的资产项目排列在前,如货币资金、应收账款项目;变现能力弱的资产项目排列在后,如固定资产、无形资产项目。

(三)负债项目的列报

负债项目应当按照流动性分流动负债和非流动负债在资产负债表中进行列示,在流动负债和非流动负债类别下再进一步按性质分项列示。负债项目的流动性,一般是指其偿还时间的远近。近期偿还的负债项目排列在前,如短期借款、应付账款项目;远期偿还的负债项目排列在后,如应付债券、长期应付款项目。

(四)所有者权益项目的列报

所有者权益项目应当按照稳定性分实收资本(或股本)、资本公积、其他综合收益、盈余公积、未分配利润等项目分项列示。所有者权益项目的稳定性,一般是指其在企业的存续时间。存续时间相对较长的所有者权益项目排列在前,如股本(或实收资本)项目;存续时间相对较短的所有者权益项目排列在后,如未分配利润项目。

二、资产负债表的列报格式

我国现行制度要求企业编制资产负债表采用账户式的格式，报表左边列示资产，右边列示负债和所有者权益。资产负债表由表头和表体两部分组成。表头部分应列明报表名称、编表单位名称、资产负债表日和人民币金额单位；表体部分反映资产、负债和所有者权益的内容。

资产负债表还就各项目再分为"上年年末余额"和"期末余额"两栏分别填列，以便报表使用者通过比较不同时点资产负债表的数据，掌握企业财务状况的变动情况及发展趋势。"期末余额"反映各项目在报表编报月份的月末余额；"上年年末余额"反映各项目在报表编报年度的年初余额。

一般企业资产负债表的格式

三、资产负债表的填列方法

（一）"期末余额"栏的填列方法

资产负债表"期末余额"栏填列方法具体包括以下几种：

1. 根据总账科目余额直接填列

例如，"交易性金融资产""短期借款""应付职工薪酬""应付票据""实收资本""盈余公积"等项目，根据其总账科目余额直接填列。

【例 9-1】 南湖电器股份有限公司期末"交易性金融资产"借方余额为 50 000 元，"短期借款"科目贷方余额为 100 000 元，则在资产负债表中列示结果如表 9-1 所示。

表 9-1 资产负债表

会企 01 表

编制单位：南湖电器股份有限公司　　　____年__月__日　　　单位：元

项目	期末余额	上年年末余额	负债和所有者权益	期末余额	上年年末余额
流动资产：			流动负债：		
货币资金			短期借款	100 000	
交易性金融资产	50 000		应付票据		
应收票据			应付票据		
应收账款			应付账款		
预付款项			预收款项		
其他应收款			应付职工薪酬		
（略）			（略）		
			股本		

2. 根据多个总账科目余额的加总计算填列

例如，"货币资金"项目，需要根据"库存现金""银行存款""其他货币资金"三个总账科目期末借方余额的合计数填列。

【例 9-2】 南湖电器股份有限公司“库存现金”科目期末余额为 2 000 元,“银行存款”科目期末余额为 9 000 元,“其他货币资金”科目期末余额 6 000 元,则“货币资金”项目应填列 17 000 元(2 000+9 000+6 000),在资产负债表中列示结果如表 9-2 所示。

表 9-2 资产负债表

会企 01 表

编制单位:南湖电器股份有限公司 ____年__月__日 单位:元

项目	期末余额	上年年末余额	负债和所有者权益	期末余额	上年年末余额
流动资产:			流动负债:		
货币资金	17 000		短期借款	100 000	
交易性金融资产	50 000		应付票据		
应收票据			应付票据		
应收账款			应付账款		
预付款项			预收款项		
其他应收款			应付职工薪酬		
(略)			(略)		
			股本		

3. 根据明细账科目余额分析计算填列

“应收账款”“预付款项”“应付账款”“预收款项”等项目,根据相关明细科目余额分析计算填列。

(1)“应收账款”项目和“预收款项”项目的填列。

“应收账款”项目余额=“应收账款”科目的明细科目借方余额+“预收账款”科目的明细科目借方余额

“预收款项”项目余额=“应收账款”科目的明细科目贷方余额+“预收账款”科目的明细科目贷方余额

【例 9-3】 企业“应收账款”和“预收账款”科目及其明细科目期末余额表如表 9-3 所示。

表 9-3“应收账款”和“预收账款”科目及其明细科目期末余额表

单位:元

科目	借方余额	贷方余额
应收账款	25 000	
——A 公司	11 000	
——B 公司		3 000
——C 公司	17 000	
预收账款		5 000
——D 公司	3 000	
——E 公司		8 000

根据表 9-3 中的数据,“预收款项”项目填列的金额为 11 000 元(8 000+3 000);“应收账款”项目填列的金额为 31 000 元(11 000+17 000+3 000)。

(2) “应付账款”项目和“预付款项”项目的填列。

“应付账款”项目余额=“应付账款”科目的明细科目贷方余额+“预付账款”科目的明细科目贷方余额

“预付款项”项目余额=“应付账款”科目的明细科目借方余额+“预付账款”科目的明细科目借方余额

【例 9-4】 “应付账款”和“预付账款”科目及其明细科目期末余额表如表 9-4 所示。

表 9-4 “应付账款”和“预付账款”科目及其明细科目期末余额表

单位:元

科目	借方余额	贷方余额
应付账款		27 000
——F 公司		15 000
——W 公司		22 000
——H 公司	10 000	
预付账款	3 500	
——Y 公司	4 500	
——Z 公司		1 000

根据表 9-4 中的数据,“预付款项”项目填列的金额为 14 500 元(10 000+4 500);“应付账款”项目填列的金额为 38 000 元(15 000+22 000+1 000)。

4. 根据总账科目余额减去其备抵科目

例如,“固定资产”“无形资产”等项目,根据其总账科目余额扣除“固定资产减值准备”“累计折旧”“累计摊销”等备抵科目余额后的净额填列。

【例 9-5】 企业“固定资产”科目期末余额为 100 000 元,“累计折旧”科目的期末余额为 51 000 元,“固定资产减值准备”科目期末贷方余额为 5 000 元,“固定资产清理”科目无余额。在资产负债表中“固定资产”项目填列的金额为 44 000 元(100 000−51 000−5 000)。

5. 根据有关总账科目及其明细科目期末余额分析计算填列

例如,“长期借款”科目,应根据“长期借款”总账科目余额扣除“长期借款”科目的明细科目中将在资产负债表日起 1 年内到期且企业不能自主地将清偿义务展期的长期借款后的金额填列。资产负债表日起上 1 年内到期的长期借款金额,则在“一年内到期的非流动负债”项目中列填。

【例 9-6】 “长期借款”科目期末余额构成表如表 9-5 所示。

表 9-5　长期借款科目期末余额构成表

单位：元

项目	借方金额	贷方金额
长期借款		90 000
其中：1 年内到期		52 000
超过 1 年到期		38 000

根据表 9-5 中的数据，资产负债表中“长期借款”项目填列的金额为 38 000 元，“一年内到期的非流动负债”项目填列的金额为 52 000 元。

6. 综合运用上述方法填列

例如，“存货”项目，应根据“原材料”“库存商品”“委托加工物资”“周转材料”“材料采购”等存货类总账科目期末余额合计，减去“存货跌价准备”科目期末余额后的金额填列。

【例 9-7】 存货类科目期末余额表如表 9-6 所示。

表 9-6　存货类科目期末余额表

单位：元

科目	借方金额	贷方金额
原材料	19 000	
库存商品	10 000	
生产成本	18 000	
存货跌价准备		8 000

根据表 9-6 中的数据，资产负债表中“存货”项目填列的金额为 39 000 元（19 000＋10 000＋18 000－8 000）。

（二）“上年年末余额”栏的填列方法

资产负债表的“上年年末余额”栏通常根据上年年末有关项目的期末余额填列，且与上年年末资产负债表“期末余额”栏一致。如果企业上年度资产负债表规定的项目名称和内容与本年度不一致，应当对上年年末资产负债表相关项目的名称和金额，按照本年度的规定进行调整，填入“上年年末余额”栏。

（三）资产负债表项目的填列说明

1. “货币资金”项目

“货币资金”项目，反映企业库存现金、银行存款、外埠存款、银行汇票存款、银行本票存款、信用卡存款、信用证保证金存款等的合计数。本项目应根据“库存现金”

“银行存款”“其他货币资金”科目期末余额的合计数填列。

2.“交易性金融资产”项目

“交易性金融资产”项目,反映资产负债表日企业分类为以公允价值计量且其变动计入当期损益的金融资产,以及企业持有的指定为以公允价值计量且其变动计入当期损益的金融资产的账面价值。本项目应根据“交易性金融资产”科目的相关明细科目的期末余额分析填列。

3.“衍生金融资产”项目

“衍生金融资产”项目,反映企业期末持有的衍生金融工具、套期工具、被套期项目属于衍生金融资产的金额,应根据“衍生工具”“套期工具”“被套期项目”等科目期末借方余额分析填列。

4.“应收票据”项目

“应收票据”项目,反映资产负债表日以摊余成本计量的、企业因销售商品、提供服务等收到的商业汇票,包括银行承兑汇票和商业承兑汇票。本项目应根据“应收票据”科目的期末余额,减去“坏账准备”科目中相关坏账准备期末余额后的金额分析填列。

5.“应收账款”项目

“应收账款”项目,反映资产负债表日以摊余成本计量、企业因销售商品、提供服务等经营活动应收取的款项。本项目应根据“应收账款”科目的期末余额,减去“坏账准备”科目中相关坏账准备期末余额后的金额分析填列。

6.“应收款项融资”项目

“应收款项融资”项目,反映资产负债表日以公允价值计量且其变动计入其他综合收益的应收票据和应收账款等。

7.“预付款项”项目

“预付款项”项目,反映企业按照购货合同规定预付给供应单位的款项等。本项目应根据“预付账款”和“应付账款”科目的各明细科目的期末借方余额合计数,减去“坏账准备”科目中有关预付款项计提的坏账准备期末余额后的金额列。如果“预付账款”科目的有关明细科目期末有贷方余额的,应在资产负债表“应付款项”项目内填列。

8.“其他应收款”项目

“其他应收款”项目,反映企业除应收票据、应收账款、预付账款等经营活动以外的其他各种应收、暂付的款项。本项目应根据“其他应收款”“应收利息”和“应收股利”总账科目借方余额合计数,减去“坏账准备”科目中相关坏账准备期末余额后的金额填列。

9.“存货”项目

“存货”项目,反映企业期末在库、在途和在加工中的各项存货的账面价值。本项目应根据“原材料”“生产成本”“库存商品”“低值易耗品”等存货类科目的期末余额合计数,减去“存货跌价准备”科目期末余额后的金额填列。

10.“持有待售资产”项目

“持有待售资产”项目,反映资产负债表日划分为持有待售类别的非流动资产及划分为持有待售类别的处置组中的流动资产和非流动资产的期末账面价值。本项目应根据“持有待售资产”科目的期末余额,减去“持有待售资产减值准备”科目的期末余额后的金额填列。

11.“一年内到期的非流动资产”项目

“一年内到期的非流动资产”项目,反映“债权投资(发行期在 1 年以上)”“长期应收款”等科目的账面价值中于 1 年内到期能够收回的金额。本项目应根据“债权投资”“债权投资减值准备”“长期应收款”“未实现融资收益”“长期应收款减值准备”等总账科目的明细科目期末余额分析计算填列。这部分非流动资产,在日常会计核算中不需要进行转账处理,仍保留在“债权投资”和“长期应收款”等科目账面价值之内,但由于能够在 1 年以内收回,因此,属于流动资产,应在流动资产项目中单独反映。

12.“其他流动资产”项目

“其他流动资产”项目上,反映除上述流动资产之外的各项流动资产。本项目应根据“其他流动资产”科目借方余额以及“债权投资”科目发行期在 1 年以内的明细科目借方余额分析填列;“应付职工薪酬”科目的明细科目、“应交税费”科目所属“应交增值税”“未交增值税”“待抵扣进项税额”“待认证进项税额”“预交增值税”“转让金融商品应交增值税”等明细科目如为借方余额,且在 1 年内到期,也应在本项目中填列。

13.“债权投资”项目

“债权投资”项目,反映资产负债表日企业以摊余成本计量的长期债权投资的期末账面价值。本项目应根据“债权投资”科目的相关明细科目期末余额,减去“债权投资减值准备”科目中相关减值准备的期末余额后的金额分析填列。其中,1 年内到期的长期债权投资的期末账面价值,应在“一年内到期的非流动资产”项目反映;发行期在 1 年以内的债权投资的期末账面价值,应在“其他流动资产”项目反映。

14.“其他债权投资”项目

“其他债权投资”项目,反映资产负债表日企业分类为以公允价值计量且其变动计入其他综合收益的长期债权投资的期末账面价值。该项目应根据“其他债权投资”科目的相关明细科目的期末余额分析填列。自资产负债表日起 1 年内到期的长期债权投资的期末账面价值,在“一年内到期的非流动资产”项目反映。企业购入的以公允价值计量且其变动计入其他综合收益的 1 年内到期的债权投资的期末账面价值,在“其他流动资产”项目反映。

15.“长期应收款”项目

根据“长期应收款”总账科目借方余额扣除“未实现融资收益”“长期应收款减值准备”总账科目贷方余额,再扣除其中于 1 年以内到期的长期应收款账面价值后的差额分析计算填列。

16.“长期股权投资”项目

“长期股权投资”项目，反映企业对子公司、联营企业和合营企业的长期股权投资。本项目应根据“长期股权投资”科目的期末余额，减去“长期股权投资减值准备”科目期末余额后的金额填列。

17.“其他权益工具投资”项目

“其他权益工具投资”项目，反映资产负债表日企业指定为以公允价值计量且其变动计入其他综合收益的非交易性权益工具投资的期末账面价值。本项目应根据“其他权益工具投资”科目的期末余额填列。

18.“投资性房地产”项目

根据“投资性房地产”总账科目借方余额，减去“投资性房地产累计折旧（摊销）”“投资性房地产减值准备”总账科目贷方余额分析计算填列。

19.“固定资产”项目

“固定资产”项目，反映资产负债表日企业固定资产的期末账面价值和企业尚未清理完毕的固定资产清理净损益。本项目应根据“固定资产”总账科目借方余额，减去“累计折旧”“固定资产减值准备”总账科目贷方余额，再加上“固定资产清理”总账科目借方余额或减去“固定资产清理”总账科目贷方余额分析计算填列。

20.“在建工程”项目

“在建工程”项目，反映资产负债表日企业尚未达到预定可使用状态的在建工程的期末账面价值和企业为在建工程准备的各种物资的期末账面价值。本项目应根据“在建工程”“工程物资”总账科目借方余额之和，减去“在建工程减值准备”“工程物资减值准备”总账科目贷方余额后的差额计算填列。

21.“生产性生物资产”项目

“生产性生物资产”项目，反映企业持股的生产性生物资产净价，本项目根据“生产性生物资产”科目期末余额，减去“生产性生物资产累计折旧”科目和“生产性生物资产减值准备”科目期末贷方余额填列。

22.“油气资产”项目

“油气资产”项目，反映企业持有的矿区权益和油气井及相关设施减去累计折耗和累计减值准备后的净价。本项目应根据“油气资产”科目期末余额减去“累计折耗”科目期末余额和相应减值准备的的金额填列。

23.“使用权资产”项目

“使用权资产”项目，反映资产负债表日承租人企业持有的使用权资产的期末账面价值。该项目应根据“使用权资产”科目的期末余额，减去“使用权资产累计折旧”和“使用权资产减值准备”科目的期末余额后的金额填列。

24.“无形资产”项目

根据“无形资产”总账科目借方余额，减去“累计摊销”“无形资产减值准备”总账科目贷方余额，再减去其中持有待售无形资产账面价值后的差额分析计算填列。

25.“开发支出”项目

“开发支出”项目,反映企业研究与开发无形资产过程发生的、符合资本化条件的支出。本项目应根据“研发支出”总账科目借方余额直接填列。

26.“商誉”项目

“商誉”项目,应根据“商誉”总账科目借方余额减去“商誉减值准备”总账科目贷方余额后的差额计算填列。

27.“长期待摊费用”项目

“长期待摊费用”项目,反映企业已经发生但应由本期和以后各期负担的分摊期限在1年以上的各项费用。本项目应根据“长期待摊费用”科目的期末余额,减去将于1年内(含1年)摊销的数额后金额分析填列。

28.“递延所得税资产”项目

“递延所得税资产”项目,反映企业根据所得税准则确认的可抵扣暂时性差异产生的所得税资产。本项目应根据“递延所得税资产”总账科目借方余额直接填列。

29.“其他非流动资产”项目

“其他非流动资产”项目,反映企业上述非流动资产以外的各项非流动资产。本项目应根据“其他非流动资产”科目借方余额填列;“应付职工薪酬”科目的明细科目、“应交税费”科目的“预交增值税”等明细科目如为借方余额,且到期日在1年以上,也应在本项目填列。

30.“短期借款”项目

“短期借款”项目,反映企业向银行或者其他金融机构等借入的期限在1年以下(含1年)的各种借款。本项目应根据“短期借款”科目的期末余额填列。

31.“交易性金融负债”项目

“交易性金融负债”项目,反映资产负债表日企业承担的交易性金融负债,以及企业持有的直接指定为以公允价值计量且其变动计入当期损益的金融负债的期末账面价值。本项目应根据“交易性金融负债”科目的相关明细科目期末余额填列。

32.“衍生金融负债”项目

“衍生金融负债”项目,反映企业期末持有的衍生金融工具、套期工具、被套期项目属于衍生金融负债的金额,应根据“衍生工具”“套期工具”“被套期项目”等科目期末贷方余额分析填列。

33.“应付票据”项目

“应付票据”项目,反映资产负债表日以摊余成本计量的、企业因购买材料、商品和接受服务等开出、承兑的商业汇票,包括银行承兑汇票和商业承兑汇票。本项目应根据“应付票据”科目的期末余额填列。

34.“应付账款”项目

“应付账款”项目,反映资产负债表日以摊余成本计量的、企业因购买材料、商品和接受服务等经营活动应支付的款项。该项目应根据“应付账款”和“预付账款”科目的相关明细科目的期末贷方余额合计数填列。

35.“预收款项”项目

“预收款项”项目,反映企业按购货合同规定预收供应单位的款项。本项目应根据“预收账款”和“应收账款”科目的明细科目贷方余额合计数填列。

36.“应付职工薪酬”项目

“应付职工薪酬”项目,反映企业根据有关规定应付给职工的工资、职工福利费、社会保险费、住房公积金、工会经费、职工教育经费、非货币性福利、辞退福利等各种薪酬。本项目应根据“应付职工薪酬”科目的明细科目贷方余额计算填列。“应付职工薪酬”科目的明细科目的借方余额,则在“其他流动资产”或“其他非流动资产”项目填列。

37.“应交税费”项目

“应交税费”项目,反映企业按照税法规定计算应缴纳的各种税费。本项目应根据“应交税费”科目的明细科目贷方余额分析填列,如果“应交税费”科目期末为借方余额,以“—”号填列。“应交税费”科目所属“应交增值税”“未交增值税”“待抵扣进项税额”“待认证进项税额”“预交增值税”“转让金融商品应交增值税”等明细科目的借方余额,则在“其他流动资产”或“其他非流动资产”项目填列。“待转销项税额”明细科目的贷方余额则在“其他流动负债”或“其他非流动负债”项目填列。

38.“其他应付款”项目

“其他应付款”项目,反映企业除应付票据、应付账款、预收账款、应付职工薪酬、应交税费等经营活动以外的其他应付、暂收的款项。本项目应根据“其他应付款”“应付利息”“应付股利”总账科目贷方余额分析计算填列。

39.“持有待售负债”项目

“持有待售负债”项目,反映资产负债表日处置组中与划分为持有待售类别的资产直接相关的负债的期末账面价值。本项目应根据“持有待售负债”科目的期末余额填列。

40.“一年内到期的非流动负债”项目

“一年内到期的非流动负债”项目,反映企业非流动负债中于资产负债表日后一年内到期需要偿还的金额。本项目应根据“长期借款”“应付债券”“长期应付款”“未确认融资费用”“预计负债”“专项应付款”总账科目的明细科目期末余额分析计算填列。这部分非流动负债,在日常会计核算中不需要进行转账处理,仍保留在“长期借款”“应付债券”“长期应付款”账面价值之内,但由于需要在 1 年以内偿还,因此,属于流动负债,应在流动负债项目中单独反映。

41.“其他流动负债”项目

“其他流动负债”项目,反映企业上述流动负债之外的各项流动负债,根据“其他流动负债”科目贷方余额填列;“应交税费”科目的“待转销项税额”明细科目贷方余额,如在 1 年内到期,也应在本项目填列。

42.“长期借款”项目

“长期借款”项目,反映企业向银行或其他金融机构借入的期限在 1 年以上(不含 1 年)的各项借款。本项目应根据“长期借款”总账科目贷方余额,扣除于 1 年内偿还的长期借款账面价值后的差额分析计算填列。

43.“应付债券”项目

“应付债券”项目,反映企业为筹集长期资金而发行的债券本金及应付的利息。本项目应根据“应付债券”总账科目贷方余额,扣除于 1 年内偿还的应付债券账面价值后的差额分析计算填列。

44.“租赁负债”项目

“租赁负债”项目,反映资产负债表日承租人企业尚未支付的租赁付款额的期末账面价值。本项目应根据“租赁负债”科目的期末余额填列。自资产负债表日起 1 年内到期应予以清偿的租赁负债的期末账面价值,在“一年内到期的非流动负债”项目反映。

45.“长期应付款”项目

“长期应付款”项目,反映资产负债表日企业除长期借款和应付债券以外的其他各种长期应付款项的期末账面价值。本项目应根据“长期应付款”科目的期末余额,减去相关的“未确认融资费用”科目的期末余额后的金额,以及“专项应付款”科目的期末余额填列。

46.“预计负债”项目

“预计负债”项目,反映企业根据或有事项等相关准则确认的各项预计负债。本项目应根据“预计负债”总账科目贷方余额,扣除于一年内偿还的预计负债账面价值后的差额分析计算填列。

47.“递延收益”项目

“递延收益”项目中摊销期限只剩 1 年或不足 1 年的,或预计在 1 年内(含 1 年)进行摊销的部分,不得归类为流动负债,仍在本项目中填列,不转入“一年内到期的非流动负债”项目。

48.“递延所得税负债”项目

“递延所得税负债”项目,反映企业根据所得税准则确认的应纳税暂时性差异产生的所得税负债。本项目应根据“递延所得税负债”总账科目贷方余额直接填列。

49.“其他非流动负债”项目

“其他非流动负债”项目,反映上述非流动负债以外的各项非流动负债,根据“其他非流动负债”科目贷方余额填列;“应交税费”科目所属“待转销项税额”明细科目贷方余额,如到期日在 1 年以上,也应在本项目填列。

50.“实收资本(或股本)”项目

“实收资本(或股本)”项目,反映企业各投资者实际投入的资本(或股本)总额。本项目应根据“实收资本(或股本)”科目的期末余额填列。

51.“资本公积”项目

“资本公积”项目,反映企业收到投资者出资超出其在注册资本或股本中所占的份额以及直接计入所有者权益的利得和损失。本项目应根据“资本公积”科目的期末余额填列。

52.“其他综合收益”项目

“其他综合收益”项目,反映企业其他综合收益的期末余额。本项目应根据“其他综合收益”总账科目贷方余额直接填列,如果“其他综合收益”科目为借方余额,则以负数填列。

53.“盈余公积”项目

“盈余公积”项目,反映企业盈余公积的期末余额。本项目应根据“盈余公积”科目的期末余额填列。

54.“未分配利润”项目

“未分配利润”项目,反映企业尚未分配的利润。本项目1—11月份应根据“本年利润”科目和“利润分配”科目期末余额分析计算填列;在年报中,则根据“利润分配”科目的年末余额直接填列。未弥补的亏损在本项目内以“一”号填列。

四、资产负债表信息列报举例

(一) 资料

南湖电器股份有限公司2020年12月31日资产、负债及所有者权益各科目的余额试算平衡表如表9-7所示。

表9-7 余额试算平衡表

2020年12月31日　　单位:元

会计科目	期末余额	
	借方余额	贷方余额
库存现金	40 740	
银行存款	318 300	
其他货币资金	60 000	
应收票据	14 500	
应收账款	85 460	
预付账款	10 000	
坏账准备		6 500
原材料	66 500	
库存商品	101 200	
存货跌价准备		1 200

续 表

会计科目	期末余额	
	借方余额	贷方余额
固定资产	468 900	
累计折旧		3 350
固定资产减值准备		5 600
短期借款		150 000
应付票据		100 000
应付账款		93 000
预收账款		10 000
长期借款		260 000
实收资本		450 000
盈余公积		54 500
利润分配		19 300
本年利润		12 150
合计	1 165 600	1 165 600

补充资料：

(1) 应收账款有关明细科目期末余额情况为："应收账款——长生公司"借方余额 99 000 元，"应收账款——今天公司"贷方余额 13 540 元。

(2) 预付账款有关明细科目期末余额情况为：" 预付账款——中清公司"借方余额 12 000 元，" 预付账款——林源公司"贷方余额 2 000 元。

(3) 应付账款有关明细科目期末余额情况为："应付账款——海平公司"借方余额 6 500 元，"应付账款——创新公司"贷方余额 99 500 元。

(4) 预收账款有关明细科目期末余额情况为："预收账款——云公司"借方余额 2 100 元，"预收账款——城海公司"贷方余额 12 100 元。

(5) 长期借款期末余额中将于 1 年内到期归还的长期借款数为 90 000 元。

(二) 资产负债表数据分析和编制

1. 资产项目

(1) 货币资金＝库存现金总账科目借方余额＋银行存款总账科目借方余额＋其他货币资金总账科目借方余额＝40 740＋318 300＋60 000＝419 040(元)

(2) 应收票据＝应收票据总账科目借方余额＝14 500(元)

(3) 应收账款＝应收账款明细科目借方余额＋预收账款明细科目借方余额－坏账准备总账科目贷方余额＝99 000＋2 100－6 500＝94 600(元)

(4) 预付款项＝预付账款明细科目借方余额＋应付账款明细科目借方余额＝

12 000＋6 500＝18 500(元)

(5) 存货＝原材料总账科目借方余额＋库存商品总账科目借方余额－存货跌价准备总账科目贷方余额＝66 500＋101 200－1 200＝166 500(元)

(6) 固定资产＝固定资产总账科目借方余额－累计折旧总账科目贷方余额－固定资产清理总账科目贷方余额＝468 900－3 350－5 600＝459 950(元)

2. 负债项目

(1) 短期借款＝短期借款总账科目贷方余额＝150 000(元)

(2) 应付票据＝应付票据总账科目贷方余额＝100 000(元)

(3) 应付账款＝应付账款明细科目贷方余额＋预付账款明细科目贷方余额＝99 500＋2 000＝101 500(元)

(4) 预收款项＝预收账款明细科目贷方余额＋应收账款明细科目贷方余额＝12 100＋13 540＝25 640(元)

(5) 一年内在期的非流动负债＝1 年内到期归还的长期借款金额＝90 000(元)

(6) 长期借款＝长期借款总账科目贷方余额－1 年内到期归还的长期借款金额＝260 000－90 000＝170 000(元)

3. 所有者权益项目

(1) 实收资本＝实收资本总账科目贷方余额＝450 000(元)

(2) 盈余公积＝盈余公积总账科目贷方余额＝54 500(元)

(3) 未分配利润＝利润分配总账科目贷方余额＋本年利润总账科目贷方余额＝19 300＋12 150＝31 450(元)

根据以上分析,2020 年 12 月 31 日资产负债表(简表)如表 9-8 所示。

表 9-8　资产负债表(简表)

会企 01 表

编制单位:南湖电器股份有限公司　　2020 年 12 月 31 日　　单位:元

项目	期末余额	上年年末余额	负债和所有者权益	期末余额	上年年末余额
货币资金	419 040	(略)	短期借款	150 000	(略)
应收票据	14 500		应付票据	100 000	
应收账款	94 600		应付账款	101 500	
预付款项	18 500		预收款项	25 640	
存货	166 500		一年内到期的非流动负债	90 000	
流动资产合计	713 140		流动负债合计	467 140	
固定资产	459 950		长期借款	170 000	
非流动资产合计	459 950		非流动负债合计	170 000	

续 表

项目	期末余额	上年年末余额	负债和所有者权益	期末余额	上年年末余额
			负债合计	637 140	
			实收资本	450 000	
			盈余公积	54 500	
			未分配利润	31 450	
			所有者权益合计	535 950	
资产总计	1 173 090		负债和所有者权益总计	1 173 090	

第二节　利润表信息列报

一、利润表信息列报的总体要求

利润表编制的原理是“收入－费用＝利润”的会计公式和收入与费用的配比原则。企业会计部门应定期(一般按月份)核算企业的经营成果,并将核算结果编制成报表,这就形成了利润表,其编制应遵行以下总体要求。

(一) 利润表费用应分类列报

企业在利润表应当对费用按照功能分类,分为从事经营业务发生的成本、管理费用、研发费用、销售费用和财务费用等。

(二) 利润表列示的内容

利润表至少应当单独列示反映下列信息的项目,但其他会计准则另有规定的除外:①营业收入;②营业成本;③税金及附加;④管理费用;⑤研发费用;⑥销售费用;⑦财务费用;⑧投资收益;⑨公允价值变动损益;⑩资产减值损失;⑪非流动资产处置损益;⑫所得税费用;⑬净利润;⑭其他综合收益的税后净额;⑮综合收益总额。金融企业可以根据其特殊性列示利润表项目。

(三) 综合收益的列报

综合收益总额项目反映净利润和其他综合收益扣除所得税影响后的净额相加后的合计金额。其他综合收益项目应当根据《企业会计准则第 30 号——财务报表列报》《企业会计准则第 9 号——职工薪酬》《企业会计准则第 2 号——长期股权投资》《企业会计准则第 22 号——金融工具确认和计量》《企业会计准则第 19 号——外币折算》《企业会计准则第 3 号——投资性房地产》等多项企业会计准则的规定,分为以后会计期间不能重分类进损益的其他综合收益项目和以后会计期间在满足规定条件时将重分类进损益的其他综合收益项目两类列报。

二、利润表的列报格式

我国现行制度要求企业编制利润表采用多步式的格式。多步式利润表是通过对当期的收入、费用、支出项目按性质加以归类，按利润形成的主要环节列示一些中间性利润指标，如营业利润、利润总额、净利润，分步计算当期净损益，便于使用者理解企业经营成果的不同来源。

利润表通常包括表头和表体两部分。表头应列明报表名称、编表单位名称、财务报表涵盖的会计期间和人民币金额单位等内容；利润表的表体反映形成经营成果的各个项目和计算过程。

多步式利润表主要分以下步骤计算企业中间性利润指标(或亏损)：

第一步，以营业收入为基础，减去营业成本、税金及附加、销售费用、管理费用、研发费用、财务费用，加上其他收益、投资收益(或减去投资损失)、公允价值变动收益(或减去公允价值变动损失)、资产减值损失、信用减值损失、资产处置收益(或减去资产处置损失)，计算出营业利润。

第二步，以营业利润为基础，加上营业外收入，减去营业外支出，计算出利润总额。

第三步，以利润总额为基础，减去所得税费用，计算净利润(或净亏损)。

一般企业利润表的格式

现行制度规定，企业需要提供比较利润表，以便报表使用者通过比较不同期间利润表的数据，判断企业经营成果的未来发展趋势。利润表还将各项目再分为“本期金额”和“上期金额”两栏分别填列。

三、利润表的填列方法

(一)“上期金额”栏的填列方法

利润表中“上期金额”栏应根据上年该期利润表“本期金额”栏内所列数字填列。“上期”是相对于“本期”的一个概念。但不能简单理解为“本期”的上一个期间，而是指上一年度或上一年度的同一月份。

企业应当根据上年同期利润表“本期金额”栏内所列数字填列本年度利润表的“上期金额”栏。如果企业上年该期利润表规定的项目的名称和内容与本期不一致，应当对上年该期利润表相关项目的名称和金额按照本期的规定进行调整，填入“上期金额”栏。

(二)“本期金额”栏的填列方法

“本期金额”栏根据各损益类科目的发生分析填列。企业应当根据损益类科目和所有者权益类有关科目的发生额填列利润表“本年金额”栏，具体包括如下情况：

1. 根据有关总账科目的发生额直接填列

例如，“税金及附加”“销售费用”“财务费用”“投资收益”“营业外收入”“营业外支出”和“所得税费用”等项目。

【例 9-8】 企业部分损益类总分类科目发生额，如表 9-9 所示。

表 9-9 部分损益类总分类科目发生额

单位：元

科目	借方发生额	贷方发生额
税金及附加	68 000	
销售费用	10 000	
财务费用	8 000	
投资收益		120 000
营业外收入		20 000
营业外支出	5 500	
所得税费用	98 375	

根据表 9-9 中的数据，利润表“本期金额”栏中这些项目均直接根据其总账科目借方或贷方发生额填列。例如，“税金及附加”项目填列的金额为 68 000 元；“投资收益”项目填列的金额为 120 000 元，如果“投资收益”为借方发生额就用“－”号表示金额。

2. 根据有关明细科目的发生额分析填列

例如，“研发费用”项目需要根据“管理费用”科目的明细科目“研发费用”发生额填列；“利息费用”和“利息收入”需要根据“财务费用”科目的“利息收入”和“利息费用”明细科目的发生额填列。

【例 9-9】 企业研发费用、利息费用和利息收入明细科目发生额，如表 9-10 所示。

表 9-10 研发费用、利息费用和利息收入明细科目发生额

单位：元

科目	借方发生额	贷方发生额
管理费用	35 000	
其中：研发费用	10 000	
财务费用	8 000	
其中：利息费用	7 000	
利息收入		3 000

根据表 9-10 中的数据，利润表“本期金额”栏中“研发费用”项目填列的金额为 10 000 元，“利息费用”项目填列的金额为 7 000 元，“利息收入”项目填列的金额为 3 000 元。

3. 根据有关总账科目及其明细科目的发生额分析填列

例如，“管理费用”项目根据总账科目的发生额扣除其所属的“研发费用”明细科目的发生额之后的差额填列。

【例 9-10】 沿用例 9-9 中的数据，分析“管理费用”项目的填列金额。

根据表 9-10 中的数据，利润表“本期金额”栏中“管理费用”项目填列的金额为 25 000 元(35 000－10 000)。

4. 根据有关账户的发生额加计汇总填列

例如，“主营业务收入”“其他业务收入”“主营业务成本”“其他业务成本”等项目。

【例 9-11】 企业营业收入与营业成本总分类科目发生额，如表 9-11 所示。

表 9-11　营业收入与营业成本总分类科目发生额　　单位：元

科目	借方发生额	贷方发生额
主营业务收入		600 000
其他业务收入		80 000
主营业务成本	250 000	
其他业务成本	50 000	

根据表 9-11 中的数据，利润表“本期金额”栏中“营业收入”项目填列的金额为 680 000 元(600 000＋80 000)，由“主营业务收入”与“其他业务收入”两个科目贷方发生额加计汇总；“营业成本”项目填列的金额为 300 000 元(250 000＋50 000)，则是由“主营业务成本”和“其他业务成本”两个科目的借方发生额加计汇总。

5. 根据本表的有关数据计算填列

例如，“营业利润”“利润总额”“净利润”等项目。

【例 9-12】 假设不考虑利润表中其他项目的发生额，企业所得税税率为 25%。根据表 9-9 至表 9-11 中，各损益项目数据分别计算得到：

营业利润＝营业收入－营业成本－税金及附加－销售费用－管理费用－研发费用－财务费用＋投资收益

＝680 000－300 000－68 000　10 000－25 000－10 000－8 000＋120 000

＝379 000(元)

利润总额＝营业利润＋营业外收入－营业外支出＝379 000＋20 000－5 500

＝393 500(元)

净利润＝利润总额－所得税费用＝393 500－393 500×25%＝295 125(元)

将所有项目金额填入利润表，利润表(简表)如表 9-12 所示。

表 9-12　利润表(简表)

会企 02 表

编制单位：南湖电器股份有限公司　　____年____月　　单位：元

项目	本期金额	上期金额
一、营业收入	680 000	
减：营业成本	300 000	

续 表

项目	本期金额	上期金额
税金及附加	68 000	
销售费用	10 000	
管理费用	25 000	
研发费用	10 000	
财务费用	8 000	
其中:利息费用	7 000	
利息收入	3 000	
加:投资收益	120 000	
二、营业利润	379 000	
加:营业外收入	20 000	
减:营业外支出	5 500	
三、利润总额	393 500	
减:所得税费用	98 375	
四、净利润	295 125	

(三)利润表项目的填列说明

1."营业收入"项目

"营业收入"项目,反映企业经营主要业务和其他业务所确认的收入总额。本项目应根据"主营业务收入"和"其他业务收入"科目的发生额分析填列。

2."营业成本"项目

"营业成本"项目,反映企业经营主营业务和其他业务所发生的成本总额。本项目应根据"主营业务成本"和"其他业务成本"科目的发生额分析填列。

3."税金及附加"项目

"税金及附加"项目,反映企业缴纳的消费税、城市维护建设税、资源税、教育费附加、房产税、土地使用税、车船税、印花税等相关税费。本项目应根据"税金及附加"科目的发生额分析填列。

4."销售费用"项目

"销售费用"项目,反映企业在销售过程中发生的包装费、广告费等费用和专设销售机构的职工薪酬、业务费等经营费用。本项目应根据"销售费用"科目的发生额分析填列。

5."管理费用"项目

"管理费用"项目,反映企业为组织和管理生产经营活动而发生的管理费用。本项目应根据"管理费用"科目的发生额分析填列。

6.“研发费用”项目

“研发费用”项目,反映企业进行研究与开发过程中发生的费用化支出。本项目应根据“管理费用”科目的“研发费用”明细科目的发生额分析填列。

7.“财务费用”项目

“财务费用”项目,反映企业为筹集生产经营所需资金而发生的筹资费用。本项目应根据“财务费用”科目的发生额分析填列。“财务费用”项目增设“利息费用”和“利息收入”项目,其中,“利息费用”项目,反映企业为筹集生产经营所需资金等而发生的应予费用化的利息支出,本项目应根据“财务费用”科目的相关明细科目的发生额分析填列。“利息收入”项目,反映企业确认的利息收入,本项目应根据“财务费用”科目的相关明细科目的发生额分析填列。

8.“其他收益”项目

“其他收益”项目,反映计入其他收益的政府补助,以及其他与日常活动相关且计入其他收益的项目。本项目应根据“其他收益”科目的发生额分析填列。

9.“投资收益”项目

“投资收益”项目,反映企业以各种方式对外投资所取得的收益。本项目应根据“投资收益”科目的发生额分析填列。如为投资损失,本项目以“－”号填列。

10.“公允价值变动收益”项目

“公允价值变动收益”项目,反映企业应当计入当期损益的资产或负债的公允价值变动收益。本项目应根据“公允价值变动损益”科目的发生额分析填列,如为净损失,本项目以“－”号填列。

11.“信用减值损失”项目

“信用减值损失”项目,反映企业按照《企业会计准则第22号——金融工具确认和计量》(财会〔2017〕7号)的要求计提的各项金融工具信用减值准备所确认的信用损失。本项目应根据“信用减值损失”科目的发生额分析填列。

12.“资产减值损失”项目

“资产减值损失”项目,反映企业各项资产发生的减值损失。本项目应根据“资产减值损失”科目的发生额分析填列。

13.“资产处置收益”项目

“资产处置收益”项目,反映企业出售划分为持有待售的非流动资产(金融工具、长期股权投资和投资性房地产除外)或处置组(子公司和业务除外)时确认的处置利得或损失,以及处置未划分为持有待售的固定资产、在建工程、生产性生物资产及无形资产而产生的处置利得或损失。债务重组中因处置非流动资产产生的利得或损失和非货币性资产交换中换出非流动资产产生的利得或损失也包括在本项目内。本项目应根据“资产处置损益”科目的发生额分析填列;如为处置损失,以“－”号填列。

14.“营业利润”项目

“营业利润”项目,反映企业实现的营业利润。如为亏损,本项目以“－”号填列。

15.“营业外收入”项目

“营业外收入”项目,反映企业发生的除营业利润以外的收益,主要包括与企业日常活动无关的政府补助、盘盈利得、捐赠利得(企业接受股东或股东的子公司直接或间接的捐赠,经济实质属于股东对企业的资本性投入的除外)等。本项目应根据“营业外收入”科目的发生额分析填列。

16.“营业外支出”项目

“营业外支出”项目,反映企业发生的除营业利润以外的支出,主要包括公益性捐赠支出、非常损失、盘亏损失、非流动资产毁损报废损失等。该项目应根据“营业外支出”科目的发生额分析填列。

17.“利润总额”项目

“利润总额”项目,反映企业实现的利润。如为亏损,本项目以“－”号填列。

18.“所得税费用”项目

“所得税费用”项目,反映企业应当从当期利润总额中扣除的所得税费用。本项目应根据“所得税费用”科目的发生额分析填列。

19.“净利润”项目

“净利润”项目,反映企业实现的净利润。如为净亏损,本项目以“－”号填列。

20.“(一)持续经营净利润”和“(二)终止经营净利润”项目

“(一)持续经营净利润”和“(二)终止经营净利润”项目,分别反映净利润中与持续经营相关的净利润和与终止经营相关的净利润;如为净亏损,以“－”号填列。这两个项目应按照《企业会计准则第 42 号——持有待售的非流动资产、处置组和终止经营》的相关规定分别列报。

21.“综合收益总额”项目

“综合收益总额”项目,反映企业净利润与其他综合收益的合计金额。

22.“每股收益”项目

“每股收益”项目,包括基本每股收益和稀释每股收益两项指标,反映普通股或潜在普通股已公开交易的企业,以及正处在公开发行普通股或潜在普通股过程中的企业的每股收益的信息。

四、利润表信息列报举例

(一) 资料

南湖电器股份有限公司 2020 年度各损益科目累计发生额如表 9-13 所示。

表 9-13　损益类科目累计发生额

单位:元

科目	借方发生额	贷方发生额
主营业务收入		2 250 000
主营业务成本	1 500 000	
其他业务收入		100 000
其他业务成本	70 000	
税金及附加	8 000	
销售费用	30 000	
管理费用	200 000	
财务费用	50 000	
资产减值损失	35 000	
投资收益	5 000	
营业外收入		55 000
营业外支出	26 700	
所得税费用	120 075	

补充资料:

(1)“管理费用——研发费用”明细科目发生额为 110 000 元。

(2)“财务费用”科目的“利息费用”明细科目发生额为 38 600 元,“利息收入”明细科目的发生额为 13 500 元。

(二) 利润表数据分析和编制

(1) 营业收入=主营业务收入总账科目发生额+其他业务收入总账科目发生额=2 250 000+100 000=2 350 000(元)。

(2) 营业成本=主营业务成本总账科目发生额+其他业务成本总账科目发生额=1 500 000+70 000=1 570 000(元)。

(3) 管理费用=管理费用总账科目发生额-研发费用明细科目发生额=200 000-110 000=90 000(元)。

(4) 研发费用=研发费用明细科目发生额=110 000(元)。

(5) 财务费用=财务费用总账科目发生额=50 000(元)。

(6) 利息费用=财务费用所属利息费用明细科目发生额=38 600(元)。

(7) 利息收入=财务费用所属利息收入明细科目发生额=13 500(元)。

(8) 投资收益=投资收益总账科目发生额=-5 000(元)。

(9) 资产减值损失=资产减值损失科目发生额=-35 000(元)。

(10) 税金及附加、销售费用、营业外收入、营业外支出和所得税费用等项目按其总账科目发生额直接填列。

(11) 营业利润＝营业收入－营业成本－税金及附加－销售费用－管理费用－研发费用－财务费用＋投资收益－资产减值损失＝2 350 000－1 570 000－8 000－30 000－90 000－110 000－50 000＋(－5 000)＋(－35 000)＝452 000(元)。

(12) 利润总额＝营业利润＋营业外收入－营业外支出＝452 000＋55 000－26 700＝480 300(元)。

(13) 净利润＝利润总额－所得税费用＝480 300－120 075＝360 225(元)。

根据以上分析,2020 年度利润表如表 9-14 所示。

表 9-14　利润表

会企 02 表

编制单位:南湖电器股份有限公司　　2020 年 12 月　　单位:元

项目	本期金额	上期金额
一、营业收入	2 350 000	(略)
减:营业成本	1 570 000	
税金及附加	8 000	
销售费用	30 000	
管理费用	90 000	
研发费用	110 000	
财务费用	50 000	
其中:利息费用	38 600	
利息收入	13 500	
加:投资收益	－5 000	
资产减值损失	35 000	
二、营业利润	452 000	
加:营业外收入	55 000	
减:营业外支出	26 700	
三、利润总额	480 300	
减:所得税费用	120 075	
四、净利润	360 225	

第三节　财务报表数据的初步利用

财务报表数据的初步利用,实质上就是财务报表的初步分析,其目的就是从最基础性的分析方法着眼,以获得对企业财务状况、经营成果和现金流量的基本认识,为后续进一步深入学习奠定基础。本书已从理论上介绍了财务报表数据分析最基本的分析方法——比率分析法、比较分析法和趋势分析法，本节则以格力电器 2017—2019 年合并资产负债表和合并利润表列示的财务数据为依据，来说明这些分析方法在解读财务报表数据中的基础性运用，旨在通过真实的案例分析，帮助学生去理解各项财务报表数据“密码”的真实含义。

一、偿债能力分析

偿债能力，是指企业偿还各种到期债务的能力。偿债能力分析是企业财务分析的一个重要方面，通过这种分析可以揭示企业的财务风险。企业管理者、债权人及股权投资者都十分重视企业的偿债能力分析。偿债能力分析主要分为短期偿债能力分析和长期偿债能力分析。如果企业不能保持一定的短期偿债能力，就会面临生存危机。当然，如果企业只有短期偿债能力，而且缺乏长期偿债能力，企业组织可能只有短期生存的空间，而缺乏长期发展的潜力。

评价企业偿债能力的指标主要有：流动比率、速动比率、资产负债率和负债权益比。

（一）格力电器偿债能力指标

格力电器偿债能力指标，如表 9-15 所示。

表 9-15　格力电器偿债能力指标

指标	2017 年	2018 年	2019 年
流动比率	1.16	1.27	1.26
速动比率	1.05	1.14	1.12
资产负债率	68.9%	63.1%	60.4%
负债权益比率	2.22	1.71	1.53

（二）格力电器偿债能力评价

1. 短期偿债能力评价

流动比率和速动比率是反映企业资产流动性和判断企业偿还短期债务能力的两个重要指标。从理论上说，格力电器三年的流动比率均未达到 2∶1 这一理想值，但该指标值总体保持平稳向好态势，由 2017 年的 1.16 升至 2019 年的 1.27，2019 年的比值为 1.26，较前一年略有下降；速动比率则较为理想，三年的指标值均超过 1。

2. 长期偿债能力评价

通常来说，资产负债率和负债权益比值越低，表明公司的长期偿债能力越强。表 9-15 中的数据显示，格力电器资产负债率和负债权益比率逐年改善，其资产负债率从 2017 年的 68.9%，逐年降到 2019 年的 60.4%，负债权益比率也由 2017 年的 2.22 降至 2019 年的 1.53，说明公司财务杠杆比较低，债权人的资本受到所有者权益保障的程度增强，公司长期债务保障能力在不断提升。

虽然格力电器资产的流动性和短期偿债能力不太理想,但其资产负债率和负债权益比率则持续向好,长期债务风险不断降低,说明公司管理层高度重视债务风险的管控,风控成效显著。尽管格力电器债务风险得到一定程度地控制,但其负债水平还处于高位(一般认为,资产负债率的适宜水平是40%～60%),其潜在的财务风险仍不容小觑。因此,对财务风险的把控,依然是格力电器管理层需要重点关注的问题之一。

二、营运能力分析

营运能力反映了企业的资金周转状况,对此进行分析,可以了解企业的营业状况及经营管理水平。评价企业营运能力常用的财务比率有应收款项周转率、存货周转率、总资产周转率等。

(一) 格力电器营运能力指标

格力电器营运能力指标,如表9-16所示。

表9-16 格力电器营运能力指标

指标	2017年	2018年	2019年①
应收款项周转率/次	4.18	4.85	5.04
存货周转率/次	7.78	7.55	6.51
总资产周转率/次	0.76	0.86	0.74

(二) 格力电器营运能力评价

营运能力指标反映资产占用与产值的关系。上述指标从应收款项、存货和总资产三个方面评价格力电器资产创造产值的能力。格力电器应收款项(应收账款和应收票据)每年占用的次数由2017年的4.18逐年提高到2019年的5.04,为公司创造收益的次数不断增加,公司应收款项管理的水平不断提升;格力电器存货每年运用的次数则在逐年下降,由2017年的7.78次降至2019年的6.51次,这一现象值得关注。数据显示,格力电器资产总体运行效率不够稳健,指标值由2017年的0.76升至2018年的0.86,2019年又降至0.74。

总资产包括各种不同占用形态的资产,不同的资产运用效率不同,因而它们对资产的总体效率必然产生影响。格力电器的各项资产的运营效率各有升降,如应收款项的营运状况得到持续改善;而存货周转率则呈不断下降趋势。因此,在实际中,需要对一些重要的资产项目进行独立分析,以便找到影响总资产营运效率的关键性因素。

① 2019年上市公司执行新金融工具准则,“应收款项周转率”计算公式中的分子“应收款项平均余额”,采用的是“应收账款+应收款项融资”的平均余额。

三、盈利能力分析

盈利能力,是指企业获取利润的能力,也就是指赚钱的能力。评价企业盈利能力的财务比率主要有资产收益率、净资产收益率、销售利润率、成本费用利润率等,对于股份有限公司,还应分析每股利润、每股净资产等。

(一) 格力电器盈利能力指标

格力电器盈利能力指标,如表 9-17 所示。

表 9-17　格力电器盈利能力指标

指标	2017 年	2018 年	2019 年
销售利润率	17.6%	15.7%	14.9%
资产收益率(息税前)	13.4%	13.7%	11.6%
成本费用利润率	21.03%	18.5%	17.4%
净资产收益率	37.0%	33.1%	24.3%
每股净资产/元	10.90	15.18	18.63
每股收益/元	3.72	4.36	4.11

(二) 格力电器盈利能力评价

表 9-17 各项指标数值显示,格力电器的销售利润率、资产收益率、成本费用利润率和净资产收益率四个重要指标值,在 2017 年达到峰值后,一路掉头下滑,虽说公司还具有赚钱的能力,但是这种能力在持续减弱。在上述四个指标中,净资产收益降幅最大,由 2017 年的 37%降至 2019 年的 24.3%,降幅高达 12.7 个百分点,说明公司未来发展面临较大挑战,投资者收益回报的前景不容乐观,要引起得特别关注。尽管公司盈利能力呈下降趋势,但它仍具有良好的投资价值,对广大投资者具有较强的吸引力,其每股净资产由 2017 年的每股 10.9 元升至 2019 年的 18.63 元;每股利润由 2017 年的 3.72 元,提高到 2018 年的每股 4.36 元,2019 年为每股 4.11 元,虽较上一年略有下降,但在所有上市的电器公司中依然处于较高水平。

总之,格力电器整体盈利能力仍较强,给股东的回报较高,但公司方方面面的创利能力在持续走低,值得高度重视。随着电器行业竞争的加剧,面对越来越复杂的国际市场环境,受到中美贸易战、新冠疫情等重大不确定性因素的影响,格力电器未来盈利能力还必将面临前所未有的巨大挑战。

综合上述分析,可得出一个总体性结论:

格力电器整体资产的管理效率在不断提升,资产的流动性不断改善,负债比不断降低;公司盈利能力较强,且具有持续性盈利优势。但是公司负债率仍处于较高水平,还存在一定的资产流动性隐患,因此,需进一步处理好资产与负债的关系,增加未来抵御风险的能力;通过科技创新保持和提升产品的市场竞争能力;加强对成本费用的控制，保持核心业务持续、稳定的获利能力。

需要强调的是，以上分析运用的方法较单一，是基于企业本身相关指标的纵向比较，没有进行企业与企业之间的横向比较，所以财务状况的提高与改进是相对而言的；同样，企业的实际情况千差万别，计算出的比率数据看似不理想，但并不代表其能力的不足或财务状况较差，在给企业下结论之前，分析者需要对企业方方面面要有一个更详细的了解，对其相关数据项目进行分解，同样的数据其构成不同，得出的结论截然不同。例如，A、B两家公司利润总额均为2 000万元，其中A公司营业利润占利润总额的80%，而B公司只占30%，很显然，A公司的盈利能力优于B公司。

第四节　财务报表数据的综合利用

第三章在论述财务报表数据的利用方法时，已对杜邦分析法的概念和分析思路进行了阐述，在此不再赘述。本节直接运用杜邦分析体系对格力电器财务报表数据进行解读。

一、杜邦分析体系关系式

杜邦分析体系主要财务指标及其关系式[①]如下：

净资产收益率＝总资产净利率×权益乘数＝销售净利率×总资产周转率×权益乘数

其中：

销售净利率＝净利润/销售收入

总资产周转率＝销售收入/资产总额

权益乘数＝资产总额/所有者权益总额＝1/(1－资产负债率)＝1＋产权比率

销售净利率、总资产周转率和权益乘数这三个指标分别代表了企业的盈利能力、全部资产的管理效率、债务负担及其偿还、管控能力。

二、杜邦分析体系指标计算

(一) 杜邦分析体系指标计算

根据计算公式及格力电器2017—2019年度合并资产负债表与合并利润表数据，计算得到相关指标值：

1. 销售净利率

2017年销售净利率＝(22 507 506 840.41÷148 286 450 009.18)×100%＝15.2%

① 案例中，总资产周转率、权益乘数公式中的资产、负债及所有者权益数据，采用的是期末总额。在比率分析法中，同类指标的计算采用的是平均余额，即期初数加上期末数之和除以2。

2018年销售净利率＝(26 379 029 817.06÷198 123 177 056.84)×100%＝13.3%

2019年销售净利率＝(24 827 243 603.97÷198 153 027 540.35)×100%＝12.5%

2. 总资产周转率

2017年总资产周转率＝148 286 450 009.18÷214 987 907 124.7＝0.69

2018年总资产周转率＝198 123 177 056.84÷251 234 157 276.81＝0.79

2019年总资产周转率＝198 153 027 540.35÷282 972 157 415.28＝0.70

3. 权益乘数

2017年权益乘数＝214 987 907 124.70÷66 854 705 559.51＝3.26

2018年权益乘数＝251 234 157 276.81÷92 714 711 727.46＝2.92

2019年权益乘数＝282 972 157 415.28÷112 047 656 523.08＝2.53

4. 净资产收益率

净资产收益率是由前三项指标值的乘积得到：

2017 年净资产收益率＝15.2%×0.76×3.26＝37.7%

2018 年净资产收益率＝13.3%×0.79×2.92＝30.7%

2019 年净资产收益率＝12.5%×0.70×2.53＝22.1%

销售净利率、总资产周转率、权益乘数和净资产收益率计算结果如表 9-18 所示。

表 9-18　格力电器杜邦分析体系各指标计算结果

时间	2017 年	2018 年	2019 年
销售净利率	15.2%	13.3%	12.5%
总资产周转率	0.69	0.79	0.70
权益乘数	3.26	2.92	2.53
净资产收益率	37.7%	30.7%	22.1%

由图 9-1 得知，2017—2019 年，格力电器净资产收益呈现逐年下降趋势。在三个会计年度中，2017 年格力电器净资产收益率最高，达到 37.7%，其次是 2018 年，指标值为 30.7%，较前一年减少超过 4 个百分点，2019 年表现最差，其指标值为 22.1%，较 2018 年减少超过 8 个百分点，与 2017 年相比降幅高达 15.6 个百分点，说明格力电器净资产收益率的未来走势不容乐观。从格力电器三年的各项指标值看，销售净利率一路下滑，由 2017 年的 15.2%，降至 12.5%，降幅 2.7 个百分点；总资产周转率表现不稳定，2018 年资产管理效率较前一年有所提升，

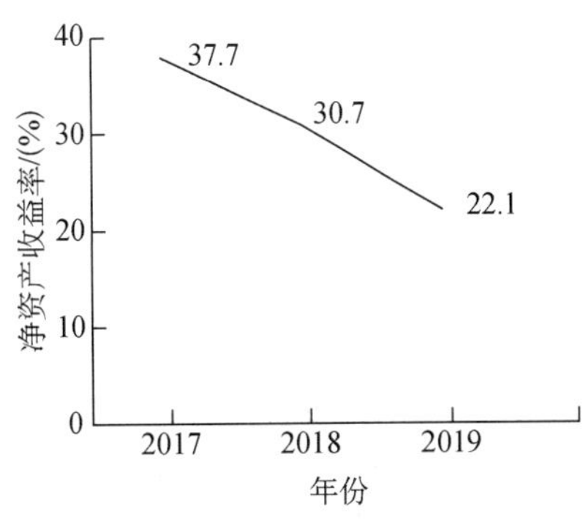

图 9-1　2017—2019 年格力电器净资产收益率

但由于营业收入滞长，2019 年该指标几乎又降至 2017 年的水平；加之，格力电器近几年一直致力于负债水平的控制，并取得了一定成效，从而导致其权益乘数逐年下降。由此可见，2017 年格力电器净资产收益率之所以不断走低，是受到了销售净利率和权益乘数的影响，而其中销售净利率持续、较大幅度的降低起了关键性作用。

总之，运用杜邦分析法分析可知，销售净利率、总资产周转率和权益乘数的增减变动都会最终影响净资产收益率，这些指标值增加，净资产收益率增长，反之则下降。格力电器的实际情况决定企业在负债率高企的情况下，不能通过进一步提升负债比率来提高股东权益收益率，反而必须适度控制负债比率，特别是在目前较为复杂的国际和国内环境下，因此，格力电器债务管理战略是科学明智的。如果要给投资者一个较理想的回报率，公司未来的管理应当通过提高销售获利能力和资产管理效率，特别是保持一个较高的、稳定的销售净利率来实现较理想的权益净利率水平。

本章小结

财务报表列报是指将企业发生的交易或事项在报表中的列示和在附注中的披露。只有了解和掌握财政部有关财务报表列报的总体要求，企业才能编制出规范的、高质量的财务报表，提高会计信息透明度，并保证同一企业不同期间和同一期间不同企业的财务报表相互可比，确保会计目标的实现。

资产负债表编制的原理是“资产＝负债＋所有者权益”会计基本恒等式。我国现行制度要求企业编制资产负债表采用账户式的格式，报表左边列示资产，右边列示负债和所有者权益。资产负债表还就各项目再分为“上年年末余额”和“期末余额”两栏分别填列，以便报表使用者通过比较不同时点资产负债表的数据，掌握企业财务状况的变动情况及发展趋势。

利润表编制的原理是“收入－费用＝利润”的会计平衡公式和收入与费用的配比原则。我国现行制度要求企业编制利润表采用多步式的格式。多步式利润表是通过对当期的收入、费用、支出项目按性质加以归类，按利润形成的主要环节列示一些中间性利润指标，如营业利润、利润总额、净利润，分步计算当期净损益，便于使用者理解企业经营成果的不同来源。利润表按“上期金额”和“本期金额”两栏分别填列。

资产负债表和利润表的编制固然重要，如何利用财务报表中列示的数据为决策服务同样重要。资产负债表和利润表数据包含了企业偿债能力、营运能力和盈利能力的信息，因而运用流动比率、速动比率、资产负债率和负债权益比率可分析企业的偿债能力；运用应收款项周转率、存货周转率、总资产周转率可评价企业营运能力；运用资产收益率、净资产收益率、销售利润率、成本费用净利率、每股利润、每股净资产等指标可评价企业的盈利能力。

杜邦分析法是一种综合财务分析方法。在杜邦分析法的基本概念、重要关系式以及分析思路的基础上，通过本章格力电器的案例分析，进一步加深对杜邦分析法的理解，实现理论到实践的提升。

关键术语

资产负债表列报　利润表列报　账户式　多步式　偿债能力分析　营运能力分析　盈利能力分析　财务综合分析

思考题

1. 简述财务报表列报的总要求。

2. 为什么资产负债表数据列示采用账户式格式？

3. 说明多步式利润表格式的优势。

4. 企业组织是否存在一个“最佳负债比率”呢？

5. “在给企业下结论之前，报表分析者需要对企业有一个更详细的了解。”对这句话你是如何理解的？

6. 如果一个企业的流动比率、速动比率不理想，资产负债率达到较高水平，是否可判断该企业的偿债能力较低？请作出解释。

7. 销售利润率是否越高越好？请说明理由？

8. 简述杜邦分析法的基本原理和分析思路。

9. 试说明为什么格力电器不能通过提高负债比率来得到一个比较好的权益净利率？

计算分析题

1. 2020 年 12 月 31 日，南湖电器股份有限公司“应付账款”和“预付账款”明细科目期末余额情况如下：

“应付账款”科目：X 企业贷方余额为 600 000，Y 企业借方余额为 550 000 元，Z 企业贷方余额为 850 000 元。

“预付账款”科目：F 企业借方余额为 300 000 元，H 企业贷方余额为 110 000 元。

要求：根据上述资料，计算反映在资产负债表上的“应付账款”和“预付款项”项目的数额。

案例讨论题

康得新复合材料集团股份有限公司（简称康得新），成立于 2001 年 8 月，是深圳中小板上市公司。作为一家材料高科技企业，康得新已构建新材料、智能显示、碳纤维三大核心主营业务，聚焦消费、交通、新兴行业、新能源、医疗和智慧城市与智慧生活六大核心市场。康得新曾被认为是新材料行业的龙头，其年报显示公司主要客户都是宝马、苹果、三星、奔驰、五粮液等国内外巨头。自 2010 年上市以来，康得新业绩突飞猛进，股价步步高升，受到一众机构的青睐。但近年来，康得新"事故不断"。2019 年 1 月 15 日，康得新发布公告称，因公司流动资金紧张，应于 2019 年 1 月 15 日兑付的"18 康得新 SCP001"债券和将于 1 月 21 日到期的"康得新 SCP002"债券兑付存在不确定性。为最大程度保证债券持有人利益，康得新目前正在积极筹措偿债资金。据了解，这笔债券发行总额 10 亿元，本息合计 10.4 亿元。但康得新 2018 年三季报显示，截至 2018 年第三季度末，公司流动资产合计 253 亿元，其中货币资金高达 150 亿元。现金流如此充足的公司，却无法兑付 10 多亿元债券。于是，康得新 150 亿现金真实性的质疑成为关注焦点。2019 年 4 月 30 日，康得新 2018 年年报披露后，其 122 亿元银行存款被大股东康得集团挪用也随之暴露，公司造假同时浮出水面。证监会调查证实 2015 年 1 月至 2018 年 12 月，康得新的虚增利润分别为 23.81 亿元、30.89 亿元、39.74 亿元、24.77 亿元，共 119 亿元，分别占当年年报披露利润总额 144.65%、134.19%、136.47%、722.16%。康得新除了被"披星戴帽"外，证监会的行政处罚在当年 7 月 5 日发出。证监会行政处罚事先告知书显示，康得新违法情节严重，证监会将对康得新及其主要责任人顶格处罚，终生市场禁入并移交司法。2019 年 4 月 30 日，该公司披露 2018 年年报数据，主要财务数据如表 9-19 和 9-20 所示。

表 9-19 合并资产负债表(主要财务数据)

编制单位：康得新　　　　2018 年 12 月 31 日　　　　单位：亿元

资产	期末余额	上年年末余额	负债和所有者权益	期末余额	上年年末余额
货币资金	153.20	185.0	短期借款	59.79	65.65
应收票据	1.05	4.32	应付票据	9.79	4.65
应收账款	48.65	44.09	应付账款	20.40	9.45
预付款项	5.62	2.48	预收款项	0.35	1.17
存货	6.06	5.83	一年内到期的非流动负债	2.99	6.31
流动资产合计	218.40	251.30	流动负债合计	114.40	117.30
固定资产	37.07	35.42	长期借款	4.78	5.07
非流动资产合计	124.20	91.28	非流动负债合计	46.59	44.99
			负债合计	160.98	162.33
			股本	35.41	35.39
			资本公积	68.20	68.07

续 表

资产	期末余额	上年年末余额	负债和所有者权益	期末余额	上年年末余额
			盈余公积	8.30	6.04
			未分配利润	68.24	70.17
			所有者权益合计	181.60	181.30
资产总计	342.54	342.62	负债和所有者权益总计	342.54	342.62

表 9-20　合并利润表(主要财务数据)

编制单位:康得新　　　　2018 年度　　　　单位:亿元

项目	本期发生额	上期发生额
一、营业总收入	91.50	117.89
其中:营业收入	91.50	117.89
二、营业总成本	88.20	89.66
其中:营业成本	54.88	70.82
税金及附加	0.91	1.00
销售费用	4.19	3.36
管理费用	5.57	4.95
研发费用	3.66	3.70
财务费用	4.47	5.53
资产减值损失	14.52	0.30
加:投资收益(损失以"—"号填列)	0.43	0.52
三、营业利润(亏损以"—"号填列)	3.93	28.93
加:营业外收入	0.19	0.22
减:营业外支出	0.70	0.02
四、利润总额(亏损总额以"—"号填列)	3.43	29.12
减:所得税费用	0.59	4.37
五、净利润(净亏损以"—"号填列)	2.84	24.76

要求:(1) 根据上述两张财务报表,分别采用比率分析法和杜邦分析法对康得新 2018 年的财务状况进行评价。

(2) 由于康得新财务数据造假,(1)得出的分析结论已毫无意义,但这一事件造成的影响是非常巨大的。请结合所学会计知识就这一案例谈谈你的看法,或从中得到的启示。

第十章　现金流量表、财务报表附注与其他披露

学习目标

1. 了解现金流量表的含义、内容和结构
2. 掌握现金流量表的编制方法和信息含量
3. 了解财务报表附注和其他披露

第一节　现金流量表

一、现金流量表的含义

（一）现金流量表的产生原因

在市场经济条件下，作为支付手段，现金及现金等价物在企业财务状况中的地位越来越受到重视。一般认为，资产负债表是反映企业某一特定日期的基本财务状况，反映某一特定时期资产与权益变动结果的报表。但是，资产负债表不能说明企业现金及现金等价物状况的变动情况，即使是比较资产负债表也只能反映两个或几个特定日期的财务状况的变动，并不能说明财务状况变动的具体原因。利润表虽能反映企业在一定会计期间内经营活动的财务成果，说明企业在该时期内的投资活动与筹资活动的损益情况，但仍不能提供企业在经营过程中获得多少现金或营运资金。

为了将企业在一定时期内实现的利润与资产、权益项目的增减变化结合起来，从动态角度分析说明企业资金取得的来源渠道和用途去向，综合反映企业重要的理财活动及其财务状况变动的原因和结果，就需要在资产负债表和利润表之外，编

制第三张报表来反映企业在一定时间内的资金流动状况。正是基于上述原因，美国财务会计准则委员会(FASB)1987 年发布《财务会计准则第 95 号——现金流量表》，规定所有企业一律编制以现金为基础的财务状况变动表——现金流量表。随后，国际会计准则委员会(IASC)也发布《国际会计准则第 7 号——现金流量表》，规定从 1994 年 1 月 1 日起取代原来的《国际会计准则第 7 号——财务状况变动表》。国际会计准则理事会(ZASB)于 2017 年 1 月 1 日对《国际会计准则第 7 号——现金流量表》进行修订，以帮助财务报表使用者更好评估融资活动带来的负债变化的财务影响。

我国在 1993 年开始实施的《企业会计准则》首次规定企业对外编报的会计报告包括资产负债表、利润表和财务状况变动表；同时，规定企业也可以编制现金流量表，反映财务状况的变动情况。为了适应国际惯例的发展变化趋势，我国财政部在 1998 年 3 月 20 日发布的《企业会计准则——现金流量表》中规定，自 1998 年 1 月 1 日起，我国企业一律编报现金流量表，以代替财务状况变动表。2001 年 1 月 18 日，财政部根据 3 年来的执行情况和经济环境的变化对原现金流量表会计准则进行了修订，并于 2001 年 1 月 1 日起在全国范围内统一施行。2006 年，财政部发布《企业会计准则第 31 号——现金流量表》。

(二) 现金流量表的相关概念

现金流量表与会计凭证和会计账簿不存在直接验证的关系，它并不是日常会计处理程序的产物。现金流量表是以现金和现金等价物为基础编制的财务状况变动表。现金是制约企业经营活动的首要因素，理解现金流量表首先应了解现金流量和现金流量表的内涵。

现金流量是一定会计期间企业现金流入和流出的数额。反映现金流量的指标有现金流入量、现金流出量和现金净流量。现金流入量是指一定会计期间现金流入的数量；现金流出量是指一定会计期间现金流出的数量；现金净流量则是一定会计期间现金流入量减去现金流出量后的差额。现金流量是衡量企业经营状况是否良好、是否具备偿债能力和支付能力、产生未来现金流量的能力是否较强的重要指标。

现金流量表是反映企业在一定会计期间内现金及现金等价物流入和流出状况的报表。现金流量表通过现金及现金等价物的流入和流出反映企业在一定会计期间内的经营活动、投资活动和筹资活动对现金流量产生的影响，并通过现金流量的变动情况，来揭示企业财务状况变动的原因及结果，以便于财务报表使用者了解和评价企业获取现金和现金等价物的能力，并据以预测企业未来现金流量。现金的流入和流出是企业经营资金运动的一种动态表现，因此，现金流量表属于动态报表。

(三) 现金流量表的编制基础

现金流量表是以现金和现金等价物为基础编制的。《企业会计准则第 31 号——现金流量表》中所称的“现金”，是指库存现金和可以随时用于支付的存款，具体包括库存现金、银行存款和其他货币资金。该准则所称的“现金等价物”，是指企业持有的期限短、流动性强、易于转换为已知金额现金、价值变动风险很小的投资。“期限短”，一般是指从购买日起 3 个月内到期。现金等价物通常包括 3 个月内到期的债券投资。至于权益性投资(即股权性质的投资)，由于其变现的金额通常不确定，因而财务分析中一般不视其为现金等价物。现金等价物虽然不是现金，但其支付能力与现金差别不大，可视为现金。企业应当根据具体情况确定现金等价物的范围，一经确定不得随意变更。综上，现金流量表中的“现金”概念是特指的，它是从金融分析实践中归纳出来的抽象概念，在操作上存在一定自由度。

(四) 现金流量表的主要作用

现金流量表之所以能够取代传统的财务状况变动表，关键是因为现金流量表能够更为详细地揭示企业除现金以外的其他流动性项目、非流动性项目的增减变动情况及其原因，从而更全面、更深刻地反映企业理财活动的全貌。因此，现金流量表的主要作用可归纳为以下四个方面：

1. 帮助分析和评价企业财务状况的变动情况

现金流量表把企业的现金流量分为经营活动的现金流量、投资活动的现金流量和筹资活动的现金流量，并分别反映现金流入量、现金流出量和现金流量净额。企业所从事的经营、投资和筹资活动都影响着企业财务状况，而这种影响又会通过现金流量的变化而表现出来。通常情况下，若现金流量表中各部分现金流量结构合理，现金流入量和现金流出量无重大异常波动，则表明企业财务状况较为正常，经营周转较为顺畅。此外，现金流量表还会披露一些重要的不涉及现金收支的投资和筹资活动，这些活动虽然不影响企业目前的现金流量，但可能影响企业未来的现金流量。将现金流量表提供的信息与其他财务报表提供的信息相结合，可以分析企业当前整体财务状况，并剖析导致企业财务状况变动的原因。

2. 帮助分析和评价企业的偿债能力和支付能力

企业偿还债务、支付现金股利、发放工资、购买材料等，通常引起实际的现金流出。企业资产负债表和利润表都是在权责发生制的基础上编制的，账面上的繁荣并不一定意味着企业有足够的现金满足支付需要。判断一家企业是否具有偿债能力和支付能力，关键看其是否能够产生净现金流入，从而有足够的现金进行偿债或支付。因此，在分析企业的偿债能力和支付能力时，应将资产负债表、利润表的信息与现金流量表所提供的现金流量信息结合起来，才能更全面地帮助信息使用者分析和评价企业偿债能力和支付能力。

3. 帮助分析和评估企业的收益质量

由于会计收益是根据历史成本原则、配比原则以及谨慎性原则等一系列会计原则与程序形成的产物，容易受到人为操纵。近年来，一些企业利用创造交易等手段操纵盈余、虚增利润，或者通过其他方法进行盈余管理，既欺骗投资者，又影响证券市场健康、稳定的发展。因此,客观、合理地评价企业收益,正确认识企业的盈利能力十分重要。现金作为企业的"血液",是企业生存发展的命脉,与企业经营管理的各方面息息相关。会计收益如果没有现金流量作为支撑,则无法进行实际的支付和分配,并可能提供误导信息。现金流量表根据收付实现制编制,可以在一定程度上弥补权责发生制下会计收益信息质量的不足,弥补会计收益计算中由于采用权责发生制所带来的人为操控和估计因素的影响。

4. 帮助分析和预测企业未来产生现金流量的能力

投资者进行投资和信贷的主要目的是增加未来的现金流入,因此,他们需要财务报表提供相关信息,以便作出正确决策。通过现金流量表提供的企业过去的现金流量信息,可以揭示企业过去现金流入和现金流出的情况及其形成原因,分析企业经营、投资、筹资活动与现金流量的关系,评价企业过去生成现金流量的能力,从而预测企业未来产生现金流量的能力。

二、现金流量表的内容和结构

(一) 现金流量表的内容

为了有助于报表使用者了解各种不同的经济活动对企业现金流量的影响程度,分析和揭示各种经济活动之间的相互关系,确认和计量现金流量的金额,需要按照一定的标准对现金流量进行分类。按照我国《企业会计准则第 31 号——现金流量表》的规定,将企业的经济业务按性质划分为经济活动、投资活动和筹资活动三大类别,再按照每一类经济活动对现金流量的影响,将现金流量划分为经营活动产生的现金流量、投资活动产生的现金流量和筹资活动产生的现金流量三类。

1. 经营活动产生的现金流量

经营活动,是指企业投资活动和筹资活动以外的所有交易或事项。经营活动产生的现金流量是企业运用其所拥有或控制的经济资源从事生产经营活动所产生的现金流入和流出,而且主要是与企业营业利润有关的交易或事项所产生的现金流量。就工商企业而言,经营活动主要包括:销售商品、提供劳务、经营租赁、购买商品、接受劳务、广告宣传、缴纳税款等。由于各类企业所处的行业特点不同,对经营活动的认定存在一定的差异,在具体编制现金流量表时,应结合企业的实际情况确定其经营活动的范围。

通过经营活动产生的现金流量,可以说明企业经营活动对现金流入和流出的影响程度,判断企业在不动用外来资金来源渠道筹集资金的情况下,经营活动产生的现金流量是否足以维持生产经营、偿还债务、支付股利和对外投资等。

2. 投资活动产生的现金流量

投资活动,是指企业长期资产的购建和不包括在现金等价物范围内的投资及其处置活动。投资活动产生的现金流量是企业从事长期资产的购建和不包括在现金等价物范围内的投资及其处置活动所产生的现金流入和流出。这里的长期资产是指固定资产、在建工程、无形资产、其他资产等持有期限在 1 年或 1 个营业周期以上的资产。之所以将“包括在现金等价物范围内的投资”排除在外,是因为已经将包括在现金等价物范围内的投资视同现金。

通过投资活动产生的现金流量,可以分析企业通过投资活动产生现金流量的能力,判断投资活动对企业现金流量净额的影响程度。

3. 筹资活动产生的现金流量

筹资活动,是指导致企业资本及债务规模和构成发生变化的活动。这里所说的资本,既包括实收资本(股本),也包括资本溢价(股本溢价)。这里所说的债务,是指企业对外举债所借入的款项。筹资活动主要包括:吸引投资、发行股票、分配利润、发行债券、向金融企业借入款项和偿还债务等。要注意的是,应付票据、应付账款等商业应付款的发生和偿付属于经营活动,不属于筹资活动。

通过筹资活动产生的现金流量,可以分析企业通过筹资活动获取现金的能力,判断投资活动对企业现金流量净额的影响程度。

企业在进行现金流量的分类时,应根据企业自身经济业务的性质和项目的具体情况,处理好两类问题的归类:

(1) 对于现金流量表中未特别指明的现金流量,应按现金流量表分类方法和重要性原则,判断某项交易或事项所产生的现金流量应当归属的类别或项目,如用现金支付罚款、捐赠等应归于支付的“其他与经营活动有关的现金”项目。对于重要的现金流入或流出项目应当单独反映。

(2) 对于一些特殊的、不经常发生的项目,如自然灾害损失、保险赔款等,应根据其性质,分别归并到经营活动、投资活动或筹资活动的现金流量项目中反映。

(二) 现金流量表的结构

目前我国现金流量表包括正表和补充资料两部分,其结构分别如表 10-1、表 10-2 所示。

正表包括表头和表体两部分。现金流量表的表头部分包括四个要素:表名、编制单位、时间和货币计量单位。现金流量表是动态财务报表,其时间为一段时期(如××××年度)。现金流量表的表体部分分为六大内容:①经营活动产生的现金流量;②投资活动产生的现金流量;③筹资活动产生的现金流量;④汇率变动对现金及现金等价物的影响;⑤现金及现金等价物净增加额;⑥期末现金及现金等价物余额。

现金流量表的补充资料有三项内容:①将净利润调节为经营活动现金流量(即按间接法编制的经营活动的现金流量);②不涉及现金收支的重大投资和筹资活动;③现金及现金等价物净变动情况(即直接按现金及现金等价物的期末余额计算的净变化额)。

表 10-1 现金流量表

会企 03 表

编制单位： 年 月 单位:元

项目	本期金额	上期金额
一、经营活动产生的现金流量：		
销售商品、提供劳务收到的现金		
收到的税费返还		
收到其他与经营活动有关的现金		
经营活动现金流入小计		
购买商品、接受劳务支付的现金		
支付给职工以及为职工支付的现金		
支付的各项税费		
支付其他与经营活动有关的现金		
经营活动现金流出小计		
经营活动产生的现金流量净额		
二、投资活动产生的现金流量：		
收回投资收到的现金		
取得投资收益收到的现金		
处置固定资产、无形资产和其他长期资产收回的现金净额		
处置子公司及其他营业单位收到的现金净额		
收到其他与投资活动有关的现金		
投资活动现金流入小计		
购建固定资产、无形资产和其他长期资产支付的现金		
投资支付的现金		
取得子公司及其他营业单位支付的现金净额		
支付其他与投资活动有关的现金		
投资活动现金流出小计		
投资活动产生的现金流量净额		
三、筹资活动产生的现金流量：		
吸收投资收到的现金		
取得借款收到的现金		
收到其他与筹资活动有关的现金		
筹资活动现金流入小计		

续 表

项目	本期金额	上期金额
偿还债务支付的现金		
分配股利、利润或偿付利息支付的现金		
支付其他与筹资活动有关的现金		
筹资活动现金流出小计		
筹资活动产生的现金流量净额		
四、汇率变动对现金及现金等价物的影响		
五、现金及现金等价物净增加额		
加:期初现金及现金等价物余额		
六、期末现金及现金等价物余额		

表 10-2 现金流量表补充资料

编制单位： 年 月 单位:元

补充资料	本期金额	上期金额
1. 将净利润调节为经营活动现金流量:		
净利润		
加:资产减值准备		
固定资产折旧		
无形资产摊销		
长期待摊费用摊销		
处置固定资产、无形资产和其他长期资产的损失(收益以“－”号填列)		
固定资产报废损失(收益以“－”号填列)		
公允价值变动损失(收益以“－”号填列)		
财务费用(收益以“－”号填列)		
投资损失(收益以“－”号填列)		
递延所得税资产减少(增加以“－”号填列)		
递延所得税负债增加(减少以“－”号填列)		
存货的减少(增加以“－”号填列)		
经营性应收项目的减少(增加以“－”号填列)		
经营性应付项目的增加(减少以“－”号填列)		
其他		
经营活动产生的现金流量净额		

续　表

补充资料	本期金额	上期金额
2. 不涉及现金收支的重大投资和筹资活动：		
债务转为资本		
一年内到期的可转换公司债券		
融资租入使用权资产		
3. 现金及现金等价物净变动情况：		
现金的期末余额		
减：现金的期初余额		
加：现金等价物的期末余额		
减：现金等价物的期初余额		
现金及现金等价物净增加额		

三、现金流量表的编制方法

现金流量表的编制是建立在资产负债表、利润表和有关账户信息的基础上而编制的。

表 10-1 中的“上期金额”栏，可以直接根据上一年度现金流量表中的“本期金额”栏分项对应填列。

现金流量表主表内容包括：经营活动产生的现金流量、投资活动产生的现金流量、筹资活动产生的现金流量和汇率变动对现金及现金等价物的影响额等内容。其中，经营活动产生的现金流量，代表的是收付实现制确认的损益，而利润表确认的当期损益采用的是权责发生制而非收付实现制。将权责发生制确认的损益转换为收付实现制确认的损益，有“间接法”和“直接法”两种方法可供选择，从而使得现金流量表的编制方法也相应划分为间接法和直接法两种。直接法是通过现金收入和现金支出的主要类别来反映来自企业经营活动的现金流量。采用直接法编制现金流量表时，有关现金流量的信息可以从账户等会计记录中直接获得，也可以在利润表中营业收入、营业成本等数据的基础上，通过调整存货和经营性应收应付项目的变动以及固定资产折旧、无形资产摊销等项目后获得。采用间接法编制现金流量表，则是以本期净利润为起点，通过调整不涉及现金的收入、费用、营业外收支以及应收、应付等项目的增减变动，来计算经营活动现金流量。我国的企业会计制度要求采用直接法列示经营活动产生的现金流量。

（一）现金流量表正表编制方法

按照我国企业现金流量表的内容和格式要求，现分别说明现金流量表正表各部分的编制方法。

1."经营活动产生的现金流量"各项目的内容和填列方法

(1)"销售商品、提供劳务收到的现金"项目,反映企业销售商品、提供劳务实际收到的现金(含销售收入和应向购买者收取的增值税税额),包括本期销售商品、提供劳务收到的现金,以及前期销售和前期提供劳务本期收到的现金和本期预收的账款,减去本期退回本期销售的商品和前期销售本期退回的商品支付的现金。企业销售材料和代购代销业务收到的现金,也在本项目反映。本项目可以根据"库存现金""银行存款""应收票据""应收账款""预收账款""主营业务收入""其他业务收入"等科目的记录分析填列。

(2)"收到的税费返还"项目,反映企业收到返还的各种税费,如收到的增值税、消费税、所得税、教育费附加返还。本项目可以根据"库存现金""银行存款""税金及附加"等科目的记录分析填列。

(3)"收到其他与经营活动有关的现金"项目,反映企业除了上述各项目外,收到的其他与经营活动有关的现金流入,如罚款收入、流动资产损失中由个人赔偿的现金收入。其他现金流入中价值较大的,应单列项目反映。本项目可以根据"库存现金""银行存款""营业外收入"等科目的记录分析填列。

(4)"购买商品、接受劳务支付的现金"项目,反映企业购买材料、商品、接受劳务实际支付的现金,包括本期购入材料、商品、接受劳务支付的现金(包括增值税进项税额),以及本期支付前期购入商品、接受劳务的未付款项和本期预付款项。本期发生的购货退回收到的现金应从本项目内减去。本项目可以根据"库存现金""银行存款""应付票据""应付账款""主营业务成本"等科目的记录分析填列。

(5)"支付给职工以及为职工支付的现金"项目,反映企业实际支付给职工,以及为职工支付的现金,包括本期实际支付给职工的工资、奖金、各种津贴和补贴等,以及为职工支付的其他费用。不包括支付的离退休人员的各项费用和支付给在建工程人员的工资等。企业支付给离退休人员的各项费用,包括支付的统筹退休金以及未参加统筹的退休人员的费用,在"支付其他与经营活动有关的现金"项目中反映;支付的在建工程人员的工资,在"购建固定资产、无形资产和其他长期资产支付的现金"项目中反映。"支付给职工以及为职工支付的现金"项目可以根据"应付职工薪酬""库存现金""银行存款"等科目的记录分析填列。企业为职工支付的养老、失业等社会保险金、补充养老保险、住房公积金、支付给职工的住房困难补助,以及企业支付给职工或为职工支付的其他福利费用等,应按职工的工作性质和服务对象,分别在本项目和"购建固定资产、无形资产和其他长期资产支付的现金"项目中反映。

(6)"支付的各项税费"项目,反映企业按规定支付的各种税费,包括本期发生并支付的税费,以及本期支付以前各期发生的税费和预缴的税金,如支付的教育费附加、印花税、房产税、车船税,但不包括本期退回的增值税、所得税等。本期退回的增值税、所得税等在"收到的税费返还"项目中反映。"支付的各项税费"项目可以根据

“应交税费”“库存现金”“银行存款”等科目的记录分析填列。

(7)“支付其他与经营活动有关的现金”项目,反映企业除上述各项目外,支付的其他与经营活动有关的现金流出,如罚款支出、支付的差旅费、业务招待费现金支出、支付的保险费,其他现金流出如价值较大的,应单列项目反映。本项目可以根据“库存现金”“银行存款”“营业外支出”等科目的记录分析填列。

2.“投资活动产生的现金流量”各项目的内容和填列方法

(1)“收回投资收到的现金”项目,反映企业出售、转让或到期收回除现金等价物以外的短期投资、长期股权投资而收到的现金,以及收回长期债权投资本而收到的现金,但不包括长期债权投资收回的利息,以及收回的非现金资产。本项目可以根据“交易性金融资产”“长期股权投资”“库存现金”“银行存款”等科目的记录分析填列。

(2)“取得投资收益收到的现金”项目,反映企业因股权性投资和债权性投资而取得的现金股利、利息,以及从子公司、联营企业和合营企业分回利润收到的现金,但不包括股票股利。本项目可以根据“库存现金”“银行存款”“投资收益”等科目的记录分析填列。

(3)“处置固定资产、无形资产和其他长期资产收回的现金净额”项目,反映企业处置固定资产、无形资产和其他长期资产所取得的现金,减去为处置这些资产而支付的有关费用后的净额。自然灾害所造成的固定资产等长期资产损失而收到的保险赔偿收入也在本项目反映。本项目可以根据“固定资产清理”“库存现金”“银行存款”等科目的记录分析填列。

(4)“处置子公司及其他营业单位收到的现金净额”项目,反映企业处置子公司及其他营业单位收到的现金净额。本项目可以根据“长期股权投资”“银行存款”等科目的记录分析填列。

(5)“收到的其他与投资活动有关的现金”项目,反映企业除了上述各项以外,收到的其他与投资活动有关的现金流入。其他现金流入中价值较大的,应单列项目反映。本项目可以根据有关科目的记录分析填列。

(6)“购建固定资产、无形资产和其他长期资产支付的现金”项目,反映企业购买、建造固定资产,取得无形资产和其他长期资产所支付的现金,不包括为购建固定资产而发生的借款利息资本化的部分,以及租入使用权资产支付的租赁费。借款利息和租入使用权资产支付的租赁费,在筹资活动产生的现金流量中反映。本项目可以根据“固定资产”“在建工程”“无形资产”“库存现金”“银行存款”等科目的记录分析填列。

(7)“投资支付的现金”项目,反映企业进行权益性投资和债权性投资支付的现金,包括企业取得的除现金等价物以外的短期股票投资、短期债券投资、长期股权投资、长期债权投资支付的现金,以及支付的佣金、手续费等附加费用。本项目可以根据“长期股权投资”“债权投资”“交易性金融资产”“库存现金”“银行存款”等科目的记录分析填列。企业购买股票和债券时,实际支付的价款中包含的已宣告但尚未领取的现金股利或已到付息期但尚未领取的债券的利息，应在投资活动的“支付其他与投资活动有关现金”项目中反映；收回购买股票和债券时支付的已宣告但尚未领取的现金股利或已到付息期但尚未领取的债券的利息，在投资活动的“收到其他与投资活动有关的现金”项目中反映。

(8)“取得子公司及其他营业单位支付的现金净额”项目，反映企业处置子公司及其他营业单位收到的现金净额。本项目可以根据“长期股权投资”“库存现金”“银行存款”等科目的记录分析填列。

(9)“支付其他与投资活动有关的现金”项目，反映企业除了上述各项以外，支付的其他与投资活动有关的现金流出。其他现金流出中价值较大的，应单列项目反映。本项目可以根据有关科目的记录分析填列。

3.“筹资活动产生的现金流量”各项目的内容和填列方法

(1)“吸收投资收到的现金”项目，反映企业收到的投资者投入的现金，包括以发行股票、债券等方式筹集的资金实际收到款项净额(发行收入减去支付的佣金等发行费用后的净额)。以发行股票、债券等方式筹集资金而由企业直接支付的审计、咨询等费用，在“支付其他与筹资活动有关的现金”项目中反映，不从本项目内减去。“吸收投资收到的现金”项目可以根据“实收资本(或股本)”“库存现金”“银行存款”等科目的记录分析填列。

(2)“取得借款收到的现金”项目，反映企业举借各种短期、长期借款所收到的现金。本项目可以根据“短期借款”“长期借款”“库存现金”“银行存款”等科目记录分析填列。

(3)“收到其他与筹资活动有关的现金”项目，反映企业除上述各项目外，收到的其他与筹资活动有关的现金流入，如接受现金捐赠。其他现金流入中价值较大的，应单列项目反映。本项目可以根据有关科目的记录分析填列。

(4)“偿还债务支付的现金”项目，反映企业以现金偿还债务的本金，包括偿还金融企业的借款本金、偿还债券本金等。企业偿还的借款利息、债券利息，在“分配股利、利润或偿付利息所支付的现金”项目反映，不包括在本项目内。本项目可以根据“短期借款”“长期借款”“库存现金”“银行存款”等科目的记录分析填列。

(5)“分配股利、利润或偿付利息支付的现金”项目，反映企业实际支付的现金股利，支付给其他投资单位的利润以及支付的借款利息、债券利息等。本项目可以根据“其他应付款”“财务费用”“长期借款”“库存现金”“银行存款”等科目的记录分析填列。

(6)“支付其他与筹资活动有关的现金”项目，反映企业除了上述各项外，支付的其他与筹资活动有关的现金流出，如捐赠现金支出、租入使用权资产支付的租赁费。其他现金流出中价值较大的，应单列项目反映。本项目可以根据“营业外支出”“库存现金”“银行存款”“租赁负债”等科目的记录分析填列。

【例 10-1】 格力电器 2019 年度合并现金流量表(简表)如表 10-3 所示。

表 10-3　合并现金流量表(简表)

编制单位:格力电器　　2019 年度　　单位:元

项目	本期金额	上期金额
一、经营活动产生的现金流量:		
销售商品、提供劳务收到的现金	166 387 697 953.52	135 029 126 382.98
收到的税费返还	1 854 373 548.43	2 356 588 272.30
收到其他与经营活动有关的现金	2 796 063 838.34	7 566 986 223.85
经营活动现金流入小计	175 195 923 314.18	146 209 763 702.97
购买商品、接受劳务支付的现金	94 214 771 389.83	78 045 526 788.80
支付给职工以及为职工支付的现金	8 831 213 736.01	8 575 412 582.19
支付的各项税费	15 128 311 796.96	15 141 797 894.72
支付其他与经营活动有关的现金	21 526 452 792.90	15 026 834 183.72
经营活动现金流出小计	147 302 209 220.59	119 268 972 159.99
经营活动产生的现金流量净额	27 893 714 093.59	26 940 791 542.98
二、投资活动产生的现金流量:		
收回投资收到的现金	3 130 974 036.48	6 710 785 947.97
取得投资收益收到的现金	426 919 989.41	579 489 614.76
处置固定资产、无形资产和其他长期资产收回的现金净额	9 614 513.94	6 302 072.99
处置子公司及其他营业单位收到的现金净额		
收到其他与投资活动有关的现金	4 878 025 331.18	2 652 398 105.48
投资活动现金流入小计	8 445 533 871.01	9 948 975 741.20
购建固定资产、无形资产和其他长期资产支付的现金	4 713 187 965.97	3 837 549 166.56
投资支付的现金	7 192 756 039.01	15 477 712 506.03
取得子公司及其他营业单位支付的现金净额	774 183 781.48	1 029 686 312.94
支付其他与投资活动有关的现金	7 040 454 685.32	11 449 793 031.34
投资活动现金流出小计	19 720 582 471.78	31 794 741 016.87
投资活动产生的现金流量净额	−11 275 048 600.77	−21 845 765 275.67
三、筹资活动产生的现金流量:		
吸收投资收到的现金	326 850 000.00	

续 表

项目	本期金额	上期金额
取得借款收到的现金	21 268 257 923.68	27 633 970 524.35
收到其他与筹资活动有关的现金		5 110 000.00
筹资活动现金流入小计	21 595 107 923.68	27 639 080 524.35
偿还债务支付的现金	27 657 703 656.20	24 227 160 995.94
分配股利、利润或偿付利息支付的现金	13 159 380 388.41	862 910 396.59
支付其他与筹资活动有关的现金		35 162 649.65
筹资活动现金流出小计	40 817 084 044.61	25 125 234 042.18
筹资活动产生的现金流量净额	−19 221 976 120.93	2 513 846 482.17
四、汇率变动对现金的影响	203 761 625.26	−196 368 149.08
五、现金及现金等价物净增加额	−2 399 549 002.85	7 412 504 600.40
加:期初现金及现金等价物余额	28 772 120 824.34	21 359 616 223.94
六、期末现金及现金等价物余额	26 372 571 821.49	28 772 120 824.34

(二)现金流量表补充资料编制方法

1.“将净利润调节为经营活动的现金流量”各项目的填列方法

(1)“资产减值准备”项目,反映企业计提的各项资产的减值准备。本项目可以根据“管理费用”“投资收益”“营业外支出”等科目的记录分析填列。

(2)“固定资产折旧”项目,反映企业本期累计提取的折旧。本项目可以根据“累计折旧”科目的贷方发生额分析填列。

(3)“无形资产摊销”和“长期待摊费用摊销”两个项目,分别反映企业本期累计摊入成本费用的无形资产的价值及长期待摊费用。这两个项目可以根据“无形资产”“长期待摊费用”科目的贷方发生额分析填列。

(4)“处置固定资产、无形资产和其他长期资产的损失”项目,反映企业本期由于处置固定资产、无形资产和其他长期资产而发生的净损失。本项目可以根据“资产处置损益”“营业外支出”“其他业务收入”“其他业务支出”科目的有关明细科目的记录分析填列。如为净收益,以“−”号填列。

(5)“固定资产报废损失”项目,反映企业本期固定资产盘亏(减盘盈)后的净损失。本项目可以根据“营业外支出”等科目的有关明细科目中固定资产盘亏损失减去固定资产盘盈收益后的差额填列。如为净收益,以“−”号填列。

(6)“公允价值变动损失”项目,反映企业持有的交易性金融资产、交易性金融负债、采用公允价值模式计量的投资性房地产等公允价值变动形成的净损失。因为公允价值变动损失影响当期净利润,但并没有发生现金流出,所以应进行调整。本项目可根据“公允价值变动损益”科目的有关明细科目的记录分析填列，如为净收益以“－”号列示。

(7) “财务费用”项目，反映企业本期发生的应属于投资活动或筹资活动的财务费用。本项目可以根据“财务费用”科目的本期借方发生额分析填列。如为收益，以“－”号填列。

(8) “投资损失”项目，反映企业本期投资所发生的损失减去收益后的净损失。本项目可以根据利润表“投资收益”项目的数字填列。如为投资收益，以“－”号填列。

(9) “递延所得税资产减少”项目，反映企业资产负债表“递延所得税资产”项目的期初余额与期末余额的差额。递延所得税资产的减少会增加了所得税费用，减少了利润。递延所得税资产的减少并没有增加现金流出，所以应在净利润的基础上予以加回。相反，如果是递延所得税资产增加，则应以“－”号填列。本项目可以根据“递延所得税资产”科目分析填列。

(10) “递延所得税负债增加”项目，反映企业资产负债表“递延所得税负债”项目的期初余额与期末余额的差额。递延所得税负债的增加会增加当期所得税费用，但并没有增加现金流出，所以应在净利润的基础上予以加回。相反，如果是递延所得税负债减少，则应以“－”号填列。

(10) “存货的减少”项目，反映企业本期存货的减少(减增加)。本项目可以根据资产负债表“存货”项目的期初余额与期末余额的差额填列。如为增加，以“－”号填列。

(11) “经营性应收项目的减少”项目，反映企业本期经营性应收项目(包括应收票据、应收账款和其他应收款中与经营活动有关的部分及应收的增值税销项税额等)的减少。如为增加，以“－”号填列。

(12) “经营性应付项目的增加”项目，反映企业本期经营性应付项目(包括应付票据、应付账款、应交税费、其他应付款中与经营活动有关的部分以及应付的增值税进项税额等)的增加。如为减少，以“－”号填列。

2. “不涉及现金收支的重大投资和筹资活动”各项目的填列方法

“不涉及现金收支的投资和筹资活动”各项目，反映企业一定期间内影响资产或负债但不形成该期现金收支的所有投资和筹资活动的信息。其中：

(1) “债务转为资本”项目，反映企业本期转为资本的债务金额。

(2) “一年内到期的可转换公司债券”项目，反映企业1年内到期的可转换公司债券的本息。

(3) “租入使用权资产”项目，反映企业本期租入使用权资产记入“租赁负债”科目的金额。

3. “现金及现金等价物净增加额”项目的填列方法

补充资料中的“现金及现金等价物净增加额”与现金流量表中的“五、现金及现金等价物净增加额”的金额相等。

【例 10-2】 格力电器 2019 年度现金流量表补充资料如表 10-4 所示。

表 10-4 现金流量表补充资料

编制单位:格力电器　　　　2019 年度　　　　单位:元

项目	本期金额	上期金额
1. 将净利润调节为经营活动现金流量:		
净利润	24 827 243 603.97	26 379 029 817.06
加:资产减值准备	1 122 341 886.21	261 674 177.33
固定资产折旧、油气资产折耗、生产性生物资产折旧	2 977 103 353.04	2 859 799 547.55
无形资产摊销	215 796 437.95	249 550 269.72
长期待摊费用摊销	1 519 448.66	979 454.55
处置固定资产、无形资产和其他长期资产的损失(收益以"—"号填列)	−4 911 230.34	−636 629.29
固定资产报废损失(收益以"—"号填列)	14 205 159.72	23 701 564.64
公允价值变动损益(收益以"—"号填列)	−228 264 067.88	−46 257 424.83
财务费用(收益以"—"号填列)	−4 096 866 714.43	−1 112 658 684.94
投资损失(收益以"—"号填列)	226 634 780.62	−106 768 935.01
递延所得税资产的减少(增加以"—"号填列)	−1 267 872 732.83	−472 601 783.52
递延所得税负债的增加(减少以"—"号填列)	77 753 780.32	115 790 793.93
递延收益的摊销	−57 756 542.31	−41 447 880.48
存货的减少(增加以"—"号填列)	−4 049 893 387.15	−3 003 461 176.91
经营性应收项目的减少(增加以"—"号填列)	−3 656 032 331.71	−10 631 225 706.46
经营性应付项目的增加(减少以"—"号填列)	19 142 521 381.95	6 728 841 135.00
其他	−7 349 808 732.20	5 736 483 004.64
经营活动产生的现金流量净额	27 893 714 093.59	26 940 791 542.98
2. 不涉及现金收支的重大投资和筹资活动:		
债务转为资本		
一年内到期的可转换公司债券		
融资租入固定资产		
3. 现金及现金等价物净变动情况:		
现金的期末余额	26 372 571 821.49	28 772 120 824.34
减:现金的期初余额	28 772 120 824.34	21 359 616 223.94

续 表

项目	本期金额	上期金额
加:现金等价物的期末余额		
减:现金等价物的期初余额		
现金及现金等价物净增加额	-2 399 549 002.85	7 412 504 600.40

四、现金流量表的信息含量

现金流量涉及企业经济活动及其资金运动的各个层面、各个环节,因此,分析企业的现金流量具有重要意义。现金流量表主要提供以下基本信息。

(一) 企业持有现金数量的信息

会计信息使用者通过现金流量表提供的企业持有现金数量,评价其合理性。在企业,现金是流动性最强、变现能力最强的资产,其可以用来满足企业生产经营活动的各种需要,也是企业偿还债务的基本保证。因此,企业持有足够的现金资产可以确保必要的债务偿付能力与支付能力,降低财务风险,提高财务弹性。然而,由于现金资产不能直接盈利,持有过多的现金会相应降低企业的收益水平。因此,企业应当在权衡收益和风险的基础上,确定合理的现金持有数量(或数量区间)。

(二) 企业现金流入流出结构的信息

企业的经营活动、投资活动、筹资活动都会导致现金流入与流出,从而影响企业的现金流量。要了解如何控制企业的三类经济活动对现金流入和流出的影响才能使企业处于稳健、高效的经营状态,必须对现金流入与流出结构进行分析。一般而言,在现金流入与流出总量中,如果经营活动和筹资活动引起的现金流入和现金流出所占比重较大,则表明企业的现金流入与流出结构相对合理。否则,应对企业的现金流入与流出结构进行适当调整。

(三) 企业收益质量的信息

按会计原则,企业收益依据权责发生制来计算。在现金流量表中,现金流量是以收付实现制为基础计算的。一般来讲,收益增加,现金净流量也会增加,但企业获得收益与其所获得的现金数量并不一定同步。会计信息使用者通过分析利润表中收益(利润)数量和现金流量表中现金流量净额,可以评价企业的收益质量。

(四) 企业创造现金能力的信息

现金流量是企业经济活动的“血液”,现金流量的再生能力,实际上代表了企业的获利能力与发展能力。会计信息使用者通过分析现金流量表中企业经营活动所产生现金流量净额的增加幅度,可以判断企业现金的再生能力,从而对企业的发展潜力作出准确评价。

第二节　财务报表附注

一、财务报表附注的一般构架

财务报表附注(以下简称“附注”)是财务报表不可或缺的组成部分,是对在资产负债表、利润表、现金流量表和所有者权益变动表等报表中列示项目的文字描述或明细资料,以及对未能在这些报表中列示项目的说明等。

财务报表中的数字是经过分类与汇总后的结果,是对企业发生的经济业务的高度简化和浓缩的数字。如果没有形成这些数字所使用的会计政策,财务报表就不可能充分发挥效用。因此,附注与资产负债表、利润表、现金流量表和所有者权益变动表等报表具有同等的重要性,是财务报表的重要组成部分。报表使用者如果想更好地了解企业财务状况、经营成果和现金流量,应当全面阅读附注。

附注的一般构架具体包括以下几个方面:

(一) 企业的基本情况

格力电器基本情况

企业的基本情况包括:①企业注册地、组织形式和总部地址;②企业的业务性质和主要经营环境,如企业所处的行业、所提供的主要产品或服务、客户的性质、销售策略、监管环境的性质等;③母公司以及集团最终母公司的名称;④财务报告的批准报出者和财务报告的批准报出日;⑤营业期限有限的企业,还应当披露有关其营业期限的信息。

(二) 财务报表的编制基础

格力电器财务报表的编制和列报基础

在附注中,企业应该说明财务报表的编制是否以持续经营为基础。一般而言,如果没有相应的证据表明企业处于非持续经营状态,那么企业应当以持续经营为基础对实际发生的交易或事项进行确认与计量,并在此基础上编制财务报表。但是,如果企业管理层在评估后对企业的持续经营能力产生重大怀疑的,应该在报表附注中披露对持续经营能力产生重大怀疑的重要不确定因素。如果评估后认为持续经营不再合理,企业应当采用其他基础编制财务报表,同时还应在附注中申明财务报表并未以持续经营为基础编制,并披露并未以持续经营为基础的原因以及当前财务报表的编制基础。

格力电器遵循企业会计准则的声明

(三) 遵循企业会计准则的声明

企业应当声明编制的财务报表符合企业会计准则的要求,真实、完整地反映了企业的财务状况、经营成果和现金流量等有关信息,以此明确企业编制财务报表所依据的制度基础。如果企业编制的财务报表只是部分遵循了企业会计准则,那么附注中不得作出上述声明。

（四）重要会计政策和会计估计

根据财务报表列报相关准则的规定，企业应当披露采用的重要会计政策和会计估计。

格力电器重要会计政策和会计估计

重要会计政策的说明，包括财务报表项目的计量基础和在运用会计政策过程中所做的重要判断等。重要会计估计的说明，包括可能导致下一个会计期间内资产、负债账面价值重大调整的会计估计的确定依据等。企业应当披露采用的重要会计政策和会计估计，并结合企业的具体实际披露其重要会计政策的确定依据和财务报表项目的计量基础，及其会计估计所采用的关键假设和不确定因素。

（五）会计政策和会计估计变更以及差错更正的说明

企业应当按照《企业会计准则第 28 号——会计政策、会计估计变更和差错更正》及其应用指南的规定，披露会计政策和会计估计变更以及差错更正的有关情况。

格力电器重要会计政策和会计估计变更

（六）财务报表重要项目的说明

企业应当以文字和数字相结合的描述方式，尽可能以列表的形式披露报表重要项目的构成或当期增减变动情况，并且报表重要项目的明细金额合计，应当与报表项目金额相一致。例如，费用按照性质分类的利润表补充资料，可将费用分为耗用的原材料、职工薪酬费用、折旧费用、摊销费用等。在披露顺序上，一般应当按照资产负债表、利润表、现金流量表、所有者权益变动表的顺序及其项目列示的顺序进行披露。

（七）其他需要说明的重要事项

其他需要说明的重要事项主要包括或有和承诺事项、资产负债表日后非调整事项、关联方关系及其交易等需要说明的事项。

企业应当在附注中披露与或有事项有关的预计负债、或有负债，如未决诉讼、未决仲裁、对外提供担保。在涉及未决诉讼、未决仲裁的情况下，披露全部或部分信息预期对企业造成重大不利影响的，企业无须披露这些信息，但应当披露该未决诉讼、未决仲裁的性质，以及没有披露这些信息的事实和原因。企业通常不应当披露或有资产。但或有资产很可能会给企业带来经济利益的，应当披露其形成的原因、预计产生的财务影响等。

资产负债表日后非调整事项，如资产负债表日后企业利润分配方案中拟分配的以及经审议批准宣告发放的股利或利润等。企业发生的资产负债表日后非调整事项，不应当调整资产负债表日的财务报表，但对重要的资产负债表日后非调整事项的性质、内容及其对财务状况和经营成果的影响应当在附注中单独披露。

企业财务报表中应当披露所有关联方关系及其交易的相关信息。对外提供合并财务报表的，对于已经包括在合并范围内各企业之间的交易不予披露，但应当披露与合并范围外各关联方的关系及其交易。

（八）有助于财务报表使用者评价企业管理资本的目标、政策及程序的信息

根据《企业会计准则第 30 号——财务报表列报》的规定，企业应当基于可获得的信息充分披露如下内容：

(1) 企业资本管理的目标、政策及程序的定性信息。包括对企业资本管理的说明,企业如何实现其资本管理的目标。受制于外部强制性资本要求的企业,应当披露这些要求的性质以及企业如何将这些要求纳入其资本管理之中。

(2) 资本结构的定量数据摘要,包括资本与所有者权益之间的调节关系等。例如,有的企业将某些金融负债(如次级债)作为资本的一部分,有的企业将资本视作扣除某些权益项目(如现金流量套期产生的利得或损失)后的部分。

(3) 自前一会计期间开始上述(1)和(2)中的所有变动。

(4) 企业当期是否遵循了其受制的外部强制性资本要求;以及当企业未遵循外部强制性资本要求时,其未遵循的后果。

资本管理受行业监管部门监管要求的金融等行业企业,除了遵循相关监管要求,如我国商业银行遵循《商业银行资本管理办法(试行)》进行有关资本充足率等的信息披露,还应当按照《企业会计准则第 30 号——财务报表列报》的规定,在财务报表附注中披露有助于财务报表使用者评价企业管理资本的目标、政策及程序的信息。

企业按照总体对上述信息披露不能提供有用信息时,还应当对每项受管制的资本要求单独披露上述信息,比如,跨行业、跨国家或地区经营的企业集团可能受一系列不同的资本要求监管。

二、重大会计政策

(一) 重要会计政策

由于企业经济业务的复杂性和多样化,某些经济业务可以有多种会计处理方法,存在着不只一种可供选择的会计政策。例如,存货的计价方法有先进先出法、加权平均法、个别计价法等。企业在发生某项经济业务时,必须从允许的会计处理方法中选择适合本企业特点的会计政策,企业选择不同的会计处理方法,可能极大地影响企业的财务状况和经营成果,进而编制出不同的财务报表。为了有助于报表使用者进行理解,有必要对这些会计政策加以披露。

我国《企业会计准则第 30 号——财务报表列报》规定,企业应当披露采用的重要会计政策,并结合企业的具体实际披露其重要会计政策的确定依据和财务报表项目的计量基础。其中,会计政策的确定依据主要是指企业在运用会计政策过程中所做的重要判断,这些判断对在报表中确认的项目金额具有重要影响。例如,对于拥有的持股比例不足 50%的关联企业,企业为何判断其拥有控制权,将其纳入合并范围;企业如何判断与租赁资产相关的所有风险和报酬已转移给企业从而符合融资租赁的标准;投资性房地产的判断标准是什么。上述这些判断对在报表中确认的项目金额具有重要影响,因此,这项披露要求有助于使用者理解企业选择和运用会计政策的背景,增强财务报表的可理解性。此外,财务报表项目的计量基础包括历史成本、重置成本、可变现净值、现值和公允价值等会计计量属性。这项披露要求便于使用者了解企业财务报表中的项目是按何种计量基础予以计量的,比如存货是按历史成本还是按可变现净值计量的。

(二) 重要会计估计

我国《企业会计准则第 30 号——财务报表列报》规定,企业应当披露重要会计估计,并结合企业的具体实际披露其会计估计所采用的关键假设和不确定因素。重要会计估计的说明,包括可能导致下一个会计期间内资产、负债账面价值重大调整的会计估计的确定依据等。在确定报表中资产和负债账面金额的过程中,企业有时需要估计不确定的未来事项在资产负债表日对资产和负债的影响。例如,固定资产可收回金额的计算需要根据其公允价值减去处置费用后的净额与预计未来现金流量的现值两者之间的较高者确定,在计算资产预计未来现金流量的现值时需要对未来现金流量进行预测,并选择适当的折现率,企业应当在附注中披露未来现金流量预测所采用的假设及其依据、所选择的折现率为什么是合理的等。又如,对于正在进行中的诉讼提取准备,企业应当披露最佳估计数的确定依据等。这些假设的变动对资产和负债项目金额的确定影响很大,很可能会在下一个会计年度内作出重大调整。因此,强调这一披露要求,有助于提高财务报表的可理解性。

三、其他财务报表数据的详细情况

企业可以在附注中对报表项目的总括数据进行补充说明。例如,在附注中提供利润表中研发费用、其他收益的具体信息,关于资产负债表中应收账款的构成、存货的类别、固定资产累计折旧等补充信息。企业还应当在附注中披露关于其他综合收益各项目的信息,包括:其他综合收益各项目及其所得税影响;其他综合收益各项目原计入其他综合收益、当期转出计入当期损益的金额;其他综合收益各项目的期初和期末余额及其调节情况。企业应当在附注中披露终止经营的收入、费用、利润总额、所得税费用和净利润,归属于母公司所有者的终止经营利润,以及在资产负债表日后、财务报告批准报出日前提议或宣布发放的股利总额和每股股利金额(或向投资者分配的利润总额)。企业还应披露资本结构的定量数据摘要,包括资本与所有者权益之间的调节关系等。比如,有的企业将某些金融负债(如次级债)作为资本的一部分,有的企业将资本视作扣除某些权益项目(如现金流量套期产生的利得或损失)后的部分等。

其他财务报表数据披露的详细程度由企业管理层决定,一般是基于相关法规及其他财务报表数据对报表使用者的决策有用性进行判断,其他财务报表数据的披露有助于财务报表使用者评价企业管理资本的目标、政策及程序。

四、其他信息披露

(一) 会计政策和会计估计变更以及差错更正

企业会计政策和会计估计的确定,应当根据《企业会计准则第 28 号——会计政策、会计估计变更和差错更正》的规定，结合企业的实际情况，经股东大会或董事会、经理(厂长)会议或类似机构批准，按照法律、行政法规等的规定报送有关各方备案。企业的会计政策和会计估计一经确定，不得随意变更。如需变更，应重新履行以上程序，并按企业会计准则的规定处理。

会计政策变更采用追溯调整法的，应当将会计政策变更的累积影响数调整期初留存收益。留存收益包括当年和以前年度的未分配利润和按照相关法律规定提取并累积的盈余公积。调整期初留存收益是指对期初未分配利润和盈余公积两个项目的调整。

前期差错应当采用追溯重述法进行更正，视同该项前期差错从未发生过，从而对财务报表相关项目进行重新列示和披露。追溯重述法的会计处理与追溯调整法相同。

（二）或有事项

或有事项，是指过去的交易或者事项形成的，其结果须由某些未来事项的发生或不发生才能决定的不确定事项。常见的或有事项主要包括：未决诉讼或仲裁、债务担保、产品质量保证(包含产品安全保证)、承诺、亏损合同、重组义务、环境污染整治等。

当或有事项相关义务是企业承担的现时义务，履行该义务很可能导致经济利益流出企业，且该义务的金额能够可靠地计量时，或有事项相关义务应当确认为预计负债。企业应当披露关于预计负债、或有负债相关信息。

（三）资产负债表日后非调整事项

资产负债表日后非调整事项，是指表明资产负债表日后发生的情况的事项。通常包括：资产负债表日后发生重大诉讼、仲裁、承诺；资产负债表日后资产价格、税收政策、外汇汇率发生重大变化；资产负债表日后因自然灾害导致资产发生重大损失；资产负债表日后发行股票和债券以及其他巨额举债；资产负债表日后资本公积转增资本；资产负债表日后发生巨额亏损；资产负债表日后发生企业合并或处置子公司。

附注中应当披露每项重要的资产负债表日后非调整事项的性质、内容，及其对财务状况和经营成果的影响。无法作出估计的，应当说明原因。

（四）关联方关系及其交易

关联方，是指一方控制、共同控制另一方或对另一方施加重大影响，以及两方或两方以上同受一方控制、共同控制或重大影响的关系。关联方交易，是指关联方之间转移资源、劳务或义务的行为，而不论是否收取价款。

企业财务报告中应当披露所有关联方关系及其交易的相关信息。对外提供合并财务报表的，对于已经包括在合并范围内各企业之间的交易不予披露，但应当披露与合并范围外各关联方的关系及其交易。

企业无论是否发生关联方交易，均应当在附注中披露与母公司和子公司有关的下列信息：母公司和子公司的名称；母公司和子公司的业务性质、注册地、注册资本

(或实收资本、股本)及其变化;母公司对该企业或者该企业对子公司的持股比例和表决权比例。

企业与关联方发生关联方交易的,应当在附注中披露该关联方关系的性质、交易类型及交易要素。交易要素至少应当包括:交易的金额;未结算项目的金额、条款和条件,以及有关提供或取得担保的信息;未结算应收项目的坏账准备金额;定价政策。关联方交易应当分别关联方以及交易类型予以披露。类型相似的关联方交易,在不影响财务报表阅读者正确理解关联方交易对财务报表影响的情况下,可以合并披露。企业只有在提供确凿证据的情况下,披露关联方交易才是公平交易。

五、管理层责任声明

企业在附注中披露管理层责任声明,明确管理层对财务报表的责任。企业管理层在管理层责任声明书中对提供给注册会计师的有关资料的真实性、合法性和完整性做出正面陈述,并明确承认对财务报表负责。例如,公司董事会、监事会及董事、监事、高级管理人员应保证年度报告内容的真实、准确、完整,不存在虚假记载、误导性陈述或重大遗漏,并承担个别和连带的法律责任;公司负责人、主管会计工作负责人及会计机构负责人(会计主管人员)应保证年度报告中财务报告的真实、准确、完整。

格力电器管理层责任声明

第三节　其他披露

一、管理层讨论与分析

管理层讨论与分析是上市公司定期报告中管理层对于本企业过去经营状况的评价分析以及对企业未来发展趋势的前瞻性判断,是对企业财务报表中所描述的财务状况和经营成果的解释,是对经营中固有风险和不确定性的揭示,同时也是对企业未来发展前景的预期。管理层讨论与分析的主要目的是通过管理层对企业经营短期和长期发展的认识和分析,使投资者更好地了解企业。由于管理层与企业关系密切,并能影响企业的未来发展,因此,管理层对企业的看法和未来的规划,不仅可以使投资者了解财务报表中有关数据的变化原因,而且可以预测管理层将如何引导企业的发展。上市公司"管理层讨论与分析"集中在报告期间经营业绩变动的解释与前瞻性信息上,具体包括企业的变现能力、资本来源、经营成果信息。

管理层讨论与分析是上市公司定期报告的重要组成部分。西方国家的披露原则是强制与自愿相结合,企业可以自主决定如何披露这类信息。我国也基本实行这种原则,如中期报告中的"管理层讨论与分析"部分以及年度报告中的"董事会报告"部分,都是规定某些管理层讨论与分析信息必须披露,而另一些管理层讨论与分析信息鼓励企业自愿披露。

二、5 年期(或更长时期)财务数据概要

企业可以在财务报告中披露 5 年期(或更长时期)财务数据概要。5 年期(或更长时期)财务数据概要主要包括:销售收入、营业利润等财务成果指标,或利润表简表;现金、营运资本、固定资产、长期负债等资产负债表数据;经营活动现金流量等现金流量数据;部分重要的财务指标,如销售利润率、资产负债率、每股收益、每股股利、市盈率。

5 年期(或更长时期)财务数据概要不属于外部审计师的审计范围,他们的审计意见也与财务概要无关。因此,在财务报告中,概要部分列示在外部审计师意见之后,也不属于附注的一部分,而只是补充性的信息披露。

三、注册会计师审计

上市公司公布的年度报告中应包含有审计报告。审计报告是指注册会计师根据《中国注册会计师审计准则》的规定,在实施审计工作的基础上,对被审计单位财务报表发布审计意见的书面文件。企业应聘请会计师事务所及具备注册公共会计师资格的外部审计师,对财务报告的有效性进行审计并出具审计报告。注册会计师应严格按照执业准则的规定实施审计程序,实施重要财务报表认定层次的实质性审计,充分履行函证、监盘、减值测试、分析性复核等程序,获取足够的审计证据,保证执业质量,防范执业风险,独立、客观、公正地对财务报表整体发表审计意见,确保财务报表在所有重大方面按照《企业会计准则》的规定编制,公允反映企业一定会计期间的财务状况、经营成果和现金流量。审计报告应当包括下列要素:标题,收件人,审计意见,形成审计意见的基础,管理层对财务报表的责任,注册会计师对财务报表审计的责任,按照相关法律法规的要求报告的事项(如适用),注册会计师的签名和盖章,会计师事务所的名称、地址及盖章,报告日期。

格力电器注册会计师审计报告

四、其他财务会计报告

“其他财务会计报告”仅仅是学术探讨使用的术语,并不存在一个公认的定义,一般泛指财务情况说明书、社会责任报告、盈利预测报告等报告文件。这些报告通常是由财务会计部门牵头制作的,但会计数据在其中所占的比重并不总是很高,如社会责任报告、盈利预测报告等。国务院 2000 年发布的《企业财务会计报告条例》规定,年度、半年度财务会计报告应当包括财务情况说明书。财政部 2006 年发布的企业会计准则体系并未针对其他财务会计报告作出规定。中国证券监督管理委员会(以下简称“证监会”)、国务院国有资产监督管理委员会(以下简称“国资委”)等分别在各自职责范围内要求行政管理相对人(上市公司、国有企业等)提交董事会报告、社会责任报告、财务预测报告等报告。

（一）财务情况说明书

财务情况说明书是财务报表的说明性文件。《企业财务会计报告条例》规定，财务情况说明书至少应当对下列情况作出说明：企业生产经营的基本情况；利润实现和分配情况；资金增减和周转情况；对企业财务状况、经营成果和现金流量有重大影响的其他事项。

（二）社会责任报告

《关于中央企业履行社会责任的指导意见》要求中央企业建立社会责任报告制度，有条件的中央企业要定期发布社会责任报告或可持续发展报告，公布企业履行社会责任的现状、规划和措施，完善社会责任沟通方式和对话机制，及时了解和回应利益相关者的意见建议，主动接受利益相关者和社会的监督。

格力电器企业社会责任相关履行情况

（三）盈利预测报告

盈利预测报告是向社会公开发行证券的公司对其盈利前景所做的说明，通常为招股说明书和上市公告书中自愿披露的信息。《上市公司证券发行管理办法》规定，上市公司增发披露盈利前景的，应当审慎地作出盈利预测，并经过至少两名具有证券从业资格的注册会计师签署。上市公司披露显示预测的利润实现数未达到盈利预测80%的，除因不可抗力外，其法定代表人、盈利预测审核报告签字注册会计师应当在股东大会及指定报刊作出解释并道歉；证监会可以对法定代表人处以警告。未达到盈利预测50%的，除因不可抗力外，证监会在36个月内不受理该公司的公开发行证券申请。

本章小结

现金流量表，是指反映企业在一定会计期间现金和现金等价物流入和流出的报表。现金流量表是以现金和现金等价物为基础编制的。现金流量表主要从企业的经营活动、投资活动和筹资活动三个方面来揭示现金的流入量、流出量及净流量。目前我国现金流量表包括正表和补充资料两部分。

现金流量表的编制是建立在资产负债表、利润表和有关账户信息的基础上而编制的。直接法是通过现金收入和现金支出的主要类别来反映来自企业经营活动的现金流量，有关现金流量的信息可以从相关科目的会计记录中直接获得，也可以在利润表中营业收入、营业成本等数据的基础上，通过调整存货和经营性应收应付项目的变动，以及固定资产折旧、无形资产摊销等项目后获得。采用间接法编制现金流量表，则是以本期净利润为起点，通过调整不涉及现金的收入、费用、营业外收支以及应收、应付等项目的增减变动，来计算经营活动现金流量。现金流量表主要提供企业持有现金数量的信息、企业现金流入流出结构的信息、企业收益质量的信息和企业创造现金能力的信息。

财务报表附注是财务报表不可或缺的组成部分，是对在资产负债表、利润表、现金流量表和所有者权益变动表等报表中列示项目的文字描述或明细资料，以及对未能在这些报表中列示项目的说明等。

其他披露包括管理层讨论与分析、5年期(或更长时期)财务数据概要、注册会计师审计报告及其他信息披露。

关键术语

现金流量　经营活动　投资活动　筹资活动　　会计政策　会计估计　或有事项　非调整事项　关联方交易

思考题

1. 什么是现金流量表?
2. 现金流量表的内容和结构是怎样的?
3. 现金流量表主要提供哪些信息?
4. 什么是财务报表附注?
5. 财务报表附注应包括哪些内容?

计算分析题

1. 南湖电器股份有限公司2020年有关经济业务如下:

(1) 本期产品销售收入80 000元;应收账款期初余额10 000元,期末余额34 000元;本期预收的货款4 000元。

(2) 本期用银行存款支付购买原材料货款40 000元;用银行存款支付工程物资货款81 900元;本期购买原材料预付货款15 000元。

(3) 本期从银行提取现金33 000元,用于发放工资。

(4) 本期实际支付工资30 000元,支付奖金3 000元。其中,经营人员工资18 000元,奖金2 000元;在建工程人员工资12 000元,奖金1 000元。

(5) 期初未交所得税为1 600元,本期发生的应交所得税6 600元,期末未交所得税600元。

要求:根据上述资料,计算公司2020年现金流量表中的“销售商品、提供劳务收到的现金”“购买商品、接受劳务支付的现金”“支付给职工以及为职工支付的现金”“支付的各项税费”“购建固定资产、无形资产和其他长期资产支付的现金”项目金额,并列出计算过程。

主要参考文献

[1] 张捷.基础会计[M].6版.北京:中国人民大学出版社,2019.

[2] 唐国平.会计学原理[M].3版.北京:中国财政经济出版社,2016.

[3] 胡玉明.会计学:经理人员视角[M].2版.北京:中国人民大学出版社,2017.

[4] 马歇尔,麦克马纳斯,维勒.会计学:数字意味着什么[M].沈洁,刘祖基,译.北京:人民邮电出版社,2013.

[5] 财政部.关于修订印发2019年度一般企业财务报表格式的通知[EB/OL].(2019-04-30)[2020-03-03].http://www.mof.gov.cn/mofhome/kjs/zhengwuxinxi/zhengcefabu/201905/t20190510_3254992.html.

[6] 中国注册会计师协会.会计[M].北京:中国财政经济出版社,2020.

[7] 财政部会计资格评价中心.中级会计实务[M].北京:经济科学出版社,2020.

[8] 财政部会计资格评价中心.初级会计实务[M].北京:经济科学出版社,2019.